人类滑雪起源地
——中国·新疆·阿勒泰

The Original Place of Skiing
—Altay Prefecture of Xinjiang, China

单兆鉴　王博　主编

人民体育出版社
新疆人民出版社

前序篇

Preface Part

策划单位· Planning Units

新疆阿勒泰市人民政府

新疆维吾尔自治区旅游局

新疆维吾尔自治区博物馆

中国西北大学

新疆维吾尔自治区考古研究所

Altay municipal government

Tourism Bureau of Xinjiang

The Museum of Xinjiang

China Northwest University

Institute of Archaeology of Xinjiang

编委会·Editorial Board

顾问Advisers

池重庆 新疆维吾尔自治区旅游局书记

Chi Chongqing, secretary of the Tourism Bureau of Xinjiang

王揖涛 中国滑雪协会前主席

Wang Yitao, former president of Chinese Skiing Association

叶林 新疆阿勒泰地区行署原副专员

Ye Lin, former deputy commissioner of the Administrative Office of Altay Prefecture

荣誉主任　Honorarg Director

伊那木·乃斯尔　新疆维吾尔自治区旅游局局长

Yinamu · Naisierding, director of the Tourism Bureau of Xinjiang

主任Directors

王仕斌（新疆阿勒泰市市委书记）

Wang Shibin, Altay Municipal Party Secretary

执行主任 Deputy Directors

单兆鉴　（新疆阿勒泰市荣誉市民）

Shan Zhaojian, honorary citizen of Altay Prefecture

马睿（新疆维吾尔自治区旅游局旅游促进处处长）

Ma Rui, section chief of the Promotion Department of Tourism Bureau of Xinjiang

副主任 Deputy Directors

侯世新（女，新疆维吾尔自治区博物馆馆长）

Hou Shixin, female, director of the Museum of Xinjiang

郭志鹏（新疆维吾尔自治区冬季体育运动协会秘书长）

Guo Zhipeng, secretary of the Winter Sports Association of Xinjiang

王建新（中国西北大学文化遗产保护与考古学研究中心主任）

Wang Jianxin from China Northwest University

木拉提·卡开（新疆阿勒泰市市长）

Mulati · kakai, mayor of Altay Municipal Government of Xinjiang

其他成员（以姓氏笔画为序）Other Board Members

王博 王建新 尼尔·拉尔森（美） 巴合提·布兰拜 史志强 李新民 刘国防 刘新利 周磊 哈德穆·热合木拜 徐培兰 聂晶川 康剑 简庭卫 赛

力克·阿布德哈力

Wang Bo, Wang Jianxin, Nils Larsen (American),Baheti · Bulanbai, Shi Zhiqiang, Li Xinmin, Liu Guofang, Liu Xinli, Zhou Lei, Hademu · Rehemubai, Xu Peilan, Nie Jingchuan, Kang Jian, Jian Tingwei, Sailike · Abudehali

特别成员Other Special Members

韩兆华 阮标 李建宏 法比奥（意） 马元常 刘小山 艾文（意）

Han Zhaohua, Ruan Biao, Li Jianhong,

Fabio (Italy), Ma Yuanchang, LiuXiaoshan and Erwin Stricker(Italy)

主编Chief Editors

单兆鉴 王博

Shan Zhaojian, Wang Bo

副主编Associate Editors

尼尔·拉尔森（美） 王建新 刘国防 周磊

Nils Larsen (American),Wang Jianxin, Liu Guofang, Zhou lei

其他撰稿人Other Copywriters

刘永年 吕恩国 鲁礼鹏 郑 颉 尼咏梅 木拉提·达列力汗 贾有宝 王揖涛 李新民 刘新利 史志强 周 磊 马元常 马 睿 史发强 李重申 李 辉 李臻吾

Lü Enguo, Liu Yongnian, Lu Lipeng, Zhen Jie, Ni Yongmei, Mulati · Dalielihan, Jia Youbao, Wang Yitao, Li Xinmin, Liu Xinli, Shi Zhiqiang, Zhou Lei, Ma Yuanchang, Ma Rui, Shi Faqiang, Li Chongshen, Li Hui

英文翻译与审校 Translated and Proofread by

黄治金　尼尔·拉尔森（美）　单佟江　阿依肯

Williams Huang, Nils Larsen, Shan Tongjiang and Ayken

编委会成员照片（以姓氏笔画为序）
Photos of the Editorial Board

王仕斌
Wang Shibin

木拉提·达列力汗
Mulati · Dalielihan

马睿
Ma Rui

池重庆
Chi Chongqing

王博
Wang Bo

王建新
Wang Jianxin

木拉提·卡开
Mulati · Kakai

叶林
Ye Lin

巴合提·布兰拜
Baheti · Bulanbai

尼咏梅
Ni Yongmei

史志强
Shi Zhiqiang

史发强
Shi Faqiang

刘永年
Liu Yongnian

刘新利
Liu Xinli

郑颉
Zheng Jie

吕恩国
Lü Enguo

李辉
Li Hui

刘国防
Liu Guofang

李新民
Li Xinmin

伊那木·乃斯尔丁
Yinamu · Naisierding

李重申
Li Chongshen

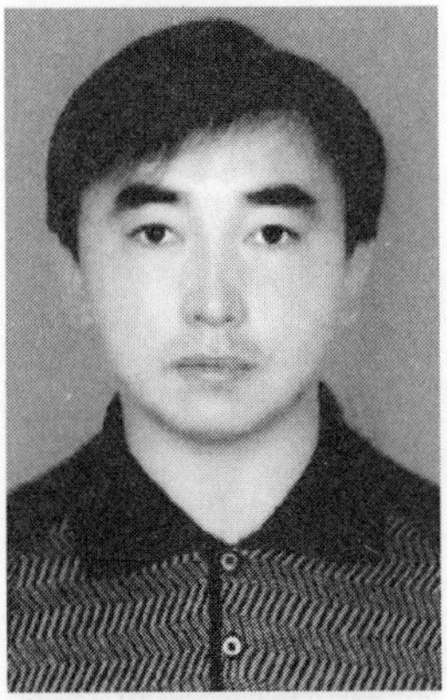

阿依肯
Ayken

单兆鉴
Shan Zhaojian

周磊
Zhou Lei

单佟江
Shan Tongjiang

哈德穆·热合木拜
Hademu · Rehemubai

郭志鹏
Guo Zhipeng

侯世新
Hou Shixin

聂晶川
Nie Jingchuan

贾有宝
Jia Youbao

徐培兰
Xu Peilan

康剑
Kang Jian

鲁礼鹏
Lu Lipeng

赛力克·阿布德合力
Sailike · Abudeheli

简庭卫
Jian Tinwei

尼尔·拉尔森
Nils Larsen

李臻吾
Li Zhenwu

特别成员 Special Members

马元常
Ma Yuanchang

艾文
Erwin Stricker,

刘小山
Liu Xiaoshan

阮标
Ruan Biao

李建宏
Li Jianhong

法比奥
Fabio

韩兆华
Han Zhaohua

信息资料及图片提供者（以姓氏笔画为序）

丁林新　王仁舟　王　琴　王　茜　尹新华　巴依斯胡玲　巴合提汗·阿德力汗
韦少华　木巴拉克·阿步力哈孜　木黑亚提　乌东军　冉孟鸣　奴顿娜西
布拉提　艾文（意大利）　孙淑珍　孙继林　再　努　老布生
安东·奥普霍尔茨（奥地利）　刘　栋　刘新海　刘悦 托肯·阿布都克里木
乔瑟芬·弗茨杰尼尔德（加拿大）　乔东光　乔龙巴特·阿尔先　陈连生
陈　健　单　戈　努尔别克·祖科　李臻吾（美）　李重申　李玉新　李　玲
金　磊　阿依肯　欧吉省　汪海峰　张　文　张玉琦　张荣新　张海珍　张志泉
周　勇　杨建英　杨波　秋　林　保　罗（法国）　段　坤　祝　贺　姚世庆
热合买都·哈米提　郭丹丹　高　洋　徐大年　银　刚　宿仁效　彭正勇
鲍幸君　楼望皓

Information and Photo Providers

Ding Linxin, Wang Renzhou, Wang Qian, Wang Qin, Yin Xinhua, Bayisihuling, Bahetihan · Adelihan, Wei Shaohua, Mubalake · Abulihazi, Muheiyati, Wu Dongjun, Ran Mengming, Nudunnaxi, Bulati, Erwin Stricker(Italy), Zai Nu, Sun Shuzhen, Sun Jilin, Lao Busheng, Anton Obholzer, Liu Dong, Liu Xinhai, Liu Yue, Tuoken · Abudukelimu, Qiao Donguang, Qiaolongbate · A’erxian, Chen Liansheng, Chen Jian, Shan Ge, Nuerbieke · Zuke, Li Zhenwu(American), Li Chongshen, Li Yuxin, Li Ling, Jin Lei, A’yiken, O’Jisheng, Wang Haifeng, Zhang Wen, Zhang Yuqi, Zhang Rongxin, Zhang Haizhen, Zhang Zhiquan, Zhou Yong, Yang Jianying, Yang Bo, Qiu Lin, Paul(French), Duan Kun, Zhu He, Yao Shiqing, Rehemaidu · Hamiti, Guo Dandan, Gao Yang, Josephine · Fitzgerald(Canadian), Xu Da’nian, Yin Gang, Xiu Renxiao, Peng Zhengyong, Bao Xingjun, Lou Wanghao

阿勒泰古老滑雪比赛蓄势待发

Skiers are ready to go in an ancient skiing competition held in Altay prefecture

编者的话·Editors’note

中国新疆阿勒泰地区是人类滑雪起源地学说的研究，历经十余年的艰苦努力，终于在2006年1月16日得以完成，形成《阿勒泰宣言》。当年12月15日由新疆维吾尔自治区博物馆、中国西北大学为发布单位，由新疆阿勒泰市人民政府、中国滑雪协会为主办单位，在北京人民大会堂举行了“中国·新疆·阿勒泰是人类滑雪最早起源地”的新闻发布会。众多部门的人士及百余家新闻媒体单位应邀出席，信息得以广泛传播，现已引起国内外媒体与学术界的瞩目。

《阿勒泰宣言》诞生以来，专家们并未停止研究的步伐，目前除敦德布拉克滑雪狩猎岩绘画之外，又从布尔津县冲乎儿乡，新疆阿勒泰市汗德尕特乡、哈巴河县萨尔布拉克乡以及从各地展览馆所藏资料、实物中，多部图书中搜集了多幅可供研究的滑雪岩画和“雪踏”岩画，进一步夯实了《阿勒泰宣言》的基础。（见本书中的《中国新疆阿勒泰地区滑雪岩画的分布及旅游、考察路线图》）

五年来，围绕人类滑雪起源地的《阿勒泰宣言》，产生了一些热点问题，本书对新产生的热点问题作了全面的诠释。（见本书的《阿勒泰宣言》相关重要热点问题的诠释）

五年来，阿勒泰古老滑雪传统不断地得以保护、传承与弘扬，收效明显。根据《阿勒泰宣言》的倡议，新疆阿勒泰市政府作出决定，每年的1月16日，定为人类滑雪起源地纪念日，当日将在新疆阿勒泰市举行世界独特的阿勒泰农牧民古老毛皮滑雪板比赛。这种比赛已举行了五届。第六届比赛将于2011年1月16日在新疆阿勒泰市将军山滑雪场如期举行。其他的一些多彩庆祝活动也将在新疆阿勒泰市、喀纳斯湖、禾木村等地先后举办。

美国滑雪文化与历史研究学者尼尔·拉尔森先生多年来在喀纳斯——禾木地区及新疆阿勒泰市对阿勒泰古老的滑雪文化进行了深入广泛的考察研究，撰写了《永远的阿勒泰滑雪人》，并亲自拍摄、亲自编辑、亲自解说制成了DVD影视片《永远的阿勒泰滑雪人》，还有另外的三部短片：“阿勒泰的夏天与岩画”“2007年新疆阿勒泰市滑雪节”“2009年阿尔泰山滑雪人”，现已全部制成中文版，广泛宣传，深受中国广大滑雪者的好评。尼尔·拉尔森先生对阿勒泰古老滑雪文化的研究精神，本书编委会向他表示敬意！

中文版DVD《永远的阿勒泰滑雪人》由新疆喀纳斯景区管委会制作，单兆鉴策划与解说，徐大年技术合成。

2010年，由新疆阿勒泰市与中央电视台合制的上、下集90分钟大型专题片《滑雪者寻源之旅》，形象直观地展现出“阿勒泰是人类滑雪起源地”的考察研究历程，广纳了阿勒泰得天独厚的天然滑雪资源、阿勒泰古老的璀璨文化，以及阿勒泰美丽的冬天与夏天……本片必将使国内外滑雪界的朋友们饱享眼福，为之震撼。

在《阿勒泰宣言》发布五周年之际，由新疆阿勒泰市人民政府与新疆自治区旅游局联合新疆维吾尔自治区博物馆、中国西北大学等部门委托（北京）人民体育出版社、新疆人民出版社出版《人类滑雪起源地——中国·新疆·阿勒泰》一书。该书系统、全面、科学地论述了人类滑雪起源的重大理论问题，客观介绍了境外这一领域研究的成果，并以多种翔实史料认证了中国新疆阿勒泰地区是至今为止人类滑雪的最早起源地。

本书由多学科、多名国内外专家学者撰稿，全部书稿均译成英文，《阿勒泰宣言》还译成俄文与蒙古文，以便于供境外人士阅读、研究、考证和探索。

感谢为本书编写提供史料的加拿大的乔瑟芬·菲茨杰拉尔德先生、意大利的艾文先生。

在本书出版之际，对本书编辑、撰稿、汇编、出版过程中给予积极支持的部门与人士，表示诚挚谢意！感谢名单列在本书之后。

郑重声明：若引用本书相关信息，必须提及《阿勒泰宣言》和注明相关文稿作者。

《人类滑雪起源地——中国·新疆·阿勒泰》编委会
2010年7月30日

Thanks to more than ten years of hard work, the research of *The Original Place of Skiing—Altay of Xinjiang, China* was completed on Jan.16th, 2006 and achieved *Altay Declaration* which was issued by the museum of Xinjiang Autonomous region and China Northwestern University officially at a press conference held by Altay municipal government and Chinese Skiing Association at the Great Hall of the People in Beijing on Dec. 15th, 2006. The press conference was attended by many experts and researchers on relevant disciplines as well as hundreds of media attention home and abroad.

Since the birth of the Altay Declaration, the Expert Group has never stopped investigation. They have discovered new rock paintings in Chonghuer Village of Buerjin

County, Handegate Village in Altay city and Saerbulake Village of Habahe County. They also collected some new "Snow Shoe" rock paintings in some historical materials, laying a solid foundation for the Altay Declaration.(see *Tourism and Exploration Route Map for the Altay Skiing Rock Paintings · Xinjiang · China*). For the past five years, there have been some heated debates on the Altay Declaration. Therefore, this book made a comprehensive explanation for the hot issued arising from those debates.(see *The Explanatory Notes of Relevant Hot Issues on the Altay Declaration*).

According to the Altay Declaration, the Altay government decided to make the Jan. 16th each year a Memorial Day for the place of origin of skiing——Altay of Xinjiang, China. Farmers and herdsman in Altay will hold skiing contests to celebrate this day. The 6th Skiing Contest will be held at the General Mountain Skiing Resort in Altay city on Jan. 16th, 2011 and other celebratory activities will also be held in Kanasi Lake, Hemu Village and Altay city center.

Nils Larsen, a U.S. cultural and historical ski researcher, has rich experiences in carrying out the research work of skiing in Humu in Kanas. He is the author, editor, photographer and commentator of the documentary film "Timeless Altay Skiers" (The DVD of Chinese version of the book "Timeless Altay Skiers" is produced by the Scenic Spot Management Committee in Kanas of Xinjiang: Shan Zhaojian, the commentator and planner; Xu Danian, the technician). He also made other three short films: " Summer and Rock Paintings in the Altay", "2007 Altay Skiing Festival" and "Skiers in the Altay Mountains in 2009". The Chinese version of those films are welcomed and praised by many Chinese readers. We extend our profound gratitude to him for his dedication to the completion of this book.

Before the publication of this book, Altay Municipal government and China Central Television (CCTV) made a significant Documentary Film called "A Journey for the Origin of Skiing by Skiers" which demonstrated the research course for the Original Place of Skiing——Altay Prefecture of Xinjiang, China, the rich natural resources like snow, the tradition of Altay skiing and the beautiful winter and summer landscapes in Altay prefecture. This film will provide the domestic and foreign readers with a fresh insight into the skiing industry.

On the occasion of the fifth Anniversary of the release of Altay Declaration, the Original Place of Skiing——Altay Prefecture of Xinjiang, China, is published by Beijing People' s Education Press and Xinjiang People' s Press on the request of

Altay municipal government, the Museum of Xinjiang Autonomous Region, and China Northwestern University. It discusses some major theories of the origin of skiing in a systematic, comprehensive and scientific way, and supported by a variety of evidence, it certified that Altay of Xinjiang is the original place of skiing.

Many experts and scholars home and abroad contributed to the writing of the book which has been translated into English (Altay Declaration is also translated into Russian and Khalkha Mongolian) so that foreign readers can read, analyze and probe into new discoveries.

We want express our sincere thanks to Mr. Josephine · Fitzgerald (Canadian) and Mr. Erwin Stricker (Italy) for their historical materials provided for the book

Upon the publication, we also extend our gratitude to the government departments and individuals which deserve our highest and sincere appreciation.

Asseveration: if any reference to this book is needed, the Altay *Declaration* and relevant authors in this book should be indicated.

By the Editorial Board of *the Original Place of Skiing*—Altay of Xinjiang, China

July 30, 2010

阿勒泰雪山 Snowy Mountain in Altay

贺 词 · Congratulations

新疆维吾尔自治区旅游局
党组书记 迟重庆
Secretary of the Party Group of the tourism Xinjiang Uygur Autonomous

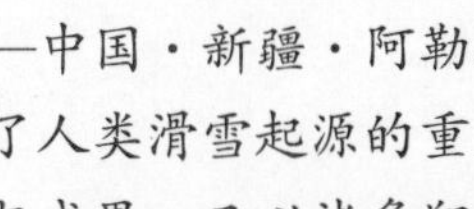

新疆维吾尔自治区旅游局
局长 伊那木·乃斯尔丁
Director of the Party Group of the bureau of tourism bureau of Xinjiang Uygur Autonomous

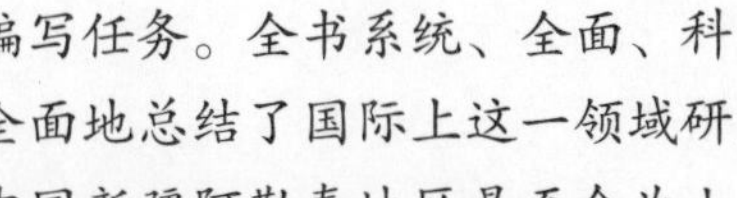

在继《可勒泰宣言》发布五年来，中国的多学科专家学者们，以大无畏的科学精神与脚踏实地的务实精神，经过充分的研讨与准备，又完成了《人类滑雪起源地——中国·新疆·阿勒泰》书籍的撰稿、编写任务。全书系统、全面、科学地论述了人类滑雪起源的重大理论问题，客观全面地总结了国际上这一领域研究的动向与成果，又以诸多翔实的史证，论述了中国新疆阿勒泰地区是至今为止人类滑雪最早起源地的依据，为世界滑雪运动做出了贡献。

相信此书的出版，会有效推动国内外关于人类滑雪起源与发展的学术研究；推动新疆阿勒泰古老滑雪文化的弘扬与传承；进一步推动新疆冬季旅游的繁荣发展，把新疆打造成中国西部最具影响力、最具吸引力的冬季旅游胜地。

新疆维吾尔自治区旅游局对这本具有历史性、世界性书籍的出版表示热烈地祝贺!对参与工作的相关专家学者表示衷心地感谢!

弘扬阿勒泰古老滑雪传统，发展新疆现代冰雪旅游文化!

Since the Altay Declaration was released five years ago, China's multidisciplinary experts and scholars have endeavored to conduct down-to-earth research on skiing in a scientific and pragmatic way and finally completed the book "The Original Place of Skiing——Altay Prefecture of Xinjiang, China".

It systematically and scientifically discussed some significant theories on the origin of skiing, provided some new trends and achievements in the ski industry of other countries and proved that Altay Prefecture of Xinjiang, China is the original place of skiing, making great contribution to the world ski industry.

We firmly believe that the book will effectively promote the academic research on the origin and development of skiing home and abroad, promote the tradition of ancient skiing culture of Altay Prefecture of Xinjiang, further improve the winter tourism in Xinjiang, making Xinjiang the most influential and attractive winter tourism resort in Western China.

The Tourism Bureau of Xinjiang Uygur Autonomous Region extends their warm congratulations to the publication of this book, and expresses their sincere gratitude to those experts who have participated in the writing of this book.

Promote the tradition of ancient skiing in Altay prefecture and develop the modern ice-snow tourism culture of Xinjiang!

2010年12月9日

前 言 ·Forward

新疆阿勒泰市市委书记
王仕斌
Wang Shibin, Altay Municipal Party Secretary

新疆阿勒泰市市长
木拉提·卡开
Mulati·kakai, Mayor of Altay Municipal Government

新疆阿勒泰市地处新疆北部，阿尔泰山南麓，准噶尔盆地北缘，总面积1.15万平方公里，是阿勒泰地区政治、经济、文化中心；也是人类古老滑雪文化传承与研究的重要地区。在阿勒泰这片神奇的土地上，先人们自古就选择在这里繁衍生息，不断创造出人类文明。据相关领域专家们的艰苦和科学考证，距今至少一万年之前，阿尔泰山的先民们就开始了滑雪狩猎活动，成为人类滑雪最早起源地！

专家们于2006年初聚集于新疆阿勒泰市进行了有历史意义的研讨与论证，形成了“中国新疆·阿勒泰地区是人类滑雪最早起源地的《阿勒泰宣言》，并于2006年12月15日在北京人民大会堂举行了由新疆维吾尔自治区博物馆、中国西北大学为联合发布单位，新疆阿勒泰市人民政府、中国滑雪协会为主办单位的新闻发布会，向全世界发布了《阿勒泰宣言》，这一振奋人心的宣言，使我们阿勒泰各族人民感到十分自豪！使阿勒泰人对自身生活的这块土地有了新的认识。我们有决心保护好、传承好阿勒泰各族人民的祖先为我们创造的灿烂的历史文化遗产。我们决定将每年的1月16日定为“人类滑雪最早起源地纪念日”，届时会举行"阿勒泰农牧民古老毛皮滑雪板的比赛"等丰富多彩的民间庆祝活动，使我们对建设好这座具有古老滑雪氛围的现代旅游名城更加充满信心！

新疆阿勒泰市是一座典型的山水城市，不但自然环境优美，历史悠久，物产丰富，文化多元，民风古朴，而且冰雪运动的资源条件得天独厚。当地冬季漫长，雪量充沛，气候优良，居民参与冰雪活动热情高。目前，我们正在努力打造将其打造成"山水宜居，生态园林，民族文化，休闲度假"以及"人类滑雪起源传统文化的集中展现地，古老滑雪遗产世代传承弘扬的坚实基地"，积极开发和发展特色冰雪旅游产业，以促进经济与社会的全面发展。

新疆阿勒泰市现聚居着汉族、哈萨克族、蒙古族、维吾尔族、回族等26个民族。近年来，随着经济的不断发展和旅游业的日益壮大，人类滑雪最早起源地的《阿勒泰宣言》在新疆阿勒泰市的诞生，使这个边陲小城越来越被世人所熟知。

《阿勒泰宣言》的诞生与《人类滑雪起源地——中国·新疆·阿勒泰》的出版与单兆鉴先生的不懈努力密切相关。

单兆鉴先生是中国第一位滑雪冠军，从事滑雪运动五十余年，是国内知名的滑雪运动专家。他已被授予新疆阿勒泰市优秀荣誉市民的称号。最近国际滑雪组织又向他颁发了"对世界滑雪运动做出贡献"的奖牌。他对人类滑雪起源的学说进行了十余年艰苦的考察与研究。1993年后，他就在多部著作中提到阿勒泰地区是人类滑雪起源地的观点。他与考古专家、历史专家王博、王建新、刘国防、吕恩国、刘永年、鲁礼鹏、郑頡等一起通过考证史料、收集论据，最终宣布"人类滑雪起源地"就在中国新疆阿勒泰大地！以此改写了世界滑雪起源地研究的历史。

阿勒泰市能为本书的策划与出版作出贡献感到十分荣幸！

弘扬传承阿勒泰古老滑雪传统是我们神圣的历史责任！

在本书出版之际，我们代表新疆阿勒泰市市委、市政府向在"人类滑雪起源"研究领域中作出突出贡献的专家、学者表示崇高的敬意！对本书的出版表示衷心地祝贺！

Altay city is located in northern Xinjiang, China with an area of 11,500 km^2. It lies in northern margin of Junggar Basin and borders the south of Altay Mountains. It is the political, economic and cultural center of Altay Prefecture and the inheritance and research center of ancient skiing culture. Altay people have created its splendid skiing culture since the first human settlement which dates back to thousands of years ago. After the research and investigation of archaeologist, historians and some local experts, they come to the conclusion that Altay ancestors has long taken the skiing as a major means for hunting and Altay is the place of origin for human skiing.

In 2006, an Expert Group made up of those historians and archaeologists gathered in Altay city and held discussions and developed arguments to reach the consensus on the fact that Altay of Xinjiang in China is the place of origin for human skiing. The Group drafted an "*Altay Declaration*" which was officially announced at a press conference held by Altay municipal government and Chinese Skiing Association at the Great Hall of the People in Beijing. The museum of Xinjiang Autonomous region and China Northwestern University jointly issued the inspiring declaration at the press conference, making every Altai people feel proud of it. The Group cast new light on Altay by its skiing culture.

We are obliged and determined to protect this land and pass its skiing tradition to future generations. To that end, we decided to set Jan. 15th as the Day of Origin of human skiing origin marked by many commemorating events like Fur-Ski Skiing Game. We are confident to build Altay city as a modern tourist city with a taste of ancient skiing.

Altay city is a typical landscape city with a long history, rich resources, diverse culture and simple and unsophisticated folkways. It embodies the major features of traditional culture of skiing origin of mankind and has laid solid basis for carrying forward the legacy of ancient skiing from generation to generation. It is exceptionally rich in its snow and ice resources which we are trying to bring into full play. It has such advantages as long winter, plenty snow and pleasant climate and the locals are also enthusiastic in participating in snow activities.

By all those advantages stated above, we hope that we can build it into one of the most livable cities, tourists' destinations and ecological parks in Western China. We also expect that the skiing culture with Altai characteristics can promote the economic and social development of Altay Prefecture.

Altay was the only major subdivision of Ili Kazakh Autonomous Prefecture with 26 ethnic groups such as Kazakhs, Han Chinese, Hui Chinese Uyghur and Mongolian. The birth of Altay Declaration makes Altay city and its people begin to be known by the outside world.

Shan Zhaojian is the honorary citizen of Altay city, technical consultant of Chinese Skiing Association, well-known skiing expert with more than 50 years of skiing experience and a scholar specialized in the history of human skiing. He has been awarded Medal of Skiing Contribution by an international skiing organization. He carried out ten–year–plus extensive investigation and study on the theory of the origin of human skiing. Since 1993, he has put forward the idea in many books that Altay is the place of origin for human skiing.

Together with such archaeologists and historical experts as Wang Bo, Wang Jianxin, Liu Guofang, Lv En' guo, Liu Yongnian, Lu Jipeng and Zheng Jie, Mr. Shan collected strong evidences and arguments by looking through many historical records and finally come to the conclusion that Altay of Xinjiang in China is where the human skiing originates, which is an indisputable fact that rewrites the history of the study on the origin of human skiing.

We also feel honored to have contributed to the planning and publication of this book because it is our historical responsibility to promote the Altay ancient skiing tradition.

On the occasion of the publication of this book, we would like to, on behalf of the Altay municipal CPC committee and municipal government, pay my highest tributes to those experts and scholars who have made remarkable contributions in the research field of the origin of human skiing, and express our warm congratulations on the publication of this book. In particular, we want to express our sincere gratitude to Mr. Shan Zhaojian without whom all that we are discussing would not be possible.

2010年7月2日

雄伟的阿勒泰市将军山滑雪场

The Grand General Mountain Skiing Resort in Altay city

古老滑雪 千军万马

The powerful skiers during an ancient skiing competition

中文篇

Chinese Version

目　录

《阿勒泰宣言》
中国新疆阿勒泰地区是世界滑雪最早的起源地

主起草人及宣读者
单兆鉴
（2006年1月16日于新疆阿勒泰市）
（2006年12月15日于北京人民大会堂）

我们是相关学科的研究人员，经过认真的考察和研究，今天我们聚集在新疆阿勒泰市向世人郑重宣布：中国新疆阿勒泰地区是世界滑雪最早的起源地。其根据如下：

一、阿勒泰地区具备了滑雪起源的一切自然与人类活动的基本条件。

二、国内外已有学者指出，阿勒泰地区最先开始了人类滑雪活动，并逐渐向斯堪的纳维亚、阿拉斯加等地传播。

三、经过对阿勒泰地区实地考察发现，古人在洞穴中彩绘的人物滑雪图像，证实古阿勒泰人早在距今一万年左右就已开始了滑雪活动。

四、虽经漫长的时代变迁，现阿勒泰居民仍广泛沿袭脚踏自制的“毛滑雪板”、手持单只木杆在雪地里滑行的古老传统。

我们将在更广泛的领域中进行深入的考察和研究，使“中国新疆阿勒泰地区是世界滑雪最早的起源地”学说，得到国内外普遍认同并广泛传播。

我们高兴地看到，新疆阿勒泰市政府在保护相关文物和古老滑雪传统方面所做出的努力和取得的成效。中国滑雪协会对此给予了高度关注和大力支持。

我们诚挚地欢迎世界各国有兴趣的同仁及朋友们来中国新疆阿勒泰地区参观、考察。

为了让世人更深入了解世界滑雪最早起源地是在新疆阿勒泰地区，为了促进阿勒泰地区古老而璀璨的滑雪文化能够世代弘扬下去，我们倡议：

一、从2006年开始，将每年1月16日作为世界滑雪最早起源地纪念日。

二、在新疆阿勒泰市修建世界滑雪起源地博物馆。

三、为使“毛滑雪板”滑雪的古老的传统得以传承，坚持每年 1月 1 6日在新疆阿勒泰市举行古老滑雪比赛。

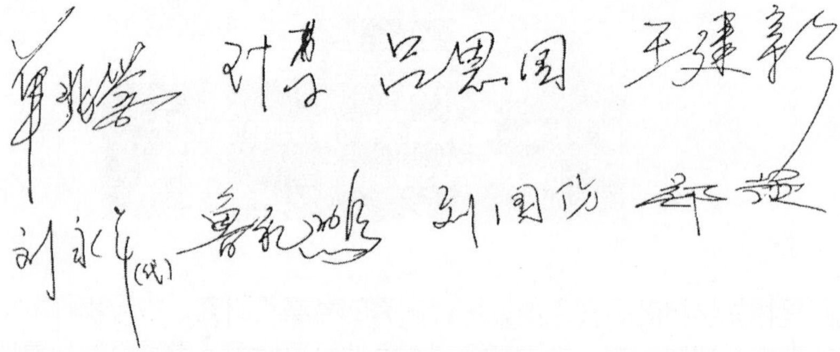

二〇〇六年一月十六日

附照片 1：新疆阿勒泰市敦德布拉克滑雪岩绘画（距今 1万—2万年前）。

附照片 2：每年 1月 16日在新疆阿勒泰市都举行古老的滑雪比赛。

《阿勒泰宣言》专家组成员简介

单兆鉴：男，吉林省通化市人，1938年5月5日出生，1961年毕业于吉林体育学院。中国第一位全国滑雪冠军，从事滑雪运动50余年，先后做过滑雪运动员、教练员、管理人员，曾任国家体委滑雪处处长、中国滑雪协会秘书长、亚洲冬季两项滑雪联盟技术部主任等职，退休任中国滑雪协会技术顾问，投身于大众滑雪的社会工作。著有多册滑雪专著及几十篇滑雪论文，主要著作有《怎样练习滑雪》《滑雪运动指南》《中国高山滑雪初级教程》《滑雪去——跟着冠军学滑雪》及《中国滑雪场所管理规范》《中国滑雪运动史》等。

1993年在其所著的《怎样练习滑雪》中，首先提出“滑雪的发祥地可能在中国阿勒泰地区”，此后就这一课题从事长达10余年的艰难考察、研究，为“阿勒泰地区是人类滑雪起源地研究”的发起人，并最后完成了《阿勒泰地区具备了人类滑雪起源的一切基本条件》的研究。同时对阿勒泰古老的毛滑雪板及其配套器具、对阿勒泰古老的滑雪文化进行了挖掘、总结与推广。是《阿勒泰宣言》的主起草人与宣读者。

2008年对滑雪起源的研究过程进行了总结、概括，并撰写了《中国新疆阿勒泰地区是人类滑雪最早起源地的研究历程纪实》的文稿。2010年3月5日，单兆鉴作为阿勒泰人类滑雪起源地研究的首席专家，荣幸获得由国际滑雪组织颁发的“单兆鉴——对世界滑雪运动做出贡献”的奖牌。

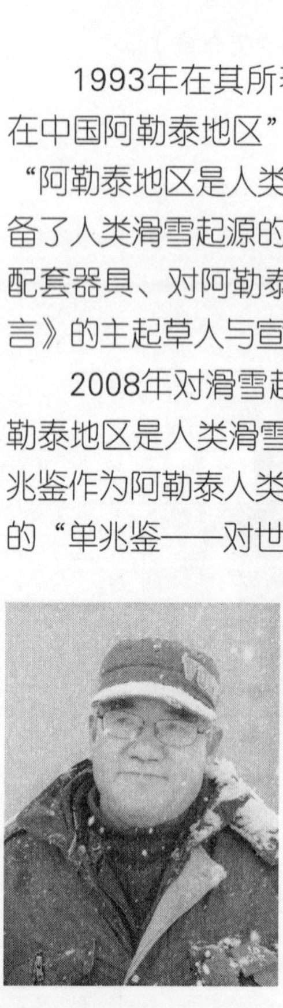

王博：男，1949年生于甘肃省甘谷县金山镇下店子村。1966年毕业于喀什二中，随之就读于喀什财贸学校。1975年毕业于中国西北大学历史系考古专业，同年分配到新疆博物馆工作。现为新疆维吾尔自治区博物馆考古部研究员，喜好欧亚草原青铜时代考古和种族人类学的研究。在考古工作中与人合作出版了《丝绸之路草

原石人研究》《中国阿尔泰山草原文物》《西域国宝录》《交河故城》《高昌故城》《柏孜克里克石窟》《尼雅遗址》《克孜尔石窟》《楼兰故城》《新疆历史图说》《中国新疆山普拉——古代于阗文明的揭示与研究》《丝绸之路·新疆古代文化》等12本书，同时与人合作出版了译著《蒙古鹿石》。

独立或与人合作发表的论文主要有：《扎滚鲁克一号墓地发掘报告》《新疆扎滚鲁克箜篌》《新疆出土铜鍑的初步科学分析》《新疆考古出土手制黑衣陶器初探》《切木尔切克文化初探》《考古文物研究——纪念中国西北大学考古专业四十周年文集》《扎滚鲁克二号墓地出土的毛、棉织物》《丝绸之路上的祆教陶棺》《EURASIA ANTIQUA 7BAND 2001 GEUTSCHES ARCHAOLO GISCHES INSTITUT EURASIEN–ABTEILUNG SCHRIFTLEITUNG BERLAG IM DOL 2–6 VERLAG PHILIPP VON ZABERN GEGRUNAET 1785 MAINZ》。

在中国新疆阿勒泰地区是人类滑雪最早起源地的《阿勒泰宣言》的形成过程中起到重要作用，著有论文《阿勒泰是人类滑雪最早起源地探索》。

王建新：男，1953年6月6日生。

1982年7月毕业于中国西北大学历史系考古专业后留校工作，在中国西北大学考古专业任教，先后任助教、讲师、副教授、教授。其间曾赴日本国立奈良教育大学留学。曾任日本国立茨城大学人文学部助教授。

现任中国西北大学教授、博士生导师、中国西北大学文化遗产与考古学研究中心主任、陕西省文物局中国西北大学文化遗产保护规划中心主任。

主要社会兼职：中国考古学会理事；中国社会科学院古代文明研究中心客座研究员；北京大学中国考古学研究中心兼职研究员。

主要研究领域：中国新石器时代考古；中国秦汉时代考古；中国西北草原地区游牧文化考古；东北亚地区考古；佛教考古。

主要研究成果：在国内外已发表学术专著2部、学术论文40余篇。

在中国新疆阿勒泰是人类滑雪最早起源地的研究中，撰写了《对新疆阿勒泰市敦德布拉克岩画的几点认识》的论文。

刘国防：男，新疆石河子人，历史学硕士，现任新疆社会科学院《西域研究》杂志主编、编审，主要从事新疆地方史、民族史的研究。发表过《汉西域都护及其始置年代》《比胥鞬屯田与戊己校尉的设立》等多篇论文，参与主编了《新疆通志·民族志》《维吾尔族：历史与现状》等多部著作。

在中国新疆阿勒泰地区是人类滑雪最早起源地的研究过程中，著有《阿勒泰地区人类早期活动的相关证据》的论文。

吕恩国：男，1976年毕业于北京大学考古学系。现为新疆文物考古研究所研究员，曾任新疆文物考古研究所青铜研究室主任，主要研究新疆、中亚青铜时代和早期铁器时代的考古学文化及草原文化。发表有《新疆察吾呼》考古专著和《新疆青铜时代文化浅论》等论文数十篇。

刘永年：男，中国滑雪协会首任主席，吉林省原体委负责人，1994年退休后，受国家体委冰雪处单兆鉴委托撰写了《阿勒泰地域是人类滑雪发祥地之一》的文章。这是中国第一篇关于滑雪起源的论文。（《阿勒泰宣言》签字时因病缺席，由单兆鉴代签名）

鲁礼鹏：男，生于1972年11月10日。1996年毕业于中国西北大学历史系考古学专业，同年7月进入新疆维吾尔自治区博物馆工作至今，现任新疆博物馆考古部副研究员、主任，主要从事新疆青铜时代至早期铁器时代文化研究。曾于1996年、1998年两次参加新疆且末扎滚鲁克古墓群发掘，2006年参加新疆吐鲁番阿斯塔那古墓群发掘。先后发表有《扎滚鲁克一号墓地发掘报告》《1998年且末扎滚鲁克墓地三期文化发掘简报》《2006年吐鲁番阿斯塔那古墓群西区发掘简报》及《试析拜城克孜尔水库墓地文化——龟兹地区早期历史文化初探》等简报、论文十余篇。

郑颉：男，汉，1969年6月出生于新疆阿勒泰，1992—1994年在上海复旦大学文博学院攻读文物与博物馆学专业，大专文化程度。1989年3月就职于阿勒泰地区文物局至今。2008年2月任地区文物局副局长，长期以来一直从事文物保护和管理工作。

专家组成员单兆鉴（中）、王博（右）、吕恩国（左）在新疆阿勒泰市参加庆贺活动

《阿勒泰宣言》相关重要热点问题的诠释

《阿勒泰宣言》专家组组长　单兆鉴
《阿勒泰宣言》专家组成员　王博
《阿勒泰宣言》专家组成员　王建新

2010年5月29日

单兆鉴

王 博

王建新

经过十余年的考察研究，由多学科研究人员先后于2006年1月15日在新疆阿勒泰市和2006年12月15日在北京人民大会堂发布了人类滑雪最早起源于中国新疆阿勒泰地区的《阿勒泰宣言》。《阿勒泰宣言》已译成英文、俄文及蒙古文，向世界推介。

《阿勒泰宣言》发布五年来，引来了国内外感兴趣人士的重视，也必然产生了热点问题，现将《阿勒泰宣言》相关的几个重要热点问题诠释如下：

一、古代的滑雪狩猎几乎遍及整个中亚地区，特别是阿尔泰山南麓的现中国境内的广大阿勒泰地区，由于这里水草丰盛，森林茂密，野生动植物繁多，再加上浩大的降雪量及气候相对好些，更适合人类早期的生产、生活需求，在深雪的山野中，用滑雪的方式去追捕那些野兽，是最经济而有效的方式，滑雪狩猎十分盛行。经专家十几年考察研究，中国阿勒泰地区具备了人类滑雪起源的一切基本条件，人类的滑雪狩猎活动也就从这里最早开始。

人类滑雪起源地的考察研究，世界上有的国家已具有近百年的研究历史，他们一般将起源的时间确定为距今5000年左右，最长的则认为距今约8000年。而中国的阿勒泰敦德布拉克滑雪狩猎岩画产生的年代是旧石器时代晚期，距今至少10000年，即便是人类滑雪可能先后起源于多个地域，但事实上中国阿勒泰地区是至今为止起源最早的地域。

二、滑雪的起源应该是一个大区域，不可能限于局部。《阿勒泰宣言》中所说的滑雪的起源是阿勒泰地区（主要分布于沿阿尔泰山山系及额尔齐斯河流域），并势必还要扩展到周边地域。不能将滑雪的起源地误解为阿勒泰地区的具体县市。

三、新疆阿勒泰市是阿勒泰地区政治、经济、文化中心，为人类滑雪起源的考察、研究，为《阿勒泰宣言》的形成，为北京人民大会堂新闻发布会的成功举办，为阿勒泰地区古老滑雪传统文化的弘扬与传承，修建滑雪基地等方面做了大量的切实的工作，做出了历史性的突出贡献。新疆阿勒泰市的汗德尕特乡的滑雪起源史证相对明显一些，集中一些，要倍加保护。

四、新疆阿勒泰市的汗德尕特乡挖掘整理出来的口传民谣——《古老滑雪狩猎》是以蒙古长调形式传诵的民谣，至今仍有老年人在传唱，歌词符合滑雪狩猎的生活背景，被列为滑雪起源的一项重要的史证。口传的有关滑雪狩猎等内容的歌谣，在阿勒泰地区哈萨克族等民族中也有传唱，但至今还没有发现原始般的完整的唱词。

五、最早滑雪狩猎的是距今约一万年之前的阿勒泰地区的先民们，这里所说的先民，在《阿勒泰宣言》中称之为“古阿勒泰人”。虽然世界上最早文字记载滑雪的是公元前几百年对阿勒泰丁零民族的滑雪描述，但滑雪起源的实际时间要比记载丁零族滑雪的时期还要久远得多。当前生活在阿勒泰大地的所有后人们或各个民族，都只能是一个传承问题，而不能认为滑雪起源于哪一个民族或哪一个民族的祖先，不能违背历史。

六、毛皮滑雪板是阿勒泰地区成为人类滑雪起源地的有力佐证。这种滑雪板也不能说是属于哪一个民族的遗产，或哪一个民族的创造。

当今的阿勒泰马皮滑雪板是从简单的“雪踏”和古老滑雪用具逐渐演化而来的（古人称滑雪板为“山羊角”“木马”等），最初的滑雪板或滑雪用具是什么样子，还有待长期的考证。但可以肯定的是，要比目前阿勒泰流行的马皮滑雪板短得多，只是比鞋长、比鞋宽，主要功能是在雪地中迈动，而使脚不下陷入雪中。什么时期演变成目前阿勒泰马皮滑雪板的样式（能在雪地中滑动），还不能定论，这个演变的过程需要很久的时间，从布尔津县冲乎儿发现的滑雪岩刻画分析，可能3000年前已形成了雏形。

这种马皮滑雪板都是用手工制作的，现阿勒泰地区的哈萨克族、蒙古族能制作这种滑雪板的人也很多。虽规格不一，但形状大致相同。应该指出的是，这种马皮滑雪板在阿勒泰地区周边邻国哈萨克斯坦、俄罗斯、蒙古国以及我国的东北地区也都有发现，但远没有像中国的阿勒泰地区的牧民们至今仍广泛地传承着和实际运用着。阿勒泰地区是多民族的家园，古老毛皮滑雪板是世世代代繁衍和生活在阿勒泰地区先民们的功劳，是世居在阿勒泰地区各民族共同拥有的遗产，是一种融合的文化，不能只属于某一个民族的专利。

七、由于制作古老毛皮滑雪板的木材和兽皮都是易腐朽的材料，存留的时间有限，不可能形成原始的证据，但当地的先民用岩画记录的方式，将滑雪图案画刻在坚硬岩石上，成为今天滑雪起源及年限鉴定的极其重要的史证。古代滑雪起源时的“滑雪用具”不可能与当今的滑雪板雷同，但滑雪时人物的姿态、动作基本元素，古今却是相似的。判断一幅岩画是不是属于滑雪岩画，应集中在姿态上及画面的周围环境，与相邻的岩画关系方面综合判断，而不能只盯在岩画人物脚下是否有像今天这样的长长雪板。经研究分析，凡是岩画人物脚下有延长物的，身体姿态属滑雪范畴的，都可能是滑雪人物的岩画。目前在阿勒泰地区多个县、乡已发现多幅可考证的滑雪岩画。可推想，滑雪岩画分布多的地方，可能也是古时滑雪的条件好，需求性大，滑雪人数多的地方。

八、学术方面有争论是正常的、科学的，特别是人类滑雪起源地的学术研究，跨越的时空非常大，万年之久，涉及诸多地域与国家，需要我们以不懈的科学精神不断地去探索，去研究，去认识新的领域。不能认为《阿勒泰宣言》发布了，《人类滑雪最早起源地——中国·新疆·阿勒泰》的书籍出版了，研究工作就告终结。要将《阿勒泰宣言》的精神推广开，得到广泛的认可，还有很多工作要做，任重而道远。在后续过程中，国际、国内可能会有一些争论。由于争鸣各方的学识背景、所处环境、出发点、所持有的动机等因素不同，定会有多种的论据。当然，这些学术上的分歧与争论，只能通过学术研究的手段与过程来解决，而不能用其他手段去解决。

阿勒泰——人类滑雪起源的摇篮

阿勒泰人世世代代在传承人类滑雪的文明

上海大世界基尼斯之最对“新疆阿勒泰是最早的滑雪起源地”的认证书

中国新疆阿勒泰地区是人类滑雪起源地的研究历程纪实

中国滑雪协会技术顾问　单兆鉴

一、“中国新疆阿勒泰地区可能是人类滑雪起源地学说”的提出

“中国新疆阿勒泰地区可能是人类滑雪起源地学说”，首先由单兆鉴根据当时已获悉的信息于1993年所著《怎样练习滑雪》中提出（第3页，人民体育出版社出版）。提出后，默默地开始了十余年的研究考察历程。

1994年由中国滑雪协会、国家体委体育文史工作委员会审编的《中国滑雪运动史》中再次提出这一学说。（第1页，刘永年、单兆鉴、张德山编著，武汉出版社出版）

1994年单兆鉴与退休的中国滑雪协会首任主席刘永年先生共商决定，以刘永年名义撰写了题名为《新疆阿尔泰地域是人类滑雪发祥地之一》的文章，发表在国家体委《体育文史》1994年第四期上。

2004年单兆鉴编著的《滑雪运动指南》中多次提到阿勒泰地区可能是人类滑雪发源地或发源地之一。（第14页、244页、250页，人民体育出版社出版）

2005年8月出版的由王揖涛、任洪国为主、副审，单兆鉴、王石安为主编，中国滑雪协会审定的中国第一本《高山滑雪初级教程》中阐述“中国新疆的阿勒泰地域是人类滑雪的发源地或发源地之一”。（第1页，人民体育出版社出版）

二、“中国新疆阿勒泰地区具备了人类滑雪起源的一切基本条件”理论的研究与确立

研究人员认为，人类滑雪的起源须具备特定的基本条件，这是研究某一区域滑雪起源的首要前提。

单兆鉴根据古老滑雪的功能、特点和本人对滑雪领域的经验与感悟，于2004年完成了“人类滑雪起源应具备的基本条件”的研究，然后以这些基本条件与阿勒泰地区所具备的各种条件与长期实地考察的结果进行参照对接，撰写了《中国新疆阿勒泰地区具备了人类滑雪起源的一切基本条件》的文章，并与此前完稿的《阿勒泰璀璨的滑雪文化》的考察报告一起在中国滑雪协会网上发布，为“中国新疆阿勒泰地区是人类滑雪最早起源地学说”的最后确立奠定了理论基础，增强了研究人员的信心。

三、新疆阿勒泰市敦德布拉克古滑雪岩绘画的发现与定性

多年来，在阿勒泰地区是人类滑雪起源地的研究、考察过程中，期盼寻找到历史实证。每次去阿勒泰等地考察都想在山洞、岩石上找到滑雪形象的岩画，在沼泽地、古坟墓中找到雪具残片或重要文物……

2005年3月下旬，单兆鉴持中国滑雪协会介绍信再次前往新疆阿勒泰市考察，在新疆阿勒泰市市委、市政府支持与协同下，实地考察工作获得重大突破。新疆阿勒泰市旅游局长徐培兰对单兆鉴说：在新疆阿勒泰市汗德尕特蒙古族乡的敦德布拉克1号岩画棚内，其中有的岩画人物像似在滑雪，单兆鉴听到此消息，即到市委宣传部，史志强提供了几张岩画照片，经仔细鉴别，初步认定是滑雪岩绘画，单兆鉴与大家心情十分兴奋（图1）。

图1 一万年前的新疆阿勒泰市敦德布拉克古滑雪岩绘画

关于新疆阿勒泰市汗德尕特乡敦德布拉克1号岩棚的岩画，据称是20世纪中叶由欧吉省等三位少年在偶尔中发现，当时岩棚口被爬山松封闭的很隐蔽。直到21世纪初由乡政府主抓考古文化的副乡长尼咏梅正式向上报到文物部门，之后由新疆维吾尔自治区博物馆考古专家王博、阿勒泰地区文物局专家郑颉率领人员对实地进行了考察与备案，结论如下：敦德布拉克岩棚画，在绘画的艺术风格上有些变化，显示了时代有早晚之分。从内容上看，基本上反映的都是狩猎的场面，并以围猎为主。从阿尔泰山地草原文化发展及岩棚画的情况看，它应属于旧石器时代晚期的岩棚画，距今1万–2万年（详见《吐鲁番学研究》2005年第1期，第120–121页，王博、郑颉所撰《阿尔泰山敦德布拉克的旧石器时代晚期岩棚画》）。

单兆鉴将岩绘画照片带回到北京，向中国滑雪协会主席王揖涛、常务副主席任洪国作了汇报，聘请多名滑雪专家对敦德布拉克岩绘画中第三组人物的动作进行了鉴定分析，认为岩绘画中的人物姿势基本呈站立式，脚下有延长物，上体前倾，膝部前屈，而且动感明显，符合滑雪人的姿态要求。岩画中几个脚踏雪板，有的还手持单杆滑雪人的动作形态图像栩栩如生。岩绘画中滑雪人的姿态与阿勒泰地区至今农牧民穿用古老滑雪器具的滑雪姿态，有着惊人的相似之处。该组人物可能是多人（约10人）呈纵排式滑雪，也可能是一个人流畅地从眼前滑向远方。

关于岩绘画的产生年代，经多位权威考古专家、历史民族学专家根据阿勒泰地区几万年前的旧石器时代中晚期就是古人类活动的区域；赞同王博先生此前对岩棚内岩画年代的划定意见；又根据和参照世界考古界对印度、欧洲同类岩绘画年代确认的常规，专家们将新疆阿勒泰市敦德布拉克滑雪岩绘画的年代确定为距今至少一万年。

这些专家们的意见详见王博先生所撰《阿勒泰是人类滑雪最早起源地探索》、王建新先生所撰《对新疆阿勒泰敦德布拉克岩画的几点认识》、刘国防先生所撰《阿勒泰地区人类早期活动的相关证据》、刘永年先生所撰《新疆阿尔泰山地域是人类滑雪起源地之一》等文稿。

敦德布拉克古滑雪岩绘画这一辉煌的考古成果，使研究工作获得了关键的史证。据现在掌握的资料，阿勒泰地区的古老滑雪岩画还不只是这一组，详见《中国·新疆·阿勒泰地区滑雪岩画的分布及旅游、考察路线图》。

四、口传诗歌《滑雪狩猎民谣》自古就在阿勒泰大地传承

从新疆阿勒泰市汗德尕特乡乌梁海蒙古族中挖掘整理出来的口传诗歌《滑雪狩猎民谣》，自古就在阿勒泰大地上传承，其源头可追溯到古人打猎生存的岁月，呈现出阿勒泰古老滑雪狩猎文化的源远流长。该诗歌在开始部分唱道：

在那高高的阿尔泰杭盖山中，
身上背着柳木制作的弓箭，
双手斜推着滑雪棒的，
脚踩着红松、白松木制作的滑雪板，
身后拖着山羊皮囊的，
很快地滑着奔跑在松树林中的，
是那勇敢而又灵活、聪明的猎人。
看那个猎人啊……

（详见尼啄梅女士提供的阿勒泰民间口传诗歌《滑雪狩猎民谣》源远流长）

“滑雪狩猎民谣”把古人滑雪狩猎的环境、场景言传得十分形象，将古阿勒泰人滑雪狩猎的情景展现在我们的眼前。研究人员认定，这首口传诗歌也势必成为阿勒泰地区是人类滑雪起源地的史证。

另外，阿勒泰人从自己祖先那里一代接一代传承下来的、至今仍广泛保留着的古老的滑雪器具、古老的滑雪传统活动以及蕴涵在当地农牧民中滑雪的“传

说故事”等，也都可作为辅助佐证。80余岁的老人穆巴拉克，年轻时就是阿勒泰滑雪狩猎的勇士，现在身穿的狼皮大衣，头顶的狐狸皮帽子就是他当年的“猎获”（图2）。

图2　穆巴拉克老人在野雪中滑行（2005年）

五、密切关注与研究国外相关信息

在研究过程中，研究人员充分注意到了国外对人类滑雪起源研究的成果与趋向。

（一）日本札幌市冬季运动博物馆内有一幅挂图，箭头表示人类滑雪从阿勒泰地方起源及向外传播的路线。此图将人类滑雪的起源地锁定在阿勒泰地方（图3）。

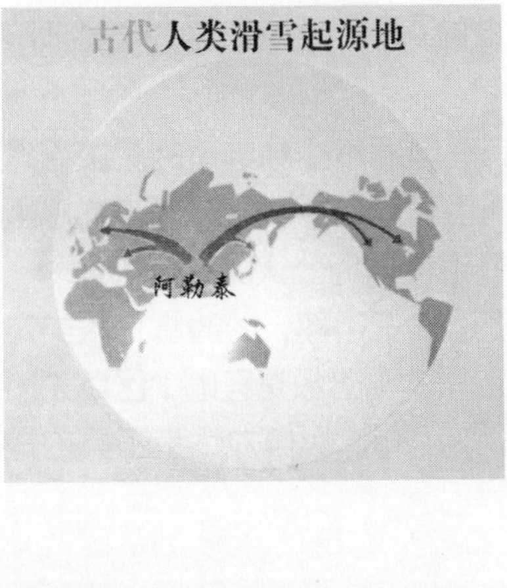

图3　日本札幌市冬季运动博物馆滑雪起源及传播路线挂图

（二）公元前450至前400年间，希腊史学家希罗多德曾长途跋涉向东考察，其到达的终点可能是阿尔泰山系的西缘，他所描述的当时“看守黄金”和“有山羊脚”人的活动区域，应该在阿尔山系以南，自古就是黄金产地的今新疆阿勒泰地区。希罗多德在世界史第四卷中对滑雪有这样一段记载：“住在阿勒泰地区的人们，拥有山羊脚（编者注：指当时的滑雪板或雪踏），冬季在雪中奔跑”，此文乃是世界上至今为止有关滑雪最早的文字记载。与中国史书《山海经》对古阿勒泰丁零族滑雪的描述基本吻合。

（三）欧洲是近代、现代滑雪的发达地区。北欧与中欧对近代、现代滑雪的发展作出了卓越的贡献，多项世界滑雪运动发展过程中的“之最”，都产生于这里，挪威被誉为“滑雪运动的故乡”，奥地利则被颂为“滑雪王国”。

在关于人类滑雪起源研究方面，《大不列颠百科全书》“滑雪运动”条目称：在瑞典和芬兰的沼泽地带所发现的古代滑雪板，考证的年代为距今4000至5000年。挪威北部也发现了距今4500年左右的滑雪岩刻画（图4）。

图4　挪威北部山洞内的滑雪岩刻画

上述滑雪史实发现的年代较久（如瑞典沼泽地带的古代雪板是1921年发现的），流传的范围很广，在国际滑雪界几乎是“家喻户晓”，故以往欧美等地区关于人类滑雪起源研究的盛行观点是起源于北欧。

（四）20世纪60年代，俄罗斯考古界自称其在乌尼尔山脉维斯的泥炭沼泽中，发现了距今8000年前制作的滑雪板残片，而且有制动器。这一考古信息虽已经历半个世纪，但人们仍很陌生，尚没有得到普遍传播与公认。

苏联1980年《滑雪运动教科书》第一章滑雪运动史中称，“滑雪是人类为了生存，在雪中作为代步工具逐渐发展起来的。最早的滑雪板是在哪个区域先出现，准确地讲，还没有定论。但普遍公认的最早采用滑雪板作为代步工具的是生活在西伯利亚地区从贝加尔湖到阿勒泰地区的人们，随着人类的迁移，扩展到阿拉斯加东部、日本和斯堪的纳维亚半岛西部与西北部，直到欧洲中部”。（2004年12月17日张玉绮供稿）

（五）美籍老华人李臻吾先生曾致信单兆鉴先生，信中概要地介绍了美国滑雪界对人类滑雪起源的普遍观点，认为滑雪的历史超过5000年，并介绍了北欧早期滑雪的信息。

（六）美国滑雪文化与历史研究学者尼尔·拉尔森（NILS LARSEN）先生，对中国新疆阿勒泰的古老滑雪文化及滑雪起源很感兴趣。他的团队曾连续多年来到阿勒泰喀纳斯、禾木地域进行了广泛而深入的访问和考察，对古老毛滑雪板的历史、制作程序、功能进行了认真研究，对当地居民古老滑雪文化进行了录制，并刻成光盘《永远的阿勒泰滑雪人》，在其国内宣传。

尼尔森先生介绍说：在1890年，挪威著名的滑雪爱好者和探险家弗里德约夫·南森（FRIDTJOT NANSEN）撰文说滑雪运动很可能起源于东方。他绘制了一幅图，图上显示所有滑雪的根词都来自中亚中心地区。

尼尔森先生认为“目前有很多证据证明滑雪可能起源于一万年以前”“阿勒泰地区可能是许多古老语言和文化发展的中心”，尼尔森认为“通过对旧石器中石器时代文化、古代语言、旧石器时代考证和考古学的认真研究，可以形成一个清晰的有关滑雪起源的线索。滑雪事实上是人类一项非常古老的技术，它使得远古时期的猎人得以在冬季恶劣的气候条件下扩大自己的活动范围”。尼尔森先生撰写的《永远的阿勒泰滑雪人》对喀纳斯、禾木地区的古老滑雪文化作了深刻而有趣的描述。

对新疆阿勒泰市敦德布拉克岩绘画，尼尔森先生是这样描述的：“位于山丘下的小山洞岩顶上画的人物应该是滑雪者。”

尼尔森先生讲到：“单兆鉴是中国优秀的滑雪历史学家，我在2006年夏天来北京时与他见了面。那时，他邀请我于2007年1月前往新疆阿勒泰市参加了滑雪节。单先生致力于研究推广中国的滑雪历史，并认为人类滑雪起源于中国的阿勒泰山区。世界上很多国家都声称是人类滑雪起源地，中国也是其中之一。滑雪起源于中国的说法可能是正确的。”

（七）研究伊始就注意到蒙古国、俄罗斯、哈萨克斯坦也有称呼近似“阿勒泰”的地方，与中国新疆的阿勒泰地区同属一个大地域概念，据了解，那些区域也有同中国阿勒泰地区相似的古老毛滑雪板，滑雪的历史也很久远。

但随着人类滑雪起源研究工作的深入，阿尔泰山脉南麓富饶的中国广大阿勒泰地区，逐渐彰显出人类滑雪最早起源地的多项不可撼动的论据和史证，确立

了中国新疆阿勒泰地区是至今为止人类滑雪最早起源地的稳定地位。（参见本文“结束语”部分）

六、《阿勒泰宣言》的形成

“中国新疆阿勒泰地区是人类滑雪起源地学说”于1993年提出后，并没有引起有关方面的注意，研究工作只是在局部阶段性地进行着。进入21世纪之后，随着研究、考察步伐节奏加快，情况有所好转。世纪之初，中国滑雪协会秘书长田有年等人员前往新疆阿勒泰市考察，将滑雪起源地研究的信息带去，引起新疆阿勒泰市市委、市政府的重视。新疆阿勒泰市市委宣传部的史志强先生撰写了当地第一篇有关滑雪起源研究的新闻报道稿，刊于2002年1月《阿勒泰日报》上。

时任新疆阿勒泰市市委主管副书记巴合提·布兰拜积极组织和配合考察活动，亲自参与古老滑雪文化的考察工作。

单兆鉴根据研究工作的进展，于2005年底，在主、客观条件日趋成熟的情况下，抓住时机，完成了中国新疆阿勒泰地域是人类滑雪最早起源地的《阿勒泰宣言》的起草工作。与此同时，考古专家王博先生率先进入角色，推动了研究工作的进程。

2006年1月中旬，滑雪、考古等多领域学科研究专家聚集新疆阿勒泰市金桥饭店，组成专家组，组长是单兆鉴（来自中国滑雪协会，滑雪专家），成员有王博（来自新疆维吾尔自治区博物馆，考古专家）、王建新（来自中国西北大学，考古专家）、吕恩国（来自新疆维吾尔自治区考古研究所，考古专家）、刘国防（来自新疆社会科学院，民族历史学家）、鲁礼鹏（来自新疆维吾尔自治区博物馆，考古专家）、郑颉（来自阿勒泰地区文物局，文物研究专家）及因病缺席的刘永年（来自吉林省体委，滑雪历史研究学者）。

专家研讨会于1月15—16日两天内，先后采取封闭式与大会开放式两种方式进行。始终围绕《阿勒泰宣言》草案的核心内容：1）阿勒泰地区是否具有人类早期滑雪起源的基本条件；2）国外对人类滑雪起源的研究动向及成果；3）敦德布拉克岩绘画中人物的动作形象是不是滑雪及其产生年代认定的根据；4）对当代阿勒泰地区古老滑雪传统的印记等进行了科学的逐条逐字的讨论、审议、论证。

图5　专家们在《阿勒泰宣言》上签字

1月16日，正式举行公开研讨大会，除专家外，新疆阿勒泰市领导及相关部门、媒体单位等参加。会议由市委副书记刘新利与单兆鉴先后主持。与会专家发言踊跃，会场气氛严肃而热烈，多数专家提前准备了文字发言稿或幻灯片，进行宣讲与演示，最终通过了《阿勒泰宣言》，专家们当场在修改后的《阿勒泰宣言》稿上签字（刘永年因病缺席，由单兆鉴代签）（图5）。单兆鉴在研讨大会的最后代表专家组宣读了“中国新疆阿勒泰地区是世界滑雪最早起源地”的《阿勒泰宣言》。见本书1~7页《阿勒泰宣言》《阿勒泰宣言专家组成员简介》。

当晚在新疆阿勒泰市举行了隆重的庆贺酒会，专家们被授予“新疆阿勒泰市荣誉市民”。

《阿勒泰宣言》宣布后，在阿勒泰及新疆引起强烈反响，主要媒体纷纷报道、评论，掀起了一个宣传的高潮。

中国滑雪协会秘书长田有年先生以书法方式抄写了《阿勒泰宣言》全稿。

目前《阿勒泰宣言》已译成英文、俄文、蒙古文，并配上附图，为境外朋友们阅读、研究提供了方便。

七、“新疆阿勒泰是人类滑雪最早的起源地”得到“上海大世界基尼斯之最”的认证

2007年1月，新疆阿勒泰是人类最早的滑雪起源地得到“上海大世界基尼斯

之最”的认证，认证的起源时间为距今1万年至2万年前，并向新疆阿勒泰市颁发了认证书，新疆阿勒泰市市长哈德穆·热合木拜接领“大世界基尼斯之最的认证书”（图6）。2008年1月此认证项目又荣获“第十届大世界基尼斯最佳项目奖”。见本书“四、大世界基尼斯之最”认证书。

图6 新疆阿勒泰市市长哈德穆·热哈木拜接领“大世界基尼斯之最认证书”

八、保护、弘扬阿勒泰古老滑雪传统文化成效显著

在阿勒泰地区是人类滑雪起源地的考察研究过程中，同时也推进了该地区古老滑雪文化的保护、弘扬与传承工作。

（一）阿勒泰人古老的毛滑雪板及其配套的滑雪器具经过世世代代的传承，一直保留到今日，已成为阿勒泰人滑雪的宝贵历史文化遗产。

为了使这一滑雪历史遗产能长久原貌般地保存下去，研究人员在广泛调查与测量的前提下，应时地制定了《当今阿勒泰古老毛滑雪板及其他配套器具的规范》。

（二） 使用自制的古老滑雪器具在高山峻岭、林海雪原中滑雪行走和打猎是阿勒泰古老滑雪文化的核心，为了使这一实用滑雪的传统不至于由于现代生活对其实用需求价值的减低而“消亡”，专家们在《阿勒泰宣言》中倡议，并得到新疆阿勒泰市政府的支持，决定每年在人类滑雪起源地纪念日的1月16日在新疆阿勒泰市举办古老滑雪比赛。2006年1月15日举行了由北京冰雪游体育器材公司赞助奖品的 首届阿勒泰古老滑雪比赛，近百名农牧民踊跃参加，至今已进行了多届。该公司董事长马元常先生表示“我们企业界能够为这个重要历史活动贡献

力量，深感荣幸”。

在中国新疆阿勒泰古老滑雪开赛仪式上阿勒泰市市委副书记巴合提·布兰拜激昂致词（图7）。

图7 巴合提·布兰拜在首届古老滑雪开赛仪式上致词

每届比赛，阿勒泰的农牧民就像参加自己的吉庆节日，带着长长的古老毛滑雪板投入到古老的比赛当中，参加的人数逐届增长，参加的范围逐渐扩大，住在喀纳斯、禾木的蒙古族图瓦人也从2008年开始参加比赛，体现出比赛已经逐渐被普及。（图8、图9）

图8 全家人动手自制毛滑雪板

图9 古老滑雪比赛中的奋力拼搏

（三）新疆阿勒泰市政府适时组成“阿勒泰古老滑雪队”，走出阿勒泰，先后到乌鲁木齐、北京、吉林市举办表演、赠送古老滑雪板等活动，扩大了影响空间。在首都北京雪场的表演引起了不小的轰动（图10）。

图10 新疆阿勒泰市古老滑雪队在北京表演

2006年第20届冬季奥运会与2007年第6届亚洲冬季运动会期间，中央电视台对境内外进行了广泛的宣传，引起全国滑雪界与境外同行们的关注。

通过这些古老的滑雪比赛和表演活动，不但保护了阿勒泰人得以自豪的古老滑雪传统文化，而且激励起阿勒泰人沿袭、传承滑雪文化遗产的自觉精神，呼唤起他们对祖先滑雪狩猎的追溯与敬仰。在弘扬古老滑雪传统的同时，自身也获得了健康的体魄，陶冶了情操，丰富了生活。

新疆乌鲁木齐市晚报旅游专业记者周磊所撰写的新闻稿汇集《一幅阿勒泰古老毛皮滑雪板的诞生及其与现代滑雪板的对比》，对制作古老毛滑雪板的程序以及古老滑雪比赛、活动从媒体的视角作了生动的描述，收到很好的宣传效果。

九、北京人民大会堂新闻发布会

经过新疆阿勒泰市积极主动地工作、中国滑雪协会大力支持，“中国·新疆·阿勒泰是人类滑雪最早起源地新闻发布会”于2006年12月15日在北京人民大会堂隆重举行。发布会由新疆维吾尔自治区博物馆、西北大学两个单位联合发布，新疆阿勒泰市人民政府、中国滑雪协会为主办单位。

来自国家体育总局冬季运动管理中心、中国滑雪协会、国家旅游局、中国体育博物馆、新疆维吾尔自治区旅游局、体育局、新疆维吾尔自治区博物馆、中国西北大学等单位的领导或代表以及首都近百家媒体和40多家旅行社、旅游企业参加了这场新闻发布会。新疆阿勒泰市市委副书记刘新利主持会议，新疆阿勒泰市市委书记李新民在会上致辞，中国滑雪协会主席王揖涛等多部门领导在发布会上讲话。

单兆鉴、王博、王建新、刘国防四位专家从不同角度先后在发布会上作了专题发言，从不同学科严谨地论述了中国新疆阿勒泰地区是人类滑雪最早起源地的证据。

单兆鉴在发言中首先介绍了阿勒泰是人类滑雪起源地研究、考察的历程。着重阐述了阿勒泰地区的自然条件、历史人文条件都符合了人类滑雪起源的基本条件，解答了新疆阿勒泰市敦德布拉克滑雪岩绘画被鉴定为是滑雪人形态的依据，还谈到阿勒泰所具备的滑雪起源的基本条件与古滑雪岩绘画的发现，显示出人类滑雪最早起源于阿勒泰地区有其必然性。

王博先生发言中结合人类滑雪起源应具备的五项基本条件进行了深入的多视角分析，认为阿勒泰是人类滑雪最早起源地是有其内在因素的。敦德布拉克滑雪岩绘画是距今1万~2万年前阿勒泰旧石器时代晚期居民的作品，是滑雪狩猎图。滑雪狩猎表现了当时人类的生产方式。

王博先生还指出，敦德布拉克滑雪岩绘画也是目前我们所知世界上最早的滑雪狩猎场面的考古资料，这为滑雪起源于阿勒泰地区提供了可靠的理论根据与考古证据。

王建新先生发言中分析阿勒泰敦德布拉克岩绘画从岩绘的形式、内容和绘制场所等情况看，与欧洲和印度旧时器时代晚期的岩绘基本相同，而岩绘较岩刻产生的年代要久远，故敦德布拉克岩绘的年代应属距今1万年以前。在阿尔泰山南北两侧都发现了不少旧时期时代晚期的遗存，这也为我们提供了重要的旁证资料。

王建新进一步分析到滑雪开始于阿尔泰山南麓的可能性更大，因为到了寒冷的冬季，人们主要选择避风向阳的阿尔泰山南麓生活，这是适应环境的一种非常自然的选择。

刘国防先生发言中指出：境外多国科学家的研究结论是“古中亚群体是欧亚大陆上最古老的人类群体”“阿尔泰山地区是地球上人类向亚洲大陆北部和东部移动的远古中心之一”。所以，我们有理由认为，阿勒泰地区至少从旧石器时代中晚期，就有人类活动了。

刘国防先生还谈到语言学家的研究，表明欧亚大陆的许多地方的人群的语言同属于阿勒泰语系，该语系横跨欧亚……这种现象是人类迁徙和语言借代的结果，这与欧亚大陆人类迁徙的学说大略一致。

刘永年先生在1994年所撰的文章结论中指出：“可以有理、有据地说，中国新疆阿尔泰山脉一带的丁零族是中国开展滑雪活动最早的民族，也是人类滑雪活动的最早的地区之一”。

发布会上单兆鉴代表专家组庄重宣读了《阿勒泰宣言》。

发布会期间，专家与领导回答了记者的重要提问。新疆阿勒泰市政府向中国滑雪协会、中国奥林匹克博物馆等部门赠送了阿勒泰古老毛滑雪板及古老单木竿滑雪杖（图11）。

图11　向中国奥林匹克博物馆赠送古老滑雪板

参加新闻发布会的领导、专家及工作人员会后仍沉醉在喜悦之中，高兴地聚在一起合影留念（图12），中国滑雪历史又开启了令全国滑雪界的朋友们骄傲的新篇章！

图12　参加发布会的领导、专家及工作人员的合照

十、结束语

专家们认为，研究滑雪的起源，应紧紧依据滑雪起源的综合基本条件和丰富翔实的历史资料。

基本条件体现在自然条件、当时古人的生存、生活条件及原始滑雪的特征与功能等方面。

历史资料包含历史文献、流传的史诗、考古文物、岩画等。

研究人员反复地、综合地梳理、研究、分析了古阿勒泰地区的基本条件与已掌握的丰富历史资料，确认人类滑雪最早起源于该地区有其充分的依据。（详见各专家、学者的相关论文）

（一）既然古阿勒泰地区具备了滑雪起源的一切自然条件，又由于旧石器时代中晚期古人类就在这里生息繁衍，古人类出于当时的生存、生产需求，出于对雪的感悟和利用，势必会孕育和催生古滑雪的产生与起源。

（二）我国多部史书中，对北方丁令等民族不同历史时期的滑雪从不同视角做过描述和记载，国内外多位学者对这些描述和记载进行过注释与研究，其著作发表在多种学术刊物上。公元前五世纪希腊史学家希罗多德对古阿勒泰人冬季滑雪的记载是至今为止记述人类滑雪最早的文献资料。

（三）阿勒泰乌梁海蒙古族和蒙古族图瓦人中世代口传下来的民间诗歌“滑雪狩猎民谣”，生动地追述着古老滑雪狩猎的情景。

（四）至今阿勒泰广大地区仍然处于较封闭的状态，可见古阿勒泰更为封闭，因此可以认定，阿勒泰人世代传承下来的古老滑雪器具与古老滑雪方式是本地区固有的传统滑雪文化，而非外来和引进。可视为该地区滑雪文物的“活化石”。

（五）国际上关于人类滑雪起源的年代普遍约定在距今5000年左右。俄罗斯发出了在其境内发现距今8000年前的滑雪板残片的信息。而中国新疆阿勒泰市敦德布拉克滑雪岩绘画的产生年代却要久远得多，被考证为距今至少10000年。

十余年人类滑雪起源的考察研究是一个非常漫长艰苦的过程，曾几次陷于困境，但研究人员在中国滑雪协会及新疆阿勒泰市市委、市政府的支持鼓励下，克服多方面困难，坚韧不拔，不断地纠正自身的主观片面意识，不断冲破周围各种迷信意识及以往国外研究趋向的条框束缚，科学地把研究工作坚持到最后的成功。

（六）2010年3月5日，在本书即将出版之前，国际滑雪指导员联合会给予本书主编，《阿勒泰宣言》的主起草人单兆鉴颁发了特制奖牌（图13），表彰“单兆鉴对世界滑雪运动作出贡献”，这既是对单兆鉴50余年在中国滑雪运动的不同时期、诸多领域努力工作的奖赏，也是对“人类滑雪起源于中国新疆阿勒泰地区”研究的赞许和认同。

图13　单兆鉴接领国际滑雪组织颁发的特制奖牌

我们可以自豪地说：“中国新疆阿勒泰地区是至今为止人类滑雪最早起源地”的论证是科学的，是经得住时间与空间的检验的！

中国滑雪协会王揖涛主席在北京新闻发布会的发言中指出：“中国新疆阿勒泰是至今为止人类滑雪最早起源地这一宣言是面向世界、面向人类的……！”(详见《国家体育总局冬季运动管理中心主任、中国滑雪协会主席王揖涛在“中国·新疆·阿勒泰是人类滑雪最早起源地”新闻发布会上的讲话》)

编者注：①本文的照片来自作者本人及新疆阿勒泰市市委宣传部、史志强、张亮、高扬、秋林等先生。

②本文中提到的所有文稿将全部收集在《人类滑雪起源地——中国·新疆·阿勒泰》一书中。

新疆阿勒泰地域是人类滑雪发祥地之一

中国滑雪协会首任主席 刘永年

（1994年）

一、唐代初期北方民族滑雪之说

关于中国滑雪活动的起源与发祥地，不少专家都以唐代初期诸历史古籍记载的“骑木而行”加以论述、注释和研究考证，定论为中国最早发现的滑雪活动。其根据是李大师、李延寿父子撰写的《北史》，魏征、颜师古等撰写的《隋书》中有关北方民族中滑雪的记述。上述几位撰写史的大师们都为同代人。《隋书·室韦》中写道：“南室韦北行十一日至北室韦，为分九个部落……，气候最寒，雪深没马。冬则入出，居土穴中，牛马多冻死。饶猝鹿，射猎为务，食肉皮衣。凿冰、没水中而网取鱿鳖。地多积雪，惧陷坑阱，骑木而行。”《北史·室阱，骑木而行。”至宋元之际，马端临编撰的《文献通考》也有“饶猝鹿，射猎为务，……地多积雪，惧陷坑阱，骑木而行”之说。以上3书中所记述的似同出一源，记述的都是室韦族中有“骑木而行”的习俗。它们表明，北齐到隋室韦族与中原交往逐渐增多。《北史》《隋书》记载的室韦有五大部，与“骑木而行”有关的是北室韦。隋代北室韦居住地在嫩江流域（现齐齐哈尔）附近。有关这方面的详细论述，请见韩丹《释“骑木而行”》一文（《体育文史》1989年4期）。

在《新唐书·回鹘下》、唐代杜佑的《通典·载流国》《宋史·永志》、元朝《章京岁纪胜》、清朝翟灏的《通俗篇》诸书中都对中国古代的滑雪有记载。这些历史书的记述又都与唐代初记载的“骑木而行”“木马突厥”等史书相关联。王昭文《赫哲族人的滑雪活动》《鄂温克族的滑雪活动》，张焕青的《鄂倶春族的滑雪狩猎活动》《满族的滑雪活动》，刘羽、凤云搜集整理的《东北儿童好玩雪》《长白山区滑雪狩猎的传说》等文都反映了北方地区人民利用雪为交通、生产、生活服务所创造的滑雪活动。这些后来的调查情况，可以证实唐初及以后以滑雪活动的产生、存在、延伸、发展的历史记述的可靠性。

在上述典籍和历史书中，谁也没有考证回答滑雪起源的时间和地点，而只是记述了在某地、某民族中发现的滑雪活动。这当然与作者当时所掌握的资料有关。值得提出的问题是，对唐代以前的典籍、史书是否还有有关滑雪的情况记载也未加考证。因此，长期以来，中国滑雪活动的起源多以唐初的史书为据。

二、《山海经》对滑雪的记载

《山海经》第十八卷《海内经》中，有关于丁令族滑雪活动的历史记载曰：“有钉灵之国。其民从膝下有毛。马蹄善走。”但这段文字记载16只有个字，令人难解。裴松之在注《三国志》一书时注云：“魏略曰，乌孙长老言，北钉灵有马胫国，其人声音似雁鹜，从膝以上身头人也，膝以下生毛。马胫马蹄不骑而走疾民也。诗含神霱曰，马蹄自鞭，其蹄日行三百里。”裴松之的注仅用了60个字，引进了乌孙长老和诗含神霱的话加以注释，说明在阿尔泰地方有丁令族人，那里有一种被叫做“马蹄”的器具，当地人不是骑“马”，而是急走，并且不用鞭子赶“马”就可以用“马蹄”日行三百里。古人用字十分简练，而对某些器物的名称又有自己的理解，就像现今叫滑雪板一样。再加上把少数民族语言译成汉文，这“马蹄”无疑是滑雪器了。

《山海经》和裴松之注《三国志》为后人留下了中国古人滑雪的情况，但这段记述过于简要，有些细节还是无从考知。为了说明情况，应搞清几个问题。

（一）《山海经》是部怎样的书？

《辞海》说《山海经》古代地理著作，十八篇，作者不详。各篇著作时代亦无定论，近代学者多数认为不出于一时一人之手，其中十四篇是战国时代作品，《海内经》四篇为西汉初年作品。内容主要为民间传部中的地理知识，包括山川、道里、民族、物产、药物、祭祀、巫医等，保存了不少远古的神话传说。对古代历史、地理、文化、中外交通、民俗、神话等研究，均有参考价值。

（二）裴松之为何人？

裴松之（372－451），南朝宋时史学家。字世朝，闻喜（今属山西）人，曾任国子博士，永嘉太守等职。元嘉六年（公元429年）宋文帝命注《三国志》，他博采群书140余种，以补缺、备异、惩妄、论辩等为宗旨，保存了大量史料，注文较正文多出三倍，开创了作注的新例。其子骃也以注史著称有《史记集解》。

（三）丁零族的注释

《辞海》说，丁零，古族名，亦作丁灵、丁令、钉灵。汉代丁零族主要分布于今贝加尔湖以南地区。汉初为匈奴所破。汉宣帝本始二年（公元前72年）和章帝元和五年（公元85年），章和三年（公元88年），丁零配合汉军，协同乌孙、乌桓、鲜卑等族击败匈奴，并逼其西迁，东汉时丁零部分南迁。两晋南北朝时，在今晋冀境内有定州丁零、中山丁零、北地丁零等，渐与其他民族融合，留在漠北的大部分丁零，《晋书》称敕勒，《隋书》作铁勒。

（四）阿尔泰政区名

《辞海》说：阿尔泰旧政区名，清光绪末设阿尔泰办事大臣，驻承化寺（新疆阿勒泰），辖阿尔泰乌梁海，新土尔扈特，新各硕特三部地。辛亥革命后改设办事长官，直隶中央。辖境相当今新疆阿勒泰地区。1919年改为阿山道，并归新疆省……

三、国外史学家有关丁零族滑雪历史的记述

国外一些著名史学家，关于人类滑雪起源及发祥地的研究报告称：阿尔泰丁零族在远古就有滑雪活动。现将有关的历史摘录如下：

（一）公元前2世纪

日本札幌市博物馆现存资料记述：在中国古代地理书——《山海经》的第十八卷《海内经》中曾有如下记载，“有丁零国，其民自膝下有毛，马蹄善走”。这是有关中国滑雪的最早记述。所谓丁零国，即在贝加尔湖以南直至阿尔泰山脉一带从事游牧的属土耳其系统民族的国家。

（二）公元前3世纪

在日本札幌市冬季运动博物馆中还有的资料说：“……此外，在中国的古籍魏志卷三十五的末尾曾指出：北丁零有马胫国，其人声似雁鹜，自膝以上身首为人。膝以下有毛，有马胫，马蹄，不骑马而能奔驰，较马更快，为人勇猛善战。”这段文字资料也清晰地描绘了丁零人奔驰雪上的古代形象。

（三）公元前5世纪

据日本历史学家、文学博士白鸟库吉先生称，希腊史学家希罗多德在其世界史第四卷中曾指出：“住在阿尔泰地区的人们，拥有山羊角，冬季在雪中奔跑。”它描述了当地人在冬季利用滑雪器像山羊一样在山谷中疾走的习俗。此文可能是有关滑雪最早的文献了。

在日本札幌市滑雪博物馆保存的古籍中，还有记述公元7世纪唐代《东夷传》一书的流鬼国一项中记述的滑雪器构造的文献。这一记述在哈尔滨体育学院韩丹写的《释“骑木而行”》一文中有较详细的介绍。

四、对两个问题的理解

（一）“其膝下有毛”之说。说其人膝下有毛，这是观察问题的现象。应当说，这是当时记述的人或者搜集这一情况的人，没有进行仔细的观察了解，仅远远看到了穿“马蹄”的人。在严寒地区人们为了御寒，又要到雪地劳动，穿一种长筒的，毛朝外的靴子的习俗是属常见的事。在西伯利亚俄罗斯人就习惯穿一种长筒毡靴。在我国东北各地山区冬天就有不同形式的防寒靴。在吉林、黑龙江一带山区有俗称“堂堂马”“堂堂牛”的毛朝外的长筒靴子，人们穿上为了防寒，远看似膝下毛。因此说阿尔泰的丁零人在严寒大雪的山川上膝下穿一种长筒毛朝外皮革做的靴子就完全可能了。

（二）何谓“马蹄”“山羊角”？应该理解这是当地人对滑雪器具的称谓。现在，在中国叫滑雪板，在其他国家各有自己的名称。在中国唐代人写书时把滑雪板称为“木”滑雪叫“骑木”。在赫哲族、鄂温克族又把滑雪板叫做“踏板”“金勒”，还有的地方叫“滑板”。古代丁零人把滑雪板叫“马蹄”“山羊角”也是可以理解的。

五、结 论

综上引证的《山海经》、希罗多德的历史书、白鸟库吉的论述等，可以有理、有据地说，中国新疆阿尔泰山脉一带的丁零族是中国开展滑雪活动最早的民族，也是人类滑雪活动最早的地区之一。

注1：此文经单兆鉴先生审核，最初发表在1994年第四期国家体委《体育文史》杂志上。2006年12月15日收集在《中国新疆阿勒泰是人类滑雪最早起源地新闻发布会资料汇编》中。

注2：此文稿原无配图，为了更直观阐述事物的本质，在本书出版之前，单兆鉴特意为本文配图五幅。

阿勒泰“马蹄式”雪踏岩画

“山羊角式”滑雪板岩画

山羊角式滑雪板

古代长筒毛靴

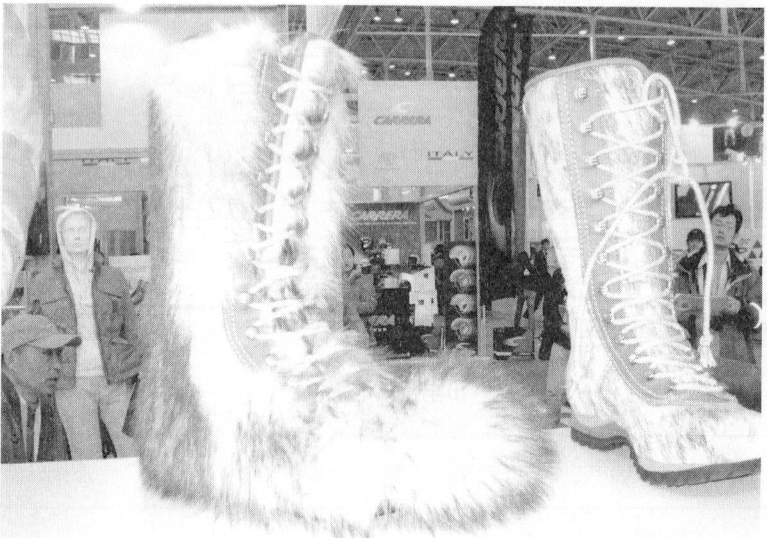

现代北方时尚的长筒毛靴

中国新疆阿勒泰地区具备了人类滑雪起源的一切基本条件

中国滑雪协会技术顾问单兆鉴
（2004年）

一、阿勒泰地区的地理、人文概况

阿勒泰地区位于我国西北角，阿勒泰山脉南麓全区总面积11.7万平方公里，其中山地面积占32.47%，丘陵、河谷面积占22.2%，荒漠面积占35.49%，沙漠面积占9.82%。海拔最高点是北部的阿尔泰山脉的友谊峰4374米，最低点是富蕴县三个泉洼地317米。地形地貌起伏隆降，变化多样。气候属典型温带大陆性气候寒冷区，地区首府新疆阿勒泰市位于阿尔泰山中极南麓，额尔齐斯河上游北岸，在东经87’07” ~88° 38，北纬47° 14~48° 38之间。

阿勒泰冬季之早霞

广大的阿勒泰地区是我国古代北方民族游牧地之一，直至20世纪末仍是一个以农牧业经济为主的区域。

（详见《阿勒泰地区志》）

阿勒泰的连绵雪山

二、阿勒泰地区的滑雪自然资源相当丰富

阿勒泰地区有山、有峰、有丘，连绵起伏；地域开阔，一望无际；草木茂盛，物产丰富；水肥、地沃，非常适宜各类动物繁衍生息。冬季漫长，天然降雪频繁，雪量丰沛，甚至一次降雪可达1米以上，存雪期很长，气温较平稳。风力不大。冬季成雪的世界，一派高山银岭、林海雪原的景象。

（详见《阿勒泰地区志》）

阿勒泰的林海雪原

三、阿勒泰地区古老滑雪活动源远流长

长期以来，阿勒泰地区丰富的雪资源由于交通、经济、社会、观念等因素制约没有进行规模的现代开发，但古老的实用滑雪活动，虽经过千万年的变迁，依然得以世世代代在阿勒泰广大区域自发地沿袭下来。

至今仍然保留着利用松木及马腿毛皮手工自制的古老“毛皮滑雪板”的传统，这种越野滑雪与高山滑雪均能通用的“毛皮滑雪板”属典型的实用型滑雪板。

古老毛皮滑雪板驰骋于阿尔泰山

四、阿勒泰地区具备了人类滑雪起源的一切基本条件

滑雪的起源需要有一定条件。根据对滑雪运动特点及与自然界物质条件、人类文明发展间的关系进行十余年反复地研究与综合分析，可以肯定，滑雪的起源与下列条件有直接关系：

（一）滑雪的起源一定是在天气寒冷的地域；

（二）滑雪的起源一定是在降雪量大且存雪时间长的地域；

（三）滑雪的起源一定是在能提供制造“滑雪器材”所需的木材来源方便（森林多）的地域；

（四）滑雪的起源一定是在有能体现出滑雪速度与实用功能的多山丘地域；

（五）滑雪的起源一定是在能具有适宜于人类早期生存所需要的自然环境及人类文明起源早的地域，而且滑雪能成为当时人们冬季行走代步、狩猎的重要工具的地域。

经过人类社会活动的不断变迁和扩展，以及自然条件的不断变化，阿勒泰地区至今仍然是天气寒冷，雪量丰沛，能制造滑雪板的木材来源方便，可就地取材；阿勒泰地区到处有山峰与丘地，每到冬天被厚厚的积雪覆盖，到处是雪山；阿勒泰地区至今地表水丰富，有三大水系，56条大小河流，蓄水量上亿立方米的湖泊有4处，水域面积多为营养型；阿勒泰地区林草茂盛；有野生兽类34种，野生禽类100多种；阿勒泰地区古迹繁多，旧石器时期的遗址多处，狩猎经济、草原文化的遗迹氛围浓重……这些都说明阿勒泰地区非常适合于古人类的生存、繁衍，而且具备滑雪起源的一切必备的基本条件。

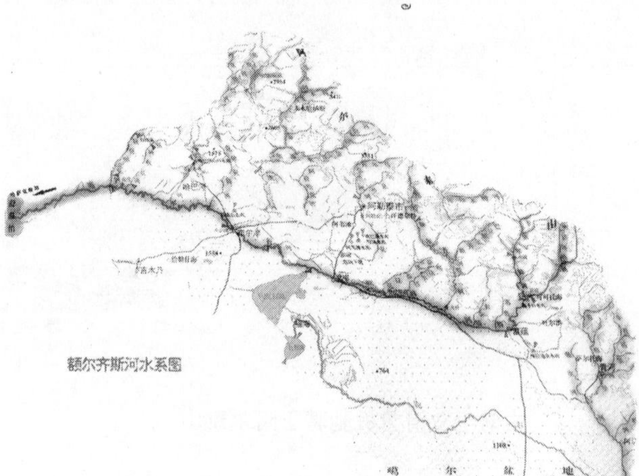

阿尔泰山和额尔齐斯河区域水系图

古代居住或活动在阿勒泰地区的以采集、狩猎为生的民族，逐渐感受与掌握了雪的特性与功能，而发明了“雪踏”“雪板”之类的器具，穿着当时的这类器具，首先是防止双腿不陷入雪中太深，并且能在雪地中滑动，借以满足古人类在茫茫雪山、雪原中采集、狩猎、迁徙、运输等方面的需求。当时随着人类文明的进化，随着滑雪器具的不断改进，滑雪逐渐成为古人在雪地上活动的“轻舟”或“轻骑”，特别是在当人行、骑马都无法行进的“雪患”面前，为了人类的生存，这种“轻舟”或“轻骑”的功效就显得尤为重要。阿勒泰古老的“毛滑雪板”能世世代代这样广泛、这样久远地沿袭到今日，足以认证许多问题，谱写了一部人类滑雪发源史。

古阿勒泰人滑雪狩猎图

从多视角分析，可以断言，由于远古的阿勒泰地区的自然条件及人类的生存需要，比当今更加具备滑雪起源的孕育与催生条件。

注：本文最早形成于2004年中期，2005年在“中国滑雪网”上发表。2006年12月15日被收集在《中国新疆阿勒泰地区是人类滑雪最早起源地新闻发布会资料汇编》中，并在新闻发布会上作专题发言，概要地进行了讲述。2008年5月对内容做了删节，使其主题论述更为明晰。

阿勒泰是人类滑雪最早起源地探索

新疆维吾尔自治区博物馆研究员王博
（2006年1月）

2005年11月中旬，新疆阿勒泰市宣传部的史志强先生给我来了一个电话，谈到新疆阿勒泰市敦德布拉克岩棚中发现有滑雪场面的岩画，并介绍了中国滑雪协会技术顾问单兆鉴先生对岩画的看法。当时我在库尔勒市州文管所所长覃大海的办公室，听到这个消息后感到很兴奋，同时也有些疑虑。因为2005年的7月9日我们曾作过敦德布拉克岩棚岩画的调查，认为是新疆旧石器时代晚期、以狩猎为主题的岩画。非常遗憾，当时并没看出来有滑雪的人物图画。[1]

回到乌鲁木齐市后，史志强先生很热情地给我寄来了一些资料和岩棚画中有关人物滑雪情景的照片，虽然这都是非常熟习的岩画画面，但对画面绘画的人物动作、行为的认识发生了巨大的变化。后来在网上也找到了单兆鉴先生《阿勒泰滑雪文化的璀璨篇章——人类滑雪的发源地或发源地之一》一文，[2] 单兆鉴先

1 王博，郑颉.阿尔泰山敦德布拉克的旧石器时代晚期岩棚画［J］. 吐鲁番学研究，2005，（1）：120-121.

2 单兆鉴.阿勒泰滑雪文化的璀璨篇章 ——人类滑雪的发源地或发源地之一［2005-12-31］中国滑雪协会网.

生的文章写得很中肯，谈到了一些关于滑雪的常识性问题，同时写道："近年来，对阿勒泰实地考察又有新的发现，在一个古彩岩窟（即敦德布拉克岩棚）的顶面上绘有许多动物形象与"滑雪"人的形象线条图形，几个脚踏雪板，手持单杆滑雪人的图像栩栩如生。"滑雪对单兆鉴先生来说，应该是非常熟悉的活动，所以能从画面人物的"形象线条""脚踏雪板""手持单杆"等就能判断出是滑雪人，这是一个非常有意义的发现。为了谨慎，我再次仔细地观察了敦德布拉克岩棚岩画资料，觉得单兆鉴先生讲得很有道理，并引起了我对滑雪起源研究的兴趣。

一、公元前7世纪的阿尔泰山地是一个多雪的地方

古代居民的滑雪，必须具备一些基本的自然条件。单兆鉴先生提出有五条：[3]

1.一定是在天气寒冷的地域；

2.一定是在降雪量大且存雪时间长的地域；

3.一定是在能够提供制造"滑雪器材"的木材来源（森林多）的地域；

4.一定是在有能体现出滑雪速度与特点的多山丘地域；

5.一定是在人类文明起源早，而且滑雪能成为当时人们生活、生产实际需求的地域。

综观现代利用自然场地滑雪的地域大都具备第1、2、4的条件：第1条是天气寒冷；第2条是降雪量大、存雪时间长；第4条多山丘地域。今天的阿勒泰地区的阿尔泰山地也具备这些条件。阿勒泰地区气候属典型温带大陆性寒冷区气候，冬季降雪频繁、雪量丰沛、存雪期长。从一些史料上看，公元前7世纪阿尔泰山地可能是终年积雪、非常寒冷的地方。追溯阿尔泰山的这段历史，人们参考的主要是两部分历史资料：一是西方史料，希罗多德的《历史》；一是汉文史料，《山海经》《淮南子》《楚辞》等。

希罗多德在公元前450～前440年期间游历过黑海北岸今布格河口的奥勒比亚（今克尔赤）及其他希腊殖民地。[4]他访问了斯奇提亚人（Scythia，又译作斯

---

3 单兆鉴.阿勒泰滑雪文化的璀璨篇章 ——人类滑雪的发源地或发源地之一［2005-12-31］中国滑雪协会网.

4 中外关系史学会.中外关系史论丛・孙培良. 斯基泰贸易之路和百战不殆中亚传说. 第一辑［M］. 世界知识出版社，1985.

基泰人）和希腊人，并了解到斯奇提亚人居地以东的人文地理情况，他还利用了前人有关阿利司铁阿斯（Aristeas）的长诗《独目篇》（Arimaspea）的记录。阿利司铁阿斯是今马尔麦拉海普洛康奈斯岛上的人，生于公元前7世纪后期，旅行到了斯奇提亚人的东端。

希罗多德《历史·第四卷》记载了斯奇提亚人及以东居民的情况。[5]塔纳伊司河（Tanais，今顿河）是斯奇提亚人的东界，渡过河是撒乌罗(洛)玛泰伊人（Sauromatae），他们的地区始于麦奥提斯湖（Moeotis，今亚速海）凹入的地方，向北扩展有十五天的路程，在他们上方居住着布迪诺伊人（Budini）。自布迪诺伊人（大概住在今萨拉托夫州）境北行，七天的行程是一片无人居住的地区，再向东转，住着杜撒该塔伊人 (Thyssagetae)，紧接着就是玉尔卡依（Iyrcae，大概居住在今伊希姆流域）人，越过他们居住的地方稍稍向东，又是斯奇提亚人别部（大概居住在今阿克摩林斯克草原地带），上面所说到的地方全部土地都是平原。

从斯奇提亚人别部往东走便是粗糙的和多岩石地带（大概是今哈萨克斯坦北部的丘陵和荒漠），而后进入秃头人的地方（可能是阿尔泰山脉的西缘），这种人叫做阿尔吉派欧伊人(Argippaei)。从秃头人再往前去的情况就说不清楚了，因为高不可越的山脉遮断了去路，而且没有一个人曾越过这些山，山里是一种长山羊腿的人，一年当中要睡六个月的民族。同时在秃头人以东的地方，我们知道住着伊赛多涅斯人(Issedones)。从伊赛多涅斯人再往前的情况，只有通过伊赛多涅斯人才能知道，他们提到过独眼族和看守黄金的格律普斯的事情。以上提到的一切地方都是极其寒冷的，一年当中有八个月都是不可忍耐的严寒。再往前就是北风以外的人。阿勒泰、阿尔泰都是古突厥语“altun”的音译，阿尔泰山（altun taγ）史称金微山、金山，是一个非常古老的名字。亚欧许多地区的黄金都来自于阿尔泰山，阿尔泰山的金子发现得早，开采得也早，希罗多德《历史》里的看守黄金的格律普斯应该就在今阿尔泰山南的今阿勒泰地区一带。

阿尔泰山处在中国的西北部、新疆的北部，这里的气候自然条件应该和古代汉文文献记载的北方、极北地区的情况相近。《山海经》《楚辞》和《淮南子》都曾提到，那里有寒山、北极之山、极北之山，或者是北方之极的地方，那里有寒山，冻寒积冰，雪雹霜霰漂润群水之野。由此不难看出，公元前7世纪时的阿

5 希罗多德. 王以铸，译. 历史［M］. 北京：商务印书馆，1997：上册265—344. 希罗多德《历史》书中的地名、民族名有多种译法，本文地名采用了王以铸的译法。

尔泰山地一年有八个月都很严寒，是终年有积雪的地方，从今天的天气情况看起来虽然显得有些夸张，严寒季节时间长可能是不容怀疑的。其实这种终年积雪环境出现的时间会更早，应该是万年前阿尔泰山最后一次冰期的残留、天气的转暖逐渐退化的结果，这为古代居民在狩猎中发明滑雪创造了良好的自然条件。到了唐代，阿尔泰山地的天气有了变化，汉文史料记载阿尔泰山北一带都是“冬积雪，往来险阻”的地方，[6]山南天气可能和今天差不多，冬天积雪较多，使得滑雪传统能够长久地传承下来。

二、滑雪出现于旧石器时代的晚期

今天我们在阿勒泰地区能看到游牧民族居民使用着非常古老的滑雪板，滑雪方式也非常原始，或许可以推测滑雪起源与早期游牧经济有关系。不过，单兆鉴先生提出的滑雪必须具备的五个自然条件中：第5条是一定是在人类文明起源早，而且滑雪能成为当时人们生活、生产实际需求的地域。人类文明起源早，指的是出现了人的活动，并发展到了一定的阶段。阿尔泰山地多山丘的地域自古至今都是利于狩猎的好地方，推想滑雪应该与狩猎经济的发展有着密不可分的联系，滑雪有可能起源于旧石器时代的晚期，那时在阿勒泰一带的动物群发生了变化，狩猎经济的形式有了迅速的发展。滑雪狩猎正是成为当时居民生活、生产实际需求的时期。

考察民族志资料，无疑感觉到滑雪与狩猎关系密切。俄罗斯学者A.M.佐洛塔列夫（Золотарев）在研究广泛分布于西伯利亚北部的通古斯语部落（鄂温克）时，发现他们中存在滑雪狩猎的情况，是在物质文化发展过程中产生的。在鄂温克人的传说中，他们的祖先就是猎人，用滑雪板移动。[7]关于近、现代滑雪狩猎在亚洲民族志资料里是很多的：在原内蒙古自治区博物馆的陈列里就有鄂温克人的滑雪板。在2006年中国俄罗斯年北京世纪坛博物馆的俄罗斯民俗陈列上，展出有生活在黑龙江下游和鞑靼海滨地区基尔亚克人手持滑雪板的画面，西伯利亚雅库特、楚克奇、通古斯猎人脚穿滑雪板的画面，同时也展出了东西伯利亚20世纪初鄂温克人的滑雪板。赫哲人将滑雪称做“恰尔奇刻”，他们

6 岑仲勉. 突厥集史・下［M］. 北京：中华书局，1958：724.

7 中国社会科学院民族研究所. 民族史译丛文集・M. 列文：通古斯族源问题的研究［M］. 北京：科学出版社，1959：39-40.

的滑雪板与鄂温克族使用的相同，也是作为狩猎工具。达斡尔人称滑雪板为“肯骨楞”，用公野猪皮贴包肯骨楞。构成蒙古族一支的森林兀良哈部，拉施特《史集》介绍说：“他们制造一种叫做察纳的特别的板子，站立在那板上；用皮带做成缰绳（将它拴在板的前端），然后手拿着棒，以棒撑地、（滑行）于雪面上，有如水上行舟……他们拖着联接起来的另一些（滑雪板）走，他们将打杀的野兽放在上面”。[8] 可见兀良哈蒙古族的滑雪也是为了狩猎。同时我们在阿勒泰考察现代蒙古、哈萨克游牧民族居民的滑雪时，发现他们也是由于冬天雪山的狩猎才被长期地保存了这一传统。他们是用马腿的皮贴包滑雪板。

同时民族志资料也告诉我们，原始的滑雪板滑动起来速度非常地快，《黑龙江志稿》卷6载：“值雪深数尺，以木板长五尺贴缚两足，手持长竿如泊舟之状，划雪前进，则板乘雪力，瞬息可出十余里，转运自如，虽飞鸟有所不及也。”《大明一统志》引《殊域周知录》：“元代，滑雪板亦称‘木马’，‘木马形如弹弓，系足激行，可及奔马，二者止可冰雪上行’。”

查阅历史资料可以看到，早在隋唐时期阿尔泰山地一带就有滑雪狩猎的居民。唐代将滑雪板称做“木马”“骑木”，滑雪叫做“乘木马”，居住在阿尔泰山北的结骨（黠戛斯）人、居住在贝加尔湖南的拔悉弥都有乘木马狩猎的习俗：“其国猎兽，皆乘木，升降山隥，追走若飞”；“人好猎兽，皆乘木马，升降山阴，追赴若飞”；“隋时闻焉，在北庭北海南，黠（结）骨南，依山散居，去敦煌九千里，有渠号，号王号，其人雄健，能射猎。田多雪，恒以木为马，雪上逐鹿，其状似盾而头高，其下以马皮顺毛衣之，令毛着雪而滑，如着履屐，缚之足下，若下阪走过奔鹿，若平地履雪，即以木刺地而走，如船焉，上阪即手持之而登”。《通志·拔悉弥》《文献通考·拔悉弥》载：“国冬雪，恒以木为马，雪上逐鹿。其状似楯而头高，其下以马皮顺毛衣之，食毛著雪而滑，而著履屐，缚之足下；若下陡走过奔鹿若平地，履雪即以杖刺地而走如船焉；上陡即手持之登”。[9]《新唐书·回鹘传下》描绘了木马突厥三部落用滑雪板滑雪的姿势：“俗乘木马驰冰上，以板藉足，屈木支腋，蹴辄百步，势迅激。”从这些民族活动的地域来看，不难看出滑雪与雪地狩猎经济非常适宜，狩猎的对象主要是鹿。

希罗多德记述斯奇提亚人及以东居民的相对居地时，也谈到了他们的经济情况，其中斯奇提亚人，有农业斯奇提亚人和游牧的斯奇提亚人、伊尔凯人、杜撒

---

8 张碧波，董国尧. 中国古代北方民族文化史专题文化卷. 哈尔滨：黑龙江人民出版社，1995年.

9 岑仲勉. 突厥集史·下［M］. 北京：中华书局出版，1958：728、760.

该塔伊人、玉尔卡依人属狩猎居民，秃头人是以树木果实为生的。这里指出的狩猎居民都是骑马狩猎，除了一些自然条件的限制外，应该说骑马狩猎比滑雪狩猎要进步，或者说出现的时间要相对晚一些。同时希罗多德还记载了一种长山羊腿的人，但没有介绍他们所从事的经济。劳林斯（G.Rawlingson）解释长山羊腿的人，认为是指住在山中的人奔驰轻捷有如山羊。[10] 单兆鉴先生在解释这段记载时引用了日本历史学家白鸟库吉先生的一段话，指："住在阿勒泰地区的人们拥有山羊角，冬季在雪中奔跑，记述了当地人在冬季利用滑雪器像山羊一样在山谷中疾走的习俗，此文可能是有关滑雪的最早文献了。"[11] 这一解释是有道理的，冬天远看在山坡上滑雪的人，就像是山羊一蹦一跳，非常有趣。这个滑雪的居民应该是一个滑雪狩猎的民族。在《鲁布鲁克东行记》里就记载了一支叫乞儿乞思的牧羊民族，还有兀良海，足底缚着磨光的骨头，在冻结的冰雪上行走，速度之快可及飞禽走兽。[12]

成书于战国时期的《山海经·海内经》，里面记载"钉灵国"，云"其国民从膝以下有毛，马蹄善走"。郭璞注引《诗含神雾》云："马蹄自鞭其蹄，日行三百里。"珂案《三国志·魏志·乌丸鲜卑东夷传》裴松之注引《魏略》云："乌孙长老言，北丁令有马胫国，其人间声似雁鹜，从膝以上身头人也，膝以下生毛，马胫马蹄，不骑马，而走疾马。"[13] 钉灵在《史记·匈奴列传》作丁灵，《汉书·苏武传》作丁令。历史上的丁令人活动地域时有变化，《海内经》记述"钉灵国"的分布方位在"北海之内"，此"北海"虽不能肯定就是《史记》《汉书》所说的北海（汉北海指今贝加尔湖），但也就在这附近一带。汉魏丁令居匈奴北和康居北，即东起今贝加尔湖西至巴尔喀什湖之地。[14] 膝以下有毛，马蹄善走，马蹄自鞭其蹄，日行三百里等，应该是对滑雪板、滑雪动作及滑雪速度的一种描述。在历史的发展中，居住在山地的丁令族人可能一直保持着滑雪狩猎的传统。"马蹄善走"想来与今天阿勒泰居民用马腿皮贴包滑雪板有关系。

无论从现代民族志，还是历史民族资料中，我们都能感受到滑雪与狩猎经济关系密切，滑雪是在狩猎经济中发展起来的一种特殊的生产方式。狩猎无疑是

---

10 劳林斯. 希罗多德历史译本［M］. 伦敦，1862年第三卷，18页注7、115页.

11 单兆鉴. 阿勒泰滑雪文化的璀璨篇章——人类滑雪的发源地或发源地之一.［2005-12-31］中国滑雪协会网.

12《鲁布鲁克东行记》，中华书局1985年版279页.

13 袁珂. 山海经［M］. 成都：巴蜀书社，1996：527.

14 段连勤. 丁令、高车与铁勒［M］. 上海：上海人民出版社，1988.

一种非常古老的生产方式，在整个旧石器时代的第四纪因自然环境的制约，阿尔泰山地居民都是以狩猎经济为生。阿尔泰山的第四纪的自然现象就是冰川，在阿尔泰山前地带的准噶尔盆地西部山地的塔城额敏县曾发现过冰川时期的猛犸象化石，在伊犁一带也有发现。其实在第四纪中晚期的北亚许多地方都发现过猛犸的化石，甚至在中亚的塔吉克斯坦也有发现。全新世开始时，阿尔泰山地旧石器时代晚期的猛犸象灭绝了，这以后生活在这里的主要是鹿、野马，贝加尔的牦牛和条纹羚羊也到了这里来生活。[15] 这一现象至迟延续到了距今1.5万年前后，这时完全具备了单兆鉴先生提出的滑雪起源的五个条件，在狩猎经济时代的晚期生活在阿勒泰山地居民因狩猎对象的改变而发明了滑雪，出现了令今人震奋的滑雪狩猎生产活动的画面。

三、敦德布拉克岩棚画中的滑雪狩猎图

敦德布拉克岩棚画，在新疆阿勒泰市汗德尕特蒙古自治乡东北约4公里的敦德布拉克河上游沟谷中（图14）。在这里发现有四座岩棚里面有岩画，其中1、2号岩棚在敦德布拉克河谷东侧，3、4号岩棚在河西，分布比较分散，相距则不是很远。岩棚系雨水浸蚀、风蚀形成，棚都比较小且浅，三壁及顶面皆呈凹凸不平的弧面，极不规整，应该是猎人的临时遮避所。

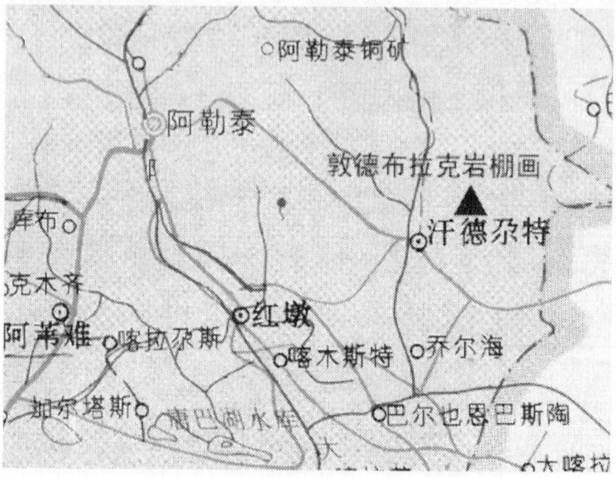

图14　敦德布拉克岩棚画位置示

15 V.M. 马松. 中亚文明：第一卷自然环境［M］. 中国对外翻译出版公司，2002.

敦德布拉克的四座岩棚，从内容上看，主要反映的是狩猎场面，并以围猎为主。其中4号岩棚的画面比较清晰（图15）。它处于河西，位置较高，口朝南，口宽4.9米，高1.4米，深2.7米。岩画处于岩棚的西壁，画面的中间是两头大动物，即野牛和鹿，两侧散见一些猎人。野牛和鹿用线条勾勒，身体大且健壮。同时，鹿的位置稍稍偏上，而牛稍偏下，相背布局。鹿头朝北，牛头向南。画面上的鹿和牛，相互还有些重叠，鹿的后腿叠压在牛的肩背部，并绘画出了刺入鹿前颈和臀部，牛前、后颈的标枪。两侧的人物也比较小，勾画的简单，左侧自上而下一例4人，右侧可以看清的是3人，很明显是一幅狩猎图。滑雪狩猎图位于1号岩棚（图16）。

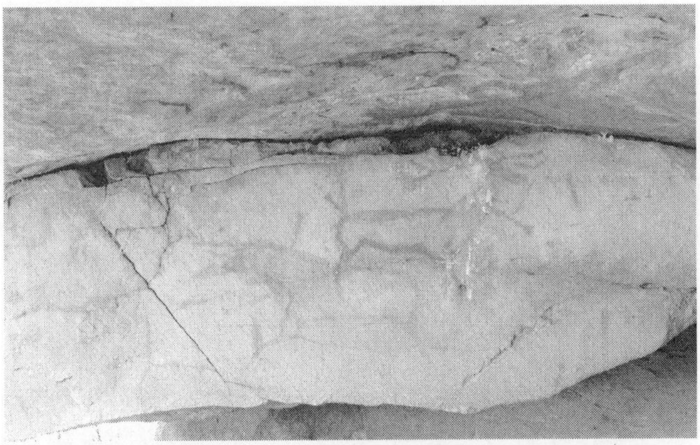

图15　4号岩棚，围猎图

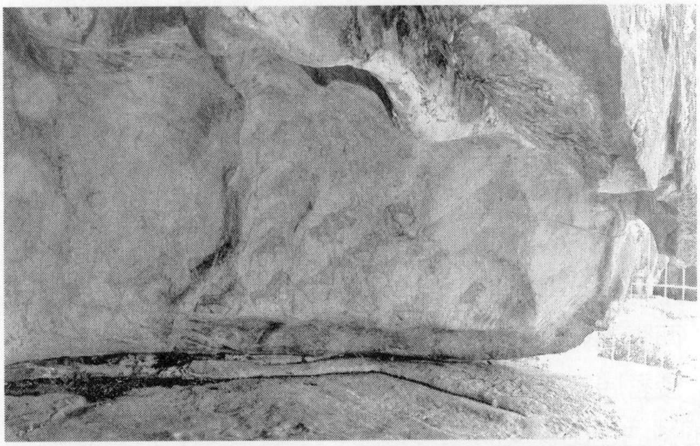

图16　1号岩棚东壁及延至顶部的岩画，滑雪狩猎图

岩棚口宽3.5米，高0.8米，深1.7米。弧形三壁及顶部都有岩画图案，除西壁图案少、模糊外，其余各面图案都比较清楚，布局非常复杂。大体上可以看出来，反映了以狩猎为主的题材。岩棚里绘制的有动物和人物，动物主要是野牛和野马，接近棚口有一头野牛，身体明显要比其他动物大，双角朝前，粗颈、长吻，短腿。画面的野马，鬃竖立，有的做奔跑状，或做行走状。岩棚中还有人面纹、排列较紧密的短线纹、三线纹（有的看似手印）及一些简单的符号形图案。

2. 1号岩棚画中的人物画面主要是四组：

第一组，是持弓射猎者的人物图案，处于岩棚正壁。射猎者两腿直立，头顶有三个向上翘的短线装饰，左臂平伸，手持弓，弓上搭着箭。右臂弯曲于腰间（图17）。岩画的赭红色有些偏艳，人物表现的有些僵硬。

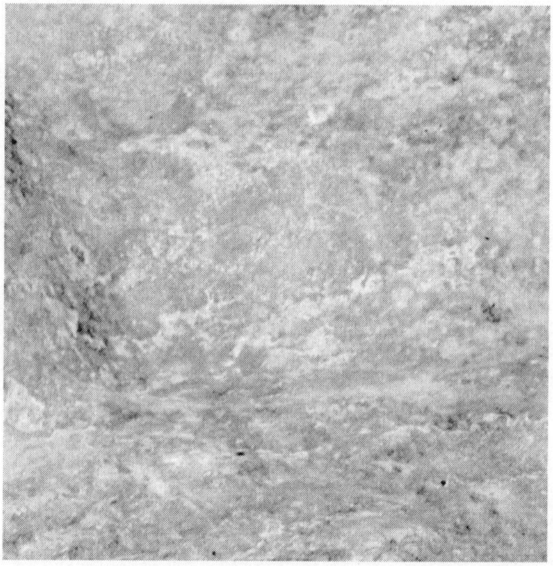

图17　1号岩棚的第一组人物岩画

第二组，是两个人，做舞蹈状，处于东壁上部（即上组）。两人一高一矮，头皆呈圆形，两脚看似向右，做前行状。高者居右，长颈，左臂下曲至腰，右臂上曲至颈部。矮者居左，短颈，体长短腿。身体呈三角形，即宽肩细腰形式（图18）。岩画的赭色也比较浅。

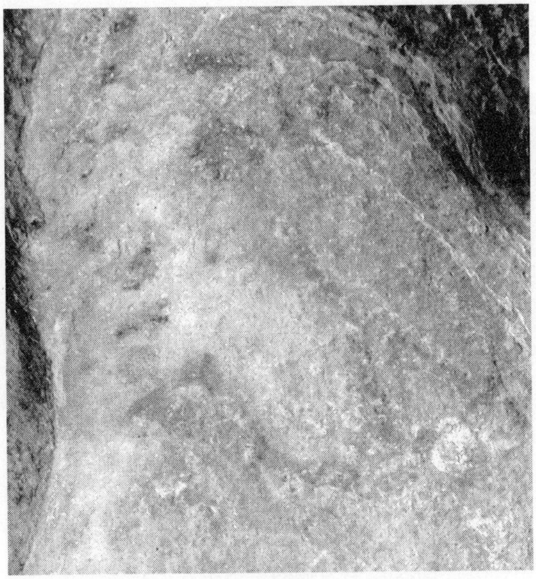

图18　1号岩棚的第二组人物岩画

第三组，也位于东壁，处于第二组的下面（即下组）。这组人物大概有10个人，其中6人比较明显，一字形排开，形象相似。人的头分圆头和非圆头两种，非圆头有点像某种动物的头像。人的上图体宽大，腿细，皆弓身屈腿，做谨慎、慢步行走状。表现的可能是出猎的情景。人头作动物状的应该是伪装狩猎，即人扮演成动物，以迷惑动物。伪装头饰有点像羊、鹿角的形状（图19）。

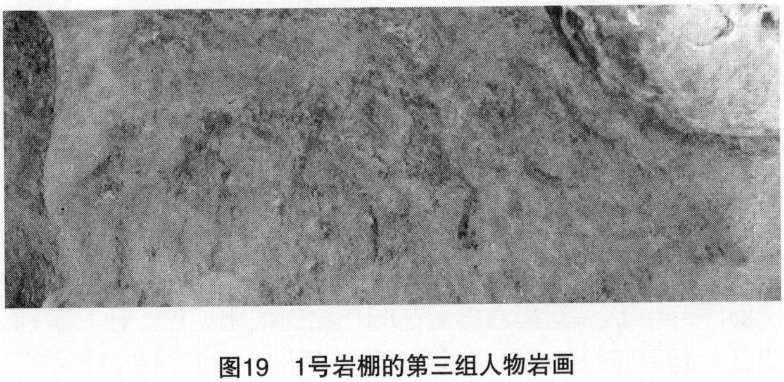

图19　1号岩棚的第三组人物岩画

第四组，处于正壁下部，尾随在牛马等动物的后面。画面比较模糊，明显的有四人。左侧一人画出了上半身，右手握一长棍，做投掷状（图20）。第三组和第四组人物的红色偏深赭红色。

图20 1号岩棚的第四组人物岩画

敦德布拉克一号岩棚的第三组人物画，单兆鉴先生认为是滑雪的人物，他说："近年来，对阿勒泰实地考察又有新的发现，在一个古彩岩窟的顶面上绘有许多动物形象与"滑雪"人的形象线条图形，几个脚踏雪板、手持单杆滑雪人的图像栩栩如生。"我觉得单兆鉴先生的分析是很有道理的。虽然我们这些非滑雪专业的人看起来"手持单杆""脚踏雪板"不是很明显，需要仔细辨别，但是屈腿滑雪的动作相当形象。同时在后两人的脚下发现了比较短的滑雪板，这一点单兆鉴先生及其研究滑雪的专家都认识统一，觉得非常明显。

敦德布拉克岩棚岩画用色深浅有些变化，分赭红色和深赭红色两种。颜料应该是赤铁矿（赭石），化学稳定性比较好，所以能长久地保存下来。东壁的动物和第三组人物画都是深赭红色，处于正壁第一组的持弓射猎者用色呈赭红色。同时在绘画的艺术风格上也有些变化，显示了岩画创作的时间有早晚之分。大体可以肯定，一号岩棚的第三组人物画属于早期作品，绘画的时间不会晚于公元前1万年。

在岩画研究中，伪装狩猎岩画曾在旧石器时代出现过，在乌兹别克斯坦南部的库格塘山札拉乌特萨依岩画中就有发现。同时，我们将敦德布拉一号岩棚的早期动物、人物画与法国拉斯科、诺克斯，西班牙阿尔塔米拉洞穴岩画进行了比较，发现也有相似之处。它们主要表现在绘画的动物都是野生动物，题材以狩猎为主，艺术风格上动物表现的笨拙、写实等。所以，将敦德布拉克岩棚画的年代推定在旧石器时代晚期，距今1万年前是有根据可循的。也就是说，早在1万年前，阿勒泰山地居民已发明了滑雪板，并进入了滑雪狩猎的经济时代，这应该是一场生产工具的革命，也是旧石器时代晚期的经济革命。

四、滑雪探源

作为雪上活动的工具在民俗方面的资料比较多，如爱斯基摩人雪鞋一类的实物在欧洲、美洲都能找到，说明它出现的时间应该很早，长期保留在了一些民族的生活、生产活动中。考古资料中也有一些发现，但比较少。在极北地区的晚亚石器时代（旧石器时代末期）的骨器文化中发现过雪橇（图21），看似是用一种力量拉着走的雪上工具。[16]

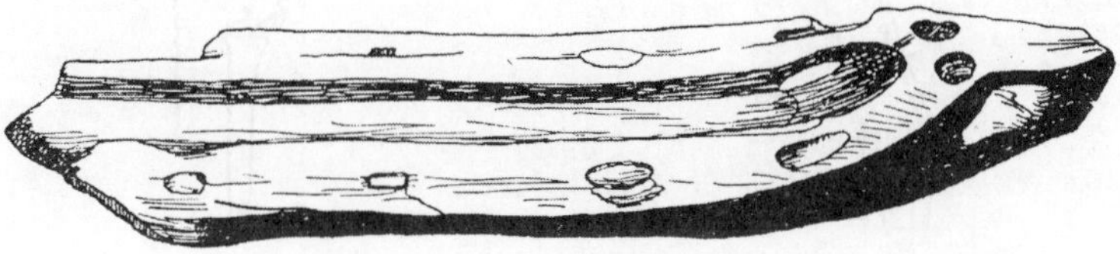

图21 单滑木式猎人橇残片

在俄罗斯东部额尔齐斯河流域的鄂木斯克州地区罗斯托夫卡2号墓出土了1件铜刀（剑），出土时刀插在墓室的地面上，位于死者头部附近。[17] 刀身比较厚重，柄截面呈扁椭圆形，装饰着浮起的线条，柄下半部分的截面呈工字形，刀首雕有马拉滑雪者的造型。滑雪者处于马的旁边，表现出牵拉马缰绳的状态。从人的造型上看，大概是一男性，有宽宽的脸庞，可以分出眼睛、鼻、耳朵和头饰的特点，有突出的颧骨，两外眼角向上翘，扁平的面部。В.И.马秋申科认为在人种上仿佛是属于蒙古人种类型。从后面看，头上饰冠尺寸不大，圆形。厚厚的服饰紧紧地裹在身上，清楚地感觉到衣服下面的肩胛骨。人呈弯曲状，手伸向前，大腿叉开的很大，右手回拉着缰绳。人的嘴脸因附着在皮带上，都被磨光了。稍

16 O.米肯.石器时代的世界史（上卷）［M］.风岗正，译.东京：株式会社纪书房，昭和十八年：397～400页.

17 E.H. 切尔内赫，C.B. 库兹明内赫. 古代欧亚北部冶金学：塞伊马-图尔宾诺文化现象［M］.莫斯科：科学出版社，1989.

微弯曲的左手稍稍向上提起。男子站在短而前端弯曲向上翘的滑板上，能明显感觉到人的身体是处在紧张状态，他仿佛勒住了马。马的雕塑则相反，没有感觉到紧张，站着的马姿态平静，马有很大的头，鬃竖立。从左面看马鬃像一根横杆，蹄雕塑得很简洁。全长295毫米，滑雪者高18毫米。这件铜刀属于塞伊玛–图尔宾诺文化，年代在公元前14至前13世纪。这是一个非常重要的考古资料（图22）。

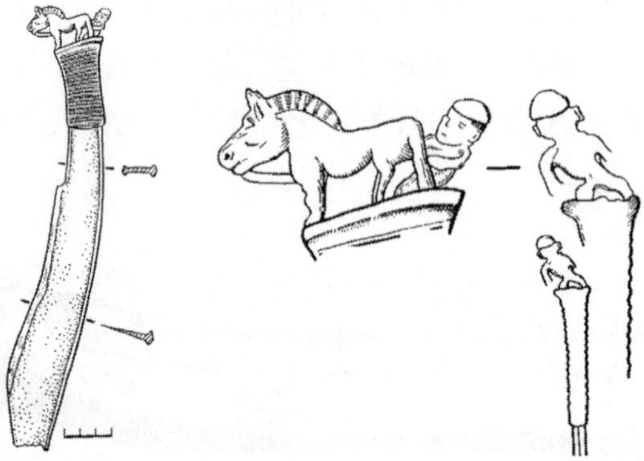

图22　俄罗斯罗斯托夫卡出土的铜刀（左：刀；右：马、人细部）

虽然滑雪应该与雪上活动工具有关系，或许是从某一种雪上活动工具发展而来的，但它们之间差别还是很大。不能排除有些雪上工具仅仅与雪上运输物品、便利行走有关系，而滑雪更多的是与狩猎经济关系密切。所以，滑雪探源有着其更重要的意义。早在公元前5世纪的文献中已经有了记载，一般来说，历史文献的记载相对考古发现来说还是要晚许多，所以追溯滑雪起源得要用考古资料。原始的滑雪板是木、皮制作的，容易腐朽，在考古发掘中很难找到，这为滑雪的科学探源带来了许多困难。滑雪这种特殊的生产方式起源何时、何地虽无定论，不过随着考古资料的不断发现，人们的认识也在不断地向前推进。

在长期的考古实践活动中人们还是零零星星地发现了一些有关滑雪的考古资料，这样的资料自然对滑雪的起源产生了各种不同的认识，认识是随着考古资料的新发现在不断地变化。目前滑雪起源有主张北欧说者，因为在挪威北部边远的小岛勒德于发现过一幅公元前2500年左右的岩刻画，上面雕刻着一个穿着巨大滑雪板滑雪的人。可以看到一脚踏着滑雪板，靠一根滑雪杆向前滑行，滑行姿势相当标准：身体前倾，双膝弯曲，好像穿着一件套装，戴着一顶兔耳帽（图23）。

图23 挪威岩刻画滑着巨大滑雪板的人

1921年在瑞典那姆特兰省发现约有4500年历史的滑雪板，现收藏在瑞典吉尤加登博物馆。2000年前的古罗马诗人维吉尔的叙事诗《埃涅伊德》中也提到过北欧有人滑雪。公元1200年，挪威国王斯韦雷还在伊木战役中派出脚踏滑雪板的间谍。6年之后，发生了挪威历史上最富戏剧性的事件：两名脚踏滑雪板的贴身卫士为避开疯狂的内战而将处于襁褓之中的哈康·哈康松国王悄悄抱走。[18]

关于滑雪的传播，认为在美洲原始人文化中没有发现滑雪板，亚洲出现得也比较晚，公元7世纪滑雪在中亚出现，640年来自贝加尔湖地区的游牧民族派使臣前往中国朝廷：“该国的宫廷档案在谈到他们时写道：他们的国家总被霜雪迅速覆盖，因此他们脚踏宽逾五寸，长逾七尺的木板，滑行于冰雪之上，猎取麋鹿和其他动物。”[19]

有趣的是，20世纪60年代在俄罗斯东北部乌尼尔山脉维斯一地的泥炭沼中，发现了（距今）8000年前石器时代制作的滑雪板残片。滑雪板呈弯曲状，雕刻有驼鹿头状的“制动器”。这件滑雪板已相当进步，当时居民已能够进行急

---

18 彼得·詹姆斯，尼克·索.世纪古代发明·滑雪板与冰鞋［M］. 北京：世界知识出版社，77～79页.

19 利普斯. 事物的起源·第七章陆路水路交通［M］. 汪宁生，译. 兰州：敦煌文艺出版社，2000：178–179.

关于滑雪的历史；《奥林匹克运动百科全书》——中国大百科全书出版社，2000年.

速地滑行（图24）。这说明滑雪不一定起源于北欧，出现的时间也要早于8000年前。[20] 这样，人们不得不考虑滑雪可能起源于亚洲的阿尔泰山地。

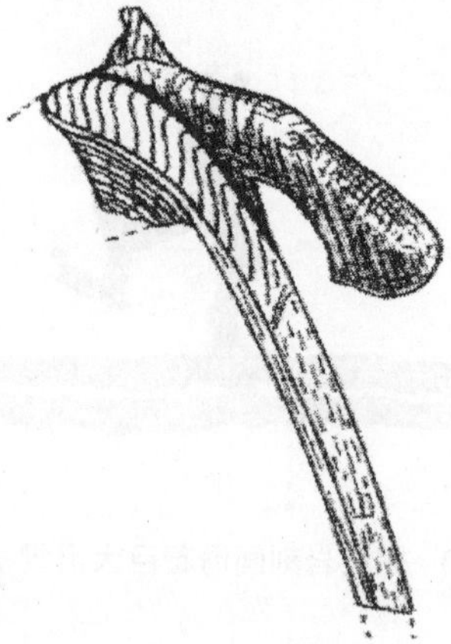

图24 俄罗斯东北部维斯发现的滑雪板

滑雪起源于亚洲北部说认为，最早采用滑雪板作为代步工具的是生活在西伯利亚地区（从贝加尔湖到阿勒泰地区）的人们，随着人类的迁移，扩展到阿拉斯加东部，日本和斯堪的纳维亚半岛（挪威和瑞典）的西部与西北部，直到欧洲中部。[21] 单兆鉴、刘永年、张德山、王石安等先生进一步研究，认为滑雪起源于新疆的阿勒泰地区，并应用了日本历史学家白鸟库吉先生的研究成果："希腊史学家希罗多德在其世界史第四卷中曾指出：'住在阿勒泰地区的人们拥有山羊角，冬季在雪中奔跑，记述了当地人在冬季利用滑雪器像山羊一样在山谷中疾走的习俗，此文可能是有关滑雪的最早文献了'。"[22] 阿勒泰地区远在旧石器时代晚期就有居民居住，地区文物局的郑颉先生告诉我，2004年9月中国科学院古脊椎动物与古人类研究所和新疆文物考古研究所、美国亚利桑那大学人类学系、俄罗

20［德］利普斯著、汪宁生译：《事物的起源·第七章陆路水路交通》敦煌文艺出版社，2000年版178～179页。关于滑雪的历史；《奥林匹克运动百科全书》——中国大百科全书出版社，2000年。

21 张玉绮. 引自苏联1980年出版的《滑雪运动教科书·第一章 滑雪运动史》。

22 中国广播网2005-06-15 15:27:32：《世界滑雪活动的发祥地——中国》，李洪涛；2005-12-31，15:30:00，中国滑雪协会网，中国滑雪协会技术顾问单兆鉴：阿勒泰滑雪文化的璀璨篇章 ——人类滑雪的发源地或发源地之一。

斯远东学院等单位合作调查，发现了一系列的旧石器遗物：1. 富蕴县发现两个点，各采集到二三件石片，在养鸽场附近发现1件石核，还有一个点在水泥厂附近额尔齐斯河边发现1件石片；2. 新疆阿勒泰市拉斯特乡小东沟采集到1件旧石器石片；3. 在布尔津县雅丹地貌的七彩湾采集到2件旧石器石片；4. 青河县二台一带采集到几件石器。这些旧石器遗存大都发现于阿尔泰山丘陵地带，属于旧石器时代晚期的遗存，距今有1万～3万年。同时，在阿尔泰山前、准噶尔西部山地的和布克赛尔蒙古自治县和什托洛盖镇，发现了分布面积大、石制品丰富的骆驼石旧石器时代遗址，这里的石料主要是黑页岩，石片比较多，还有尖状器、刮削器等，发现了欧洲流行的勒瓦娄哇石片。其年代推测为旧石器时代中晚期，距今在3万年前的遗址。[23]

敦德布拉克岩棚画应该是这些旧石器晚期居民的作品，滑雪狩猎图表现了他们的生产方式，表现了他们对滑雪狩猎崇拜的思想意识和希望获取猎物的愿望。有力地说明早在距今一两万年前阿勒泰地区就进入了滑雪狩猎经济时代，这也是目前我们所知世界上最早的、反映滑雪狩猎场面的考古资料，这为滑雪起源阿勒泰地区提供了可靠的考古证据。

五、结 语

最初我们对滑雪只有简单的认识，感觉是一种娱乐、健身的体育活动，再谈得多一些也就是竞技比赛的一个项目。它带给人民的是健康、幸福快乐、向上。而通过一系列的材料搜集，发现问题并不那么简单，它和人类生产力的发展有着密切关系，是人类社会发展的一个重要里程碑。

阿勒泰地区在旧石器时代的中晚期已经有了居民，这从前面讲的一些遗址采集石制品可以得到说明。虽然还没有见到学者们对这一带旧石器文化分期的研究，基本的资料反映出至少可以划分出两个阶段，即5万年前的旧石器时代中期和5万年后的旧石器时代晚期。新疆发现的第四纪古棱齿象、猛犸象的年代也可以推测在这一年代范围内，即距今是20万～5万年。进入地质年代的第四纪，地球气候剧变，时而严寒，时而温暖。严寒时两极冰盖扩大，不分海陆皆掩埋在冰雪里面，高山上的冰雪凝结成冰床，随山谷地形流注，称做冰川。猛犸象是

23 新疆维吾尔自治区文物考古研究所：《新疆考古十年间》，《中国文化遗产》2007年1期）。

灭绝动物，是一种适应于寒冷气候的动物，属长鼻目猛犸象属。在我国生存年代从中更新世开始，延续到全新世开始（距今1.5万年）。不少学者都曾对阿尔泰冰川作过研究，在中更新世有一期：库木冰期；晚更新世有两期：大青河冰期和喀拉斯冰期。[24] 各期冰川槽谷底高低有些变化，基本上是越晚越高。中更新世在考古分期上大致属旧石器时代早期（距今100万～20万年），晚更新世在考古分期上大致属旧石器时代中期（距今20万～5万年）和晚期（距今5万～1.5万年）。我们推想在旧石器时代中期的时候，生活在准噶尔盆西北缘的早期智人活动在比较平坦的地方，用投掷石标枪的方法来猎杀猛犸象，艰难地度过了旧石器时代中期。[25] 在旧石器时代晚期，大概在距今2万年以后猛犸象渐渐开始消亡。鹿、牛、马成为晚期智人的狩猎对象，居民进入山地生活，就在这一时间发明了滑雪狩猎。因为在前面已经讲过滑雪狩猎的对象主要是鹿，在新疆阿勒泰市敦德布拉克岩棚画里出现的动物主要是野马、野牛和鹿，这几种动物都比较适宜滑雪狩猎。在一个皇清职贡图上看到七姓人乘木马射猎图的绘画(图25)，想来那时已经有石箭头，人们已经掌握了射猎。[26] 新疆阿勒泰市周边乡村居民使用的滑雪板是非常原始的“毛雪板”，这与史书记载的唐代滑雪板形状非常相似：盾而头高，其下以马皮顺毛衣之。这种“毛雪板”相对于8000年前俄罗斯东北部乌尼尔山脉维斯发现的滑雪板残片更为原始，这种古老传统的滑雪板流传至今，不仅说明阿勒泰地区滑雪的历史非常古老，同时反映出历史上的阿勒泰地区相对有些封闭，并与区域性经济发展有着一定的关系。目前在阿勒泰地区的考古发现，除了旧石器遗迹外，以细石器生产工具为代表的新石器时代遗迹，主要发现于哈巴河县的额尔齐斯河沿岸，这时的居民生产活动又近于河边，地势较平缓，发展了

---

24 李佩基：《新疆阿尔泰山区第四纪冰川遗迹》，载中国地质学会、新疆地质学会编《新疆第四纪地质及冰川地质论文选集》，1981年新疆人民出版社出版，148～156页。

25 在哈尔滨阎家岗有一处旷野营地遗址，位于市西南25公里松花江有岸第二台地上。遗址中除发现一些石器和大量猛犸象、披毛犀等动物化石外，还清理出两处用二三百块多种动物骨骼堆叠垒成的圆弧形围圈，大小如居址，可为掩体，两者相距40米，圈内残存有当时篝火的炭屑遗迹。故发掘者认为它是古猎人在旷野上垒造的“窝棚”一类居留址。当时，猎人们把猎来的野兽带回营地，屠宰、肢解、烤食，并把吃剩下来的兽骨作支架搭成这种窝棚式掩体，以御风寒。这一遗址的年代经测定距今2万多年。不难推知，生活在东北北部的哈尔滨原始人群至此已迈出阴暗潮湿的洞穴，来到原野上生活。

26 张碧波、董国尧主编：《中国古代北方民族文化史》专题文化卷，黑龙江人民出版社，1995年哈尔滨（拉施特《史集》第1卷第1分册，商务印书馆1982年，203页）。

图25 七姓人乘木马射猎图《皇清职贡图》

渔猎经济，自然也保留着滑雪狩猎的习俗。随着公元前8、7世纪马具的发现，说明阿勒泰地区居民开始骑上马背，并逐渐地走上了游牧经济的道路。这时的狩猎经济显然是辅助性的生产方式。虽然阿勒泰地区区域经济在不断地朝前发展、发生着变化，但山地冬天积雪厚的条件始终没有改变，作为冬季代步的原始滑雪板，它不仅简便，而且经济实用，很受居民的欢迎，所以被长期地延续了下来。他们捉鹿的方法则是用绳子套，旧石器时代晚期的居民是否也用这种方法捉鹿，还有待考古的发现。

在这里有许多的体会，首先滑雪有可能起源于居民便于雪上的行走。《北史·室韦传》："地多积雪，惧陷坑穽，骑木而行，即止。"同时，滑雪起源与滑雪狩猎密不可分，它是滑雪起源的根本，狩猎是一个群体的生产活动，它起源于阿勒泰是滑雪历史发展的一种偶然，也是一种必然。我们说阿勒泰是人类滑雪最早起源地，只是针对今天已发现的考古资料而言，对于它的传播情况，目前不是很清楚。滑雪狩猎在阿勒泰地区能长久地传承下来，是区域经济文化的传承。

（注：本文是2006年12月15日北京"中国·新疆·阿勒泰是人类滑雪最早起源地"新闻发布会的专题发言稿，原收集在《中国·新疆·阿勒泰是人类滑雪最早起源地新闻发布会资料汇编》里面，该次新闻发布会由新疆维吾尔自治区博物馆和中国西北大学联合发布，主办单位是新疆阿勒泰市人民政府和中国滑雪协会。此次出书文章又作了进一步的修改。）

新疆阿勒泰市敦德布拉克岩画的几点认识

中国西北大学文化遗产保护与考古学研究中心教授 王建新

一、岩绘与岩刻

敦德布拉克岩画与新疆北部和中国北方地区岩画流行的岩刻形式不同，而是使用颜料绘制的岩绘形式。中国北方草原地区的岩刻岩画，主要是古代游牧民族的作品，从东起大小兴安岭西到阿尔泰山、天山的广大区域都有分布。在西伯利亚、蒙古、哈萨克斯坦、乌兹别克等北亚和中亚地区也有大量发现。岩绘岩画主要流行于欧洲和印度等地的旧石器时代晚期，在中国境内只有少量分布。如南方的广西花山岩画和新疆阿尔泰山区的旧石器时代晚期洞穴和岩棚岩画。

最早的岩绘作品出现于欧亚大陆西部的法国和西班牙的岩洞中，一般认为最早可达距今3万年。西班牙桑坦德的阿尔塔米拉山洞壁上的动物几乎和真的一样大小，有野牛、马、公野猪和鹿。

印度的岩绘北起喜马拉雅山山麓、南至卡拉拉都有分布。中央邦的皮摩波特卡山区，是印度岩画最集中的地区之一，数百个小型的岩洞和岩棚，描绘着一万多幅岩画作品，持续的时间约两万年。

阿尔泰山区域发现的洞穴岩绘岩画，在表现形式和内容上均与欧亚大陆西部的旧石器时代晚期的洞穴岩画相似。在距今1万～3万年的最后一次冰期，欧亚大陆发生了从西向东的人群大迁徙。阿尔泰山区域的岩绘作品的出现，可能与这次迁徙有关。

见图26、图27、图28、图29、图30。

二、敦德布拉克岩画的年代

阿尔泰山区域岩绘岩画的内容，多与狩猎活动有关，完全不同于反映牧业生活的岩刻岩画。中国北方草原地区游牧文化的出现，应不会超过距今3千年，而牧业文化的出现应更早一些。狩猎经济的出现远远早于牧业经济，因此，中国北方地区反映狩猎生活的岩绘岩画虽然数量较少，但在年代上要早于广泛分布的反应牧业生活的岩刻岩画。

在距今1万年之前的旧石器时代晚期，还没有出现制作帐篷和修建房屋的技术。因此，在最后一次冰期的寒冷时期，欧亚大陆普遍流行穴居的居住形式。敦德布拉克岩画绘制于岩棚内，应该与这一时期的穴居生活有关。

图26　印度中央邦皮摩波特卡（Bhimbhetka）岩棚岩画

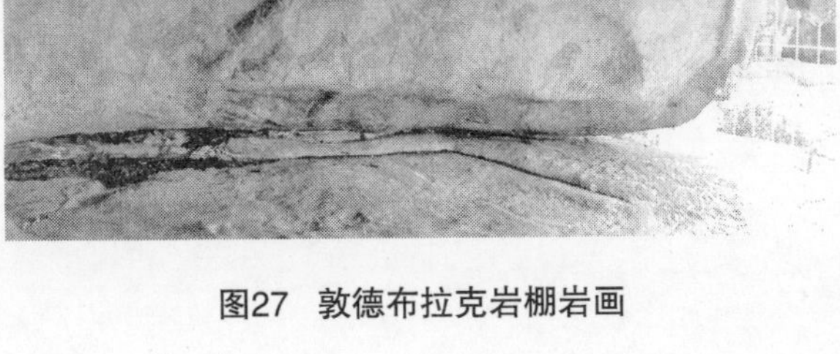

图27　敦德布拉克岩棚岩画

同一岩石面的岩画，并不一定是同一时期的作品，这已被大量的岩画发现所证实。从敦德布拉克岩绘岩画的形式、颜色和内容看，它们并不是同一时期的作品。野牛、野驴（或野马）等动物岩绘的颜色较暗，表现形式为剪影式，年代应较早，并与欧亚大陆西部洞穴岩绘的内容和形式都较为相似。人物形象的岩绘，颜色较鲜艳，表现形式为粗线条式，年代应较晚。

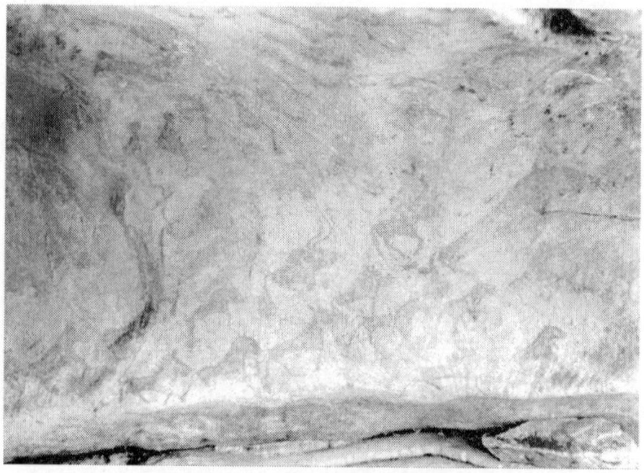

图28　敦德布拉克岩画

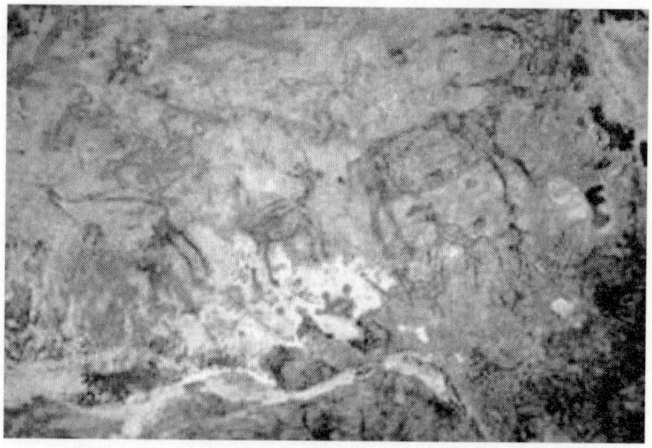

图29　印度中央邦皮摩波特卡（Bhimbhetka）岩画

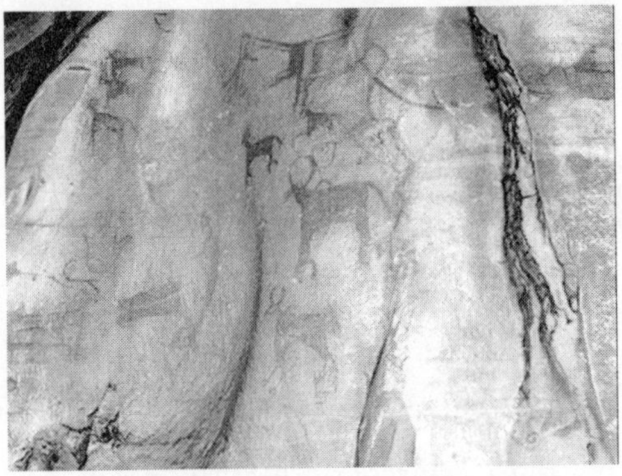

图30 印度中央邦皮摩波特卡（Bhimbhetka）岩画

敦德布拉克人物岩绘的形式和颜色与印度皮摩波特卡山区晚期岩绘较为接近。相距更近的富蕴县唐巴勒洞窟岩绘的颜色和形式，也与敦德布拉克人物岩绘较为接近。

敦德布拉克岩绘虽然并不是同一时期的，但均应早于游牧文化的岩刻。从岩绘的形式、内容和绘制场所等情况看，与欧洲和印度旧石器时代晚期的岩绘基本相同。因此，可以认为敦德布拉克岩绘的年代应属距今1万年以前的旧石器时代晚期。在阿尔泰山南北两侧都发现了不少旧石器时代晚期的遗存，这为我们判断敦德布拉克岩绘的年代提供了重要的旁证资料。

敦德布拉克岩绘的年代确定，还需要进一步深入地研究。这包括岩画形式的对比研究和对岩绘颜料的测年分析。

三、敦德布拉克岩画与滑雪的起源

敦德布拉克人物形象的岩绘中，的确可以看出有的脚下有很似滑雪板的长条形物。此外，部分人物岩绘，呈弯腰、撅臀的形象，很像是在做滑雪动作（图31、图32）。

从已知的与滑雪相关的考古资料看，欧洲的挪威、瑞典、奥地利等国最早的资料都在距今4000多年前，而俄罗斯的资料则早到距今8000年。属于距今1万年以前的旧石器时代晚期的敦德布拉克岩画的滑雪形象作品，应该是目前已知年代最早的与滑雪相关的考古资料。

图31　敦德布拉克岩画中的滑雪形象

图32　敦德布拉克岩画中的滑雪形象

绘在岩画上的滑雪形象，应该反映的是当时人们的实际生活。同时，阿尔泰山区具备了产生滑雪的自然条件。因此，根据目前为止的资料，可以认为，阿尔泰山区很有可能是世界上最早的滑雪起源地。

在阿尔泰山区，滑雪开始于阿尔泰山南麓的可能性更大。因为滑雪是一项冬季的活动，生活在这一地区的人们，夏季可以在阿尔泰山北麓的广大地区从事各类活动，到了寒冷的冬季，人们主要选择背风向阳的阿尔泰山南麓生活。这是游牧民普遍的生活方式，对于狩猎人群来说，这也应该是适应环境的一种非常自然的选择。

（注：此稿是2006年12月15日北京“中国新疆阿勒泰是人类滑雪最早起源地”新闻发布会的专题发言稿，原收集在《中国·新疆·阿勒泰是人类滑雪最早起源地新闻发布会资料汇编》中，该次新闻发布会由新疆维吾尔自治区博物馆和中国西北大学两单位联合发布，主办单位是新疆阿勒泰市人民政府和中国滑雪协会。此次出书对原文做了修改。）

阿勒泰地区人类早期活动的相关证据

新疆社会科学院《西域研究》杂志主编 刘国防

（2006年01月）

一、现代人类起源假说

关于现代人的起源，目前学术界主要存在两种假说。大多数科学家持“非洲起源说”，即非洲是现代人的故乡；少数科学家则持“多地区进化说”，即认为现代人是在欧亚非各自起源的。

较早提出现代人非洲起源说的是美国的两位科学家华莱士和威尔逊，他们在1987年分别带领两个实验室通过检测细胞线粒体内的遗传物质脱氧核糖核酸发现，现代人祖先可追溯到大约15万年前非洲的一个女人“夏娃”。“夏娃”的后裔由非洲大陆向世界其他各洲迁移，形成了现代人的祖先。至于早于“夏娃”就存在于其他各洲的原始人，科学家们推断他们被冰川严寒全部自然消灭，或者全被夏娃的后裔征服并取代。

2005年3月7日《科学》杂志上发表了剑桥大学的三位研究人员对现代人类从非洲大陆向世界其他各洲迁移的地理位置和相应的人口基因进行分析研究的文章。结果发现距离埃塞俄比亚(非洲东部国家)的人越近其基因的变异性越小。现代人类开始由非洲大陆向世界其他各洲迁移的路线上，基因多样性的特征表现不明显，没有出现大量的基因中断。这成为进一步证明现代人“非洲起源说”的证据。

那么，“夏娃”的后代是何时、通过怎样的路线迁徙到世界各地的呢？传统学说推测，现代人类祖先可能是先移居到中东和中亚地区，然后向亚洲其他地区和欧洲等地迁徙。但研究小组通过对人类线粒体DNA的研究发现，现代人类的祖先最早可能沿着印度洋海岸线“走出非洲”，进而移居到全世界，而且其迁徙速度远超出人们早先的估计。关于从非洲走出的时间。一开始，科学家分析推断的时间大约在10万年前，但经过科学家新一轮的分析研究确定，时间是19.5万年，比人们以前推测的还要早6.5万年。遗传学研究曾推测，智人(即现代人)应起源于大约20万年以前，而这项新的研究结果恰好与遗传学研究结果相一致。在时间上的重新修订，让支持非洲起源说的科学家们更有理由相信，早期现代人有更充足的时间发展他们的文化属性，使他们从非洲大陆分散到亚欧各地。印度、英国、意大利、德国、马来西亚等国的科学家的研究也得出了类似的结论。他们认为，中亚群体是欧亚大陆上最古老的人类群体，他们具有最高的遗传多样性，是西伯利亚、美洲和部分欧洲人类群体的祖先。中亚人类向北迁徙到西伯利亚后，一支向东迁徙到美洲，另一支迁徙到欧洲。欧洲现在人类群体基本上是旧石器晚期（约4.5万年前）及新石器早期(约1万年前)两个时期组成的。可以看出，包括阿勒泰地区在内的西伯利亚地区，很早就有人类活动了。

二、阿勒泰山区人类早期活动的证据

（一）洞窟彩绘岩画

经过考古学专家多年的不懈努力，已经在阿勒泰本地发现不少于10处的能反映当地人类早期活动彩绘洞窟岩画。

新疆阿勒泰市阿克塔斯岩画：位于新疆阿勒泰市巴里巴益乡，东南距新疆阿勒泰市约25公里。岩洞凿于一座海拔1000 米孤立的花岗岩山丘上，洞口呈半圆形长约13米、高约1米、深1～4米。山丘周围为平坦草地。洞内以赭红色彩绘女性生殖器图像。其形略如瘦长的纺锤，长16厘米、中部最宽处7厘米。其上，见短线50道，其下，为一条似勾勒臀部的弧形曲线。较深入，有4个舞人及40道短线。人物均两手上举，两腿叉开。洞窟深处，在一长条彩色短线下，为一高16厘米的舞人(图33)。

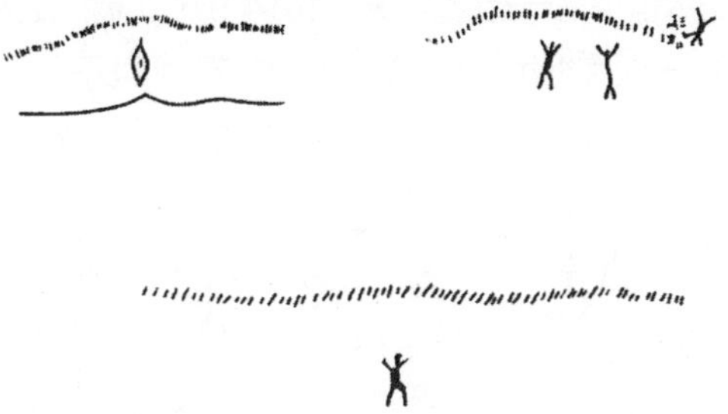

图33

富蕴县唐巴勒塔斯岩画:位于富蕴县喀拉布勒根乡唐巴勒塔斯村，彩绘洞窟处于一高出地面约25米的花岗岩石上。洞窟口宽20米、高11.15米、深11.18米。洞窟南东，是一片倾斜的缓坡草地，可供人群集聚。窟内赭红色彩绘，内容相当复杂。洞顶正壁右上方及右壁赭绘二区人面纹，戴尖帽，其一，高72厘米、宽63厘米、帽顶高25厘米；其二，高170厘米、宽102厘米。人面额顶部绘有22道平行线，在平行线组成的弧形圈下有一对眉形纹，其下有3 个眼睛状的图像。这一尖顶帽下，是4 个醒目的由两道彩线构成的椭圆形圈，其一，赭红色彩绘，近圆形，外圆径70~72厘米，内圆径25~40厘米，正中有一道曲线;其二，岩石上平涂赭红色为地，以白色绘椭圆形，长径49厘米，内有一白色小圆，直径17厘米。其三，以赭红色线绘椭圆形，长径80厘米、短径42厘米，内圆长25 ~ 28厘米。其四，涂白色为地，红色椭圆，径分别为35厘米、57厘米，内圆径分别为8厘米、12厘米椭圆形。圈内再以白色绘出小圆，或绘蚯蚓形曲线。这4 个椭圆形图像，画面既宏大，又处于最显目的地位。因此，是这一洞窟中居于主体地位的崇拜对象（图34）。

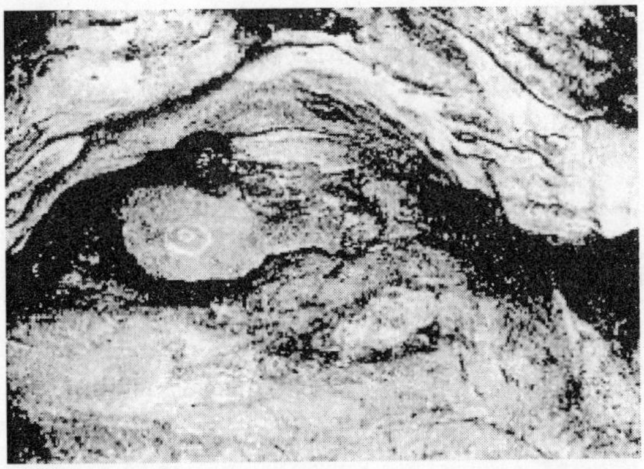

图34

与此洞窟相距约60 米处为另一石洞。洞口宽4.9米、高3.2米、深4米。洞窟内共彩绘人物32个。其中一人手持弓箭，其他人作分组舞蹈状，一组5人，一组4 人，另一组14 人，成三排，其他人较分散。舞姿相同（图35）。

图35

哈巴河县沙尔布拉克彩绘洞窟群:洞窟彩色绘画，主要见于沙尔布拉克乡喀拉托贝牧业村的多尕特沟。沟谷左右是一片山形奇特的风化山丘，山丘间有一些大小不等，或深或浅的洞窟。这些洞窟，状貌奇特，空间大者若殿堂，小者如蜂房壁龛。山丘下则清溪长流，绿草如茵，在这里的洞窟中施绘彩画，与上述宜于放牧的自然条件有密切关系。

哈巴河县多尕特沟内发现彩绘洞窟七处：

其一，洞口宽1.6米、洞高1米。洞口一壁，以赭红色线条勾勒出3人、4牛、一竖条形印记。3人分别高27厘米、30厘米、23 厘米，两臂下垂，双腿叉开。牛分别长34厘米、30厘米 、31厘米、29 厘米，有角，两牛相对而立做行进状（图36）。

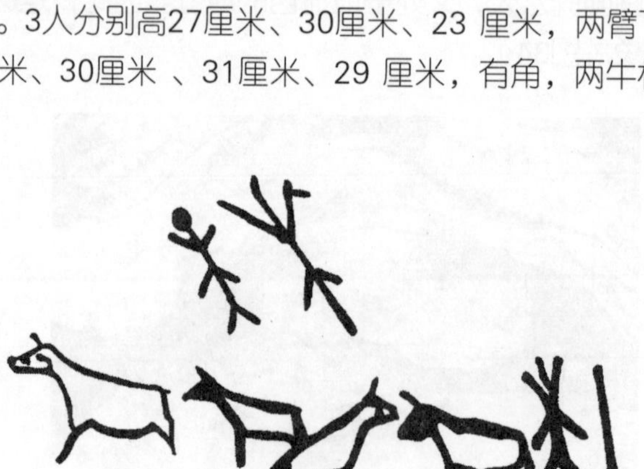

图36

其二，洞窟稍大，以点、赭红色线绘出人物、三角形图像：上部为8 个几何形人体，成两列；其下为两条短杠构成的横线；再下为短杠构成的弧形；最下为三组锐角三角形；三角形下，为三个舞人。整个画面，似几何图形（图37）。

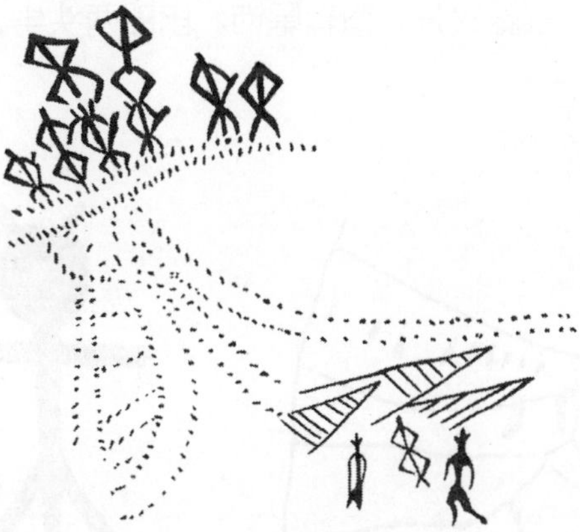

图37

其三，洞口宽1.7米、高1.5米、深1.3米。岩壁左下方以赭红色绘牛一头（长23厘米），牛下绘赭红色小人，小人身下为一头戴尖帽、两臂下垂、双腿屈蹲的强壮人物，高33厘米。岩壁右上方绘一黍穗状图像（高39厘米）。岩壁中部则是大量几何图像，或平行，或直列，或做弧形，密密麻麻，给人以神秘感（图38）。

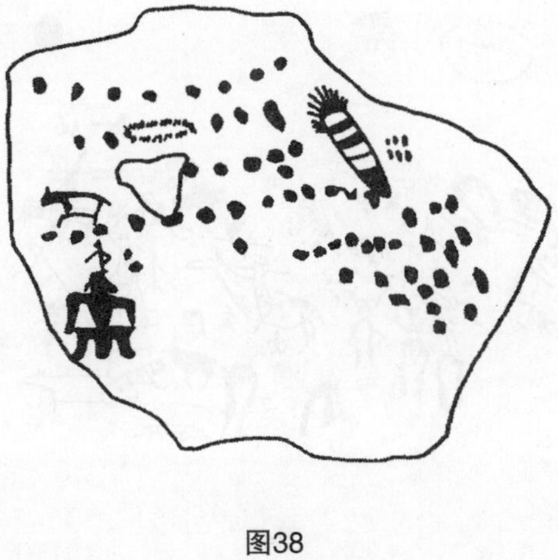

图38

其四，与一号洞相去不远。洞口宽1米、深1米、高0.9米。洞内以深赭色彩绘了一排小木棍似的纵列竖线，高3～4厘米，排列成65厘米长，形若木栅。

其五，洞口宽1米、深0.9米、高0.8米。赭绘两人，分别高20厘米、25厘米，做舞蹈状。其六，洞口宽1米、深1米、高0.5米。洞内赭绘1人、2牛，人高26厘米，头部饰两角，双腿叉开，似有尾饰。前部两头牛，长42厘米，但只有牛身之前半部（图39）。

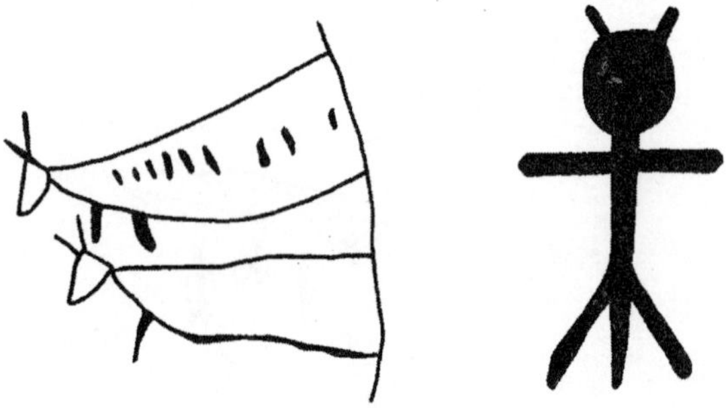

图39

其七，彩绘岩洞高出沟底约20米。岩洞口宽8米、高2.8米、深4.5 米。岩洞正壁赭红色彩绘，画面2.5×4.5 平方米，气势宏大，内容复杂。可见牛、马等大兽、人物、手印、脚印，人持三角形大盾，手持长棒击兽图像，并见大量的圆点、短杠道，构成复杂的几何图形，画面神秘而诡异（图40）。

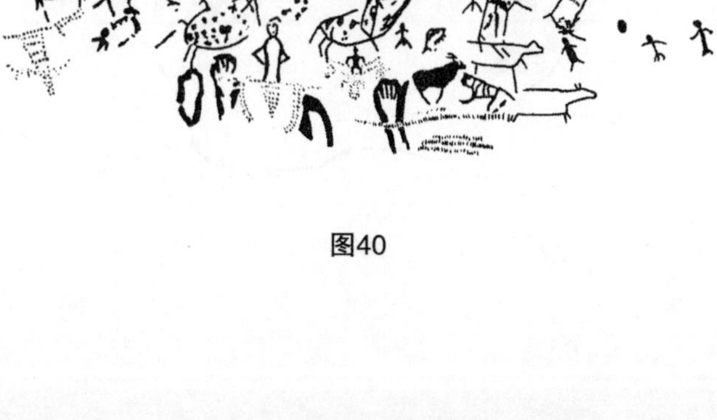

图40

类似的洞窟彩绘，在新疆阿勒泰市的巴尔也恩巴斯陶、布尔津县的桑木尔生布拉克也有发现，但画面不是十分清晰，保存情况不好。此外，天山、昆仑山中，这类彩绘岩画，也偶有所见。西天山北麓特克斯县乌勒泽克乡村北阿克塔斯洞窟，是天山彩绘岩画之一例。洞窟口宽5米、洞高2.5～3米，岩洞面积达48平方米，窟内以赭红色绘马、羊等动物、女阴图像及一些圆形图案。昆仑山北麓皮山县境阿日希翁库尔，也有一处岩洞。洞口高4～5米、深4米左右。洞窟后被现代牧人使用，窟内原来赭红色绘画图像已多为烟薰痕迹覆盖，只能依稀觅见图形、手印。

上述地点的彩绘岩画所反映的内容至少有女阴崇拜（如，新疆阿勒泰市阿克塔斯岩画和富蕴唐巴勒塔斯岩画）、围猎和原始巫术（如，多尕特沟内发现的七处岩画多有这方面的内容）三个方面。女阴崇拜所反映的是人类自身期望增殖的思想，是人类走向文明历程的画卷。它表明人类刚刚从动物界走出之时，在生活中的斗争仍然是争取生存和再生产的斗争。在远古时代，生产力水平低下，生活环境恶劣，人类随时随地受到大自然、野兽、疾病等因素的威胁，人口的出生率成活率远远低于人口的伤亡率，繁育和发展人口比维持生存的食物更加迫切，这是促使远古先民在极端恶劣的环境下花费巨大的精力和众多的时间去创作这类岩画的主要动力。“生殖崇拜是一种文化，而且是原始人类的主要文化，甚至也是上古早期人类的主要精神文化”（赵国华：《生殖崇拜文化论》，第389页，中国社会科学出版社，1990年。）女阴女性崇拜时常被学者们认为处于生殖崇拜的早期阶段。

采集、狩猎是旧石器时代的原始人类生存的最主要手段。这一点与其后的新石器时代存在很大的差异。围猎，是一种依靠群体的力量获取生活资料的方式，与人类早期生产力水平低下相一致。在哈巴河县多尕特洞窟彩绘中表现的围猎场面相当宏大。在手印纹、神秘几何图案的环绕之中，一群牛、马已陷入重围。猎人均徒步，从中枪的大兽看，致命的武器只是长矛、投枪，不见弓箭。围猎的对象是体大、多肉的食草类动物，如牛、马。这类动物性情较温顺，易于围猎成功。这与欧洲如法国、西班牙等地，一个世纪以来大量发现的旧石器时代洞窟彩绘围猎图形比较，多有相同相通之处。但阿勒泰彩绘时代相对较晚，彩绘中多了不少抽象图形。在围猎图像中，猎人不知弓箭，这是表明其旧石器时代文化特征最重要的标志之一。（苏北海:《新疆岩画》，新疆美术摄影出版社，1993年，第407页。）弓箭的发明、使用是原始社会阶段最伟大的成果，是表明人类步入新石器时代的重要根据。在阿勒泰山区，已发现岩刻画遗址点有80处，每处岩画点，画面多者近百，少者也有十多幅、数十幅。这些画面中，狩猎活动可以说是最多见的。而狩猎的方法，绝大多数不是猎手们站立着弯弓射箭。艺术源于生活。这一截然不同的刻画内容、表现手法，只能说明当年在洞窟中施彩绘画的主人，还不知道弓箭为何物，他们熟悉的还只是多人合围，以投枪为兵，他们确实还没有步入新石器时代的门槛。

通过对这些洞窟彩绘内容、性质的分析，专家们认为，它们是旧石器时代晚期或稍晚的遗存，绝对年代当在距今1万年前后（王炳华：《阿勒泰山旧石器时代彩绘洞窟》，《考古与文物》2002年3期。）。但富蕴县唐巴勒塔斯另一处岩洞中的舞蹈人图像，出现了一人手持弓箭的形象，则被认为是晚出的彩绘。

（二）阿勒泰及其周边地区的早期人类遗存

判断阿勒泰地区发现的彩绘岩画时代属于1 万年以前旧石器时代晚期，其首要条件是这片地区必须存在旧石器时代的人类遗址。目前，已有不少的资料说明，包括我国阿勒泰地区在内的大范围的阿勒泰山地区，已经发现了旧石器时代遗址，而且是古代人类遗存比较丰富的一个地区。在我国阿勒泰山西段南麓，考古工作者已在数个地方发现了属于旧石器时代的遗存或遗址。具体情况请参阅本书中王博先生的论文，这里不再赘述。同样在俄罗斯新西伯利亚阿勒泰地区，也已经发现多处旧石器时代遗址，如戈尔诺—阿尔泰斯克市乌拉林卡河旧石器时代居住遗址、阿勒泰季基列克山区的斯特拉什纳亚旧石器时代的洞穴居址等。在与阿勒泰相邻的叶尼塞河流域，俄罗斯科学家索斯诺夫斯基在科科列沃村、布祖诺沃村、克拉斯诺雅尔斯克移民点附近；阿威尔巴赫和格罗莫夫在比留萨（B–C层）、索斯诺夫斯基、阿威尔巴赫和格罗莫夫在阿方托瓦山Ⅱ区（上层）、Ⅳ区、哥列米亚奇泉等都发掘出了属于旧石器时代的遗址。根据这些遗存及研究其石器打制技术，俄罗斯学者称:阿勒泰山地区，“是地球上人类向亚洲大陆北部和东部移动的远古中心之一”（A·Ê·奥克拉德尼科夫:《苏联科学院西伯利亚分院的历史研究》，载《苏联考古文选》第8～12 页，文物出版社，1980 年版）。在同属阿勒泰山系的蒙古人民共和国国境科布多省霍依特采克尔河谷，蒙古国考古学家也发现了赭红色彩绘的岩画:“这些岩画是用各种赭石调制的颜色画成的，可分成13 组，分布在洞窟深处的壁上和顶上。有用颜料涂绘的动物轮廓，其中有公牛、山羊，有獠牙的动物和很像鸵鸟的鸟。”这类描述，与新疆境内阿勒泰山中所见洞窟彩绘可以说是相当一致的。对于蒙古科布多省霍依特采克尔河谷彩绘岩画，俄罗斯考古学者奥克拉德尼科夫认为它是“一处旧石器时代的精彩遗存，可以和法国、西班牙的法兰克—坎特布利亚地区的旧石器时代洞窟艺术相媲美”（转引自苏北海:《新疆岩画》，新疆美术摄影出版社，1993年，第408 页）。

（三）语言学的辅证

语言学家的研究表明，欧亚大陆的许多地方的人群的语言同属于阿尔泰语系，该语系横跨欧亚，包括突厥、蒙古、通古斯三个语族，主要分布在中国、蒙古、伊朗、土耳其、苏联及欧洲的一些国家。三个语族都是粘着语，在构词法和形态学上具有共同性。虽然，该语系是否同源现尚未被证实，但它们之间的相似是人口迁徙和语言借代的结果。这也与欧亚大陆人类迁徙的学说大略一致。

从以上几个方面的材料分析，我们有理由认为，阿勒泰地区从旧石器时代晚期，也就是至少距今一万年前，已经有人类活动了。

注1：本文写作中，主要资料、附图和观点来源于原新疆文物考古研究所所长王炳华先生发表在《文物与考古》2002年第3期的《阿勒泰山旧石器时代彩绘洞窟》一文，恕不一一注出。

注2：本文是2006年12月15日北京“中国·新疆·阿勒泰是人类滑雪最早起源地”新闻发布会的专题发言稿，原收集在《中国·新疆·阿勒泰是人类滑雪最早起源地新闻发布会资料汇编》中，该次发布会是由新疆维吾尔自治区博物馆和中国西北大学联合发布，主办单位是新疆阿勒泰市人民政府和中国滑雪协会。此次印制文章又作了修改，增加了附图。

阿勒泰民间口传诗歌
《滑雪狩猎民谣》源远流长

新疆阿勒泰市汗德尕特乡副乡长、新疆阿勒泰市艺术团书记
尼咏梅供稿

在那高高的阿尔泰杭盖(蒙古语，意即高高的山的意思)山中，
身上背着柳木制作的弓箭，
双手斜推着滑雪棒的，
脚踩红松、白松木制作的滑雪板，
很快地滑着奔跑在松树林中的，
身后拖着山羊皮囊的，
是那勇敢而又灵活、聪明的猎人。
看那个猎人啊！
就像阿尔泰杭盖山中的羚羊一样奔跑得快，
来回在松林中奔跑着，
怎么样也抓不到他，
善射的射箭手是那猎人啊，
射到了一个又一个的猎物，
猎物是那汗德尕（即：麋鹿）和狍子。
斜推的滑雪棒啊！
把身边的雪推成了一个个小雪球，

那个小雪球，滚呀滚呀，
变成了大大的圆球，
它在和猎人赛跑，
追随着猎人奔跑。
踩着毛皮滑雪板的猎人呀，
他把它早就远远地丢在了身后面。

艺人们用长调的形式传唱《滑雪狩猎民谣》

注1：古老《滑雪狩猎民谣》是阿勒泰乌梁海蒙古族和蒙古族图瓦人中的民间以蒙古长调形式口传的古老民谣，具有千年历史。此古老《滑雪狩猎民谣》是从新疆阿勒泰市汗德尕特乡挖掘整理出来的。

注2：《滑雪狩猎民谣》提供者尼咏海，女，蒙族，新疆阿勒泰市汗德尕特乡原副乡长，现任新疆阿勒泰市艺术团党支部书记，热心于家乡蒙古族文化遗产的研究与弘扬工作，并获得成果。

当今阿勒泰古老毛皮滑雪板及其他配套器具的规范

中国滑雪协会技术顾问 单兆鉴
新疆阿勒泰地区旅游局局长 史发强
新疆阿勒泰市文体局专业技术人员李 辉

单兆鉴

史发强

李辉

阿勒泰古老的滑雪器具发展到今天，包括古老毛皮滑雪板及其他配套的单只实木杆滑雪杖、普通棉鞋、替代固定器功能的兽皮条。另外还有阿勒泰古老山羊毛皮囊（雪橇），阿勒泰古老弓箭及其配件等。

这些古老滑雪器具从何时演化而来，又是如何演化而成，目前还不会有答案，当地农牧民只是介绍说，他们前辈的前辈们就将这些器具运用到生活、滑雪、狩猎当中。

为了使阿勒泰古老的滑雪器具不丧失其古老、“原始”、实用性等特性，保护好这一古老滑雪狩猎的历史遗产，在广泛调查、测量的基础上，特对这些器具的相对“原貌”做如下记载与描述，并成章《当今阿勒泰古老毛皮滑雪板及其他配套器具的规范》。

一、阿勒泰古老毛皮滑雪板

这种滑雪板属于典型实用滑雪板，最适于在厚厚的“野雪”中运用，首先能防止在深雪中不下陷，进而在雪地中能走动和滑动，作为代步和狩猎时的工具，适用于各种地形、雪质等复杂条件下的运用。其总体特征如下：

（一）滑雪板为双只，普遍用白松或红松手工制作，整个滑行面用马腿毛皮敷附。过去还有用鹿皮制作的。马毛的方向朝后，向前滑走时马毛顺茬，增快速度，向后踩蹬与上坡时马毛逆茬，防止雪板向后倒滑。现时为了制作方便，马毛皮是用秋皮钉钉在板体上。古时因为没有钉子，所以是用兽皮条缝合或自制的兽皮胶粘合等方式，将马皮包敷在雪板底面上。

（二）滑雪板造型简单，根据使用者实际情况与需求而制作。雪板外形尺寸规格不一，差别很大，雪板一般长180~220厘米，有的更长些（长达250厘米），明显超过使用者身高。雪板外形大致为梯形。

雪板很宽，而且普遍为后宽前窄。后部宽12~18厘米，从脚前部向前逐渐变窄，最前部宽9~14厘米，中部宽12~16厘米，雪板前部、中部、后部宽度之和大于35厘米；雪板两侧边呈直线型，没有弧度；雪板厚度中部约2~3.5厘米，前后部较中部略薄些；雪板体不是平板型，雪板中部横切面顶部高2~3厘米，两侧高1~1.5厘米，前后部分的横切面顶面大致呈弧状，有的雪板顶面鞋踏处前后部呈一条脊，增加了雪板的强度；雪板前尖向上翘起高度10~15厘米，翘起部分的长度25~35厘米，向上翘起的角度很大，约为30°，甚至更大些。

目前阿勒泰地区的喀纳斯、禾木地域所用的毛皮滑雪板由于降雪量大，较新疆阿勒泰市汗德尕特乡、拉斯特乡所用的毛皮滑雪板要明显地长、明显地宽一些，其前部与后部的宽度比例也不大。

（三）滑雪板体的底面没有弧度，整个板体又很硬，故滑雪板基本没有弹性。

（四）滑雪板板体中部穿通直径约1厘米的四个垂直孔，供捆绑滑雪鞋所用的兽皮条穿过，每孔间的距离6~8厘米。木板底面纵向的两个孔之间挖成凹槽，皮条前后穿过基本与板面相平。前排孔与雪板尾端长度80~110厘米。

（五）当今的毛皮滑雪板，除可用秋皮钉固定板底马皮和雪板顶面的防滑垫片外，全雪板不应有金属物（如铁环、铁钉等）。

二、阿勒泰古老毛皮滑雪板配套使用的滑雪用鞋与固定方式

阿勒泰古老毛皮滑雪板配套的滑雪用鞋不是专用雪鞋，为一般棉鞋兼用。

阿勒泰古老毛皮滑雪板没有配套的固定器装置，滑雪用鞋完全是用兽皮条捆绑在雪板中部，但棉鞋后跟可以抬起来，便于向前走滑。以固定器的位置（脚掌处）为基点，雪板的前部比后部要长出15～20厘米，但前部的重量要比后部轻一些。捆绑所用皮条的宽度为1～2厘米，厚约1厘米，如果皮条需要加长，便在皮条上用刀剐口穿结或用较细的皮条缝接。

为防止鞋在雪板上扭动，在鞋踏处钉有薄橡胶垫片。

三、阿勒泰古老单杆滑雪杖

阿勒泰古老单杆滑雪杖为一根长实木细杆，多为柳、松、桦木制成，长短、粗细相差较大，长度一般超过配套的雪板，为190～230厘米，出于实用功能甚至更长些，直径3～4厘米。 滑雪杖用途广泛，主要用于维持平衡、加速和下坡、转弯时插于体后，支撑体重等。昔日有时还作为狩猎的工具。

四、阿勒泰古老弓箭

现今阿勒泰古老弓箭由箭弓、箭弦、箭杆、箭头、箭囊、箭靶组成。现今流行的弓箭已不是昔日背着打猎所用的实用弓箭概念。现在的弓箭很大，用于吉庆节日、表演比赛中的固定场合。弓箭已演化成娱乐、游戏、玩耍的工具。射箭的距离为20～30米。现在所用的弓箭描述如下：

（一）箭弓：弓长2.1～2.5米，用红松、柳木等制成。弓的两端部分为扁方形，约为6厘米×2厘米，中间部分为圆形，直径约5厘米。

（二）箭弦：由弓的长度决定，一般长约2米，用兽皮绳子制成。弦粗直径约为0.5厘米。

（三）箭杆：杆长约1.1～1.2米，用桦木、柳木制成。杆粗直径约为1.5厘米。杆尾端有的附上大的飞禽羽毛。

（四）箭头：长约6厘米，用兽角、桦树瘤子等硬质材料制成。箭头为圆球状，前大后小，直径分别约为5厘米和3厘米。

（五）箭囊：用于背箭所用。一般为皮革缝制而成，最少应装3支箭。

（六）箭靶：箭靶的样式多种，有的将兽皮张开立起，有的用兽皮绳裹成圆球状放在地面上。

五、参加古老滑雪比赛时的器具要求

（一）参加比赛时必须使用规范的阿勒泰古老滑雪器具，全面保持阿勒泰古老滑雪器具的原貌，绝对不可用任何现代滑雪器具代替，或对阿勒泰古老器具进行改造。比如为了参加比赛，将滑雪板变短、变窄、变薄，将滑雪杖变短、变细，将滑雪板底面马皮面积缩小，用绳索替代兽皮条，箭弓缩短等，都应被严格禁止。

（二）比赛的滑雪板长度最低为使用者的身高加10厘米，中部宽度应大于12厘米，前部宽度应大于10厘米，后部宽度应大于13厘米，雪板前部、中部、后部三个宽度之和大于35厘米。

为了防止鞋在雪板上扭动，允许在雪板上钉上防滑垫片。

禁止在制作滑雪板时采用铁钉、金属环等器件。

为了防止雪水渗入，向雪板上刷漆只允许用没有颜色的清漆。

（三）比赛的滑雪杖应比使用者的滑雪板再加长10厘米，直径不小于3厘米。

（四）比赛时，滑雪用鞋不得用现代专用滑雪鞋替代。

（五）捆绑鞋的皮条不可用钉子或铁环直接固定在雪板上，必须通过雪板上的4个孔来穿结。

（六）比赛中牵拉的兽皮囊“雪橇”为成年山羊毛皮，必须用兽皮条缝合捆绑，其拉绳为兽皮所制，载重要统一规定。

（七）比赛服装限深色的便服。

（八）比赛中对弓箭的要求：

1. 全面符合《当今阿勒泰古老毛皮滑雪板及其他配套器具的规范》中的现今阿勒泰古老弓箭的规范要求。比赛中弓箭、箭杆可以随身携带，也可以放在射箭场中。

2. 弓长要求大于2.1米。箭杆长大于1.1米。射箭距离20～30米。箭靶为立式，面积大约为1米×1米，制作材料最好为兽皮，箭靶中心距地面高约1米。

（九）滑雪等器具损坏了可用一些物件（如用铁丝、钉子、铁皮等）进行修理，允许用于比赛，但不得借机获取比赛中的便宜。

（十）比赛中使用最古老的毛皮滑雪板（如没有任何金属物），应给予奖励。

阿勒泰地区的古老滑雪板

普通棉鞋和兽皮条固定器

阿勒泰古老弓箭

比赛中拖拉的阿勒泰山羊毛皮囊

阿勒泰农牧民用自制的古老毛皮滑雪板参加比赛

影视片《永远的阿勒泰滑雪人》解说词

美国滑雪文化与历史研究学者 尼尔·拉尔森

(2008.3.25)

我来中国新疆阿勒泰的起因

2004年，我在美国看到了几年前在中亚地区阿尔泰山脉拍摄的一位滑雪者的照片。与照片一起的还有关于滑雪传统的报道，而我原以为那种传统的滑雪早已经不存在了，而阿勒泰却保留至今，因此我被吸引住了，决定前往中国阿勒泰亲眼看看。

关于滑雪的历史

滑雪的历史很古老，可以追溯到8000年到10，000年前。

尽管大多数人认为斯堪的纳维亚半岛是滑雪运动的起源地，但在1890年，挪威著名的滑雪爱好者和探险家弗里德约夫·南森（Fridtjof Nansen）撰文说滑雪运动很可能起源于东方。

他绘制了一幅图，图上显示所有滑雪术语的根词都是来自中亚中心地区。现在虽对滑雪起源地有争论，但大家没有异议的是，中亚和北亚地区有着数千年使用滑雪板的历史。

我查阅了一些关于亚洲滑雪运动的资料。其中特别吸引我注意的是一篇世界最早的对滑雪运动的文字记载，这篇记载是中国汉朝的一个文献，约写于公元前200年（屏幕上显示记载文字）：

“生活在中国西北阿尔泰山区的丁令族人（Ding ling）在山谷中和在平地上跑起来就像是山羊，他们穿着“羊角”——一种齐膝高的皮靴，踏在一块木板上，木板前端是一个蹄型的尖部。”

在随后的中国历史记载中，滑雪板被称为“木马”。

引言 1：

“他们习惯于穿着木马在冰上奔跑”，这是唐朝的记载，大约写于公元600～900年间，是对突厥人木马的描写。

引言2：

“打猎时，他们用的工具叫木马。它与雪板相似，但头跷起的很高”，这是唤如基（Huan-Ju Ki ）写于约公元 980年。对当时贝加尔湖西南的拔悉密人使用的木马的描写。

想象一下滑雪起源的时间和地点，想想滑雪板“木马”成为人们提高速度和扩展人类活动范围的手段，这些真正证明了滑雪板的作用。

所有这些历史记录增加了我对阿勒泰地区的兴趣，但我没有找到近代对阿勒泰地区滑雪板的描述，甚至也没有提及。

以下的叙述就是我几次在阿勒泰地区旅行的记录，遗憾的是有几页丢失了。

前往阿勒泰冲乎儿（Chunkor ）

阿尔泰山坐落在中国与哈萨克斯坦、俄罗斯和蒙古交界处，是亚洲的中心。

2005年3月， 大卫·维格（Dave Waag）、纳赫德·汉德森（Naheed Henderson）、我以及其他人一行来到新疆维吾尔自治区北部阿勒泰地区边上的一个小镇冲乎儿……

冲乎儿是一个很好的小镇，位于一条开垦道路的尽头，这里修路的方式介于机械力和马力之间。

那次和我们一起去的还有我们的翻译阿依肯（Ayhen）和联络人什迪克（Siduk），以及一些来自冲乎儿的牧民。我当时想，我们此行如果能够拍到足够多的照片和获取足够的资料信息就满足了，但我最后发现，我们所了解到的故事只是初步的，这里古老的滑雪文化故事比我原来想象的更多更丰富。

于是，我在2006年1月，和约翰·塞伯特（John Seibert）、阿卡巴（Akbar）、多尼（Doni）、诺贝克（Nurbek）再次来到这个冲乎儿小镇。之后2007年1月，我又与阿依肯和多尼一起来了一次。

乘坐马爬犁（CHANA）旅行

在冬季，当地人出行通常坐在被称为马爬犁上。我们常常一天要坐这种爬犁行驶40～50公里。

乘坐马爬犁旅行

走上坡路时，我们通常不坐爬犁，而是徒步走在爬犁的后面；在比较冷的日子，我们常常并排走或者小跑，这样会暖和一些。

这些马的确很坚强。后来在我们的一个月的行程中，我们一天要走12个小时，每小时走20～30公里。

为我们拉爬犁的马鼻子上都结了冰柱，那是霜和汗结成的冰。

如果往来的交通工具多，路上的积雪一般都被压实了。但在雪大的时候，赶着的爬犁，甚至马和骑马的人都会被困在雪中。

前往阿勒泰喀纳斯（kanas）——异域文化和生活方式

乘马拉爬犁到喀纳斯湖需要好些天的旅程。在湖的入口处有一个称喀纳斯的村落，我们将这个村作为我们这次探险的大本营。

我们的考察团队在喀纳斯

这里的房子都是用圆木盖的，几乎每家门前都停放着至少一辆马爬犁，马常常戴有马具，或者是被拴在柱子上，感觉有点像古老的西方。

但仅仅是有点像而已，因为这里的居民是蒙古族图瓦人和哈萨克族人等。这两个民族都有自己的语言。

这个地区的通用语言是哈萨克语。

中亚游牧民族马背文化有着数千年的历史。

首位与我们一起滑雪的人阿克库安

为了在喀纳斯（Kanas）找到滑雪人，我们花费了几个小时。

第二天早上，终于有位当地牧民阿克库安（Aukquoan）带我们在村边滑雪。

阿克库安和他的朋友是我在阿勒泰地区最早见到的滑雪人。看到他们滑雪很难令人置信。他们都用一根木竿（称做太亚克的）作为滑雪杖来滑雪，这根木竿被用来掌握方向和保持平衡，有点像是三点立姿。

他们的滑雪板是用松杉木制成的，底面附着兽皮是为了在爬坡时能抓住雪。固定器是用生牛皮做的。

不到10分钟的时间，我们周围已经围上了一群人，看我们逐个沿着山坡来回滑雪。他们似乎对我们的滑雪用具很好奇，就像我们对他们的用具一样好奇。就像是在任何地方遇到滑雪人一样，我们很快就开始热烈地谈论起滑雪来。

尼尔森与阿尔泰山滑雪人在一起

阿克库安的朋友对我们滑雪板的评价是：对于阿勒泰地区有很深的天然雪来说，我们的滑雪板“太短、太软、太窄，顶端不够尖”，我们都笑了，但从那天开始，我们在这里3年的滑雪体验，使我们明白他们说的是对的。

滑雪人阿依登（Auding）

那次旅行快结束的时候，我们与一位哈萨克人阿依登一起滑雪。当年冬天，他是第一次住到抱欧德外（Boldwadie）山上的牧人小屋里，那座山高出喀纳斯湖面很多。

我们在山上跟阿依肯和他的朋友一起呆了几天。第一天，我们与他们交换滑雪板前往周围的山上滑雪。

在抱欧德外山上我们看到了当地最好的滑雪人。晚上，我们在名叫艾丁的滑雪人住的小屋里度过，艾丁宠爱的山羊为我们看门。

滑雪人祖里克与孩子们

每次到喀纳斯，我都与当地首领祖里克和他妻子待在一起。

祖里克是村长，他们家是见当地人的好地方。总有人们来他们这里，有时问问题或抱怨，有时是喝杯茶或者喝点当地的酒。

按当地标准来说，他们的房屋很大。里面住满了山上来的孩子，这样，这些孩子就可以到村里的小学上学，不用来回奔波了。

像我们在这里遇到的大多数孩子一样，他们的害羞很快就被他们的好奇心所掩盖了。

滑雪人依尔迪斯（Yeardish）

我们在喀纳斯滑雪的第一天，遇见了依尔迪斯。他是喀纳斯的当地人，对当地的历史很了解。

他邀请我们回头去他家做客。 他和妻子、孩子和孙子住在一个小圆木房里，他是家中真正的族长。

依尔迪斯告诉我们，这里的人们过去总在滑雪。

在他看来，滑雪板是严寒冬天里必不可少的出行工具，他还告诉我们他们滑雪打猎。

他向我们讲述如何在深雪里面追赶麋鹿、鹿和狼等动物 ， 实际上，冬天是狩猎的最好季节，因为滑雪很方便。

在喀纳斯期间我常见到依尔迪斯，他知道很多东西，对我所做的一切表现出了浓厚的兴趣。

他还擅长吹奏当地的传统乐器——一种叫楚吾儿（Tsoor）的草笛，这种草笛需要用泛音技巧来吹，听上去就像是在用喉咙唱歌。

不幸的是，在我第三次前往喀纳斯的路上，我从一位过路牧人那里听说，就在我到达的两天前他去世了。

喀纳斯吐别克（Tubek）定居点及滑雪人盖舍儿

喀纳斯湖很长，湖面不宽，但水很深。整个冬天上面结成厚厚的冰，这反倒成了马和爬犁可以通过的路。 我们就是从湖面上来到吐别克的，这里是距离湖12公里的一个小型定居点。

吐别克位于喀纳斯湖附近一个朝南的高地上。

这个定居点很小，仅有大约8到10户人家。

传统上，他们在冬天给牲畜喂养割来的干草，在山上打猎，设陷阱捕捉动物。

为了维持生活，他们每天还有很多杂事要做，比如用生牛皮做绳子或者伐木头取暖等。所有事情都是通过人力或畜力来完成。

每次到喀纳斯我们都去吐别克，每次去都是跟盖舍儿（Gessir）和他的邻居楚肯（Chuken）待在一起。

盖舍儿是一位滑雪人，跟他在一起的还有其他人。

事实上，他们中的一些人有2副或3副滑雪板，有时他们进山一次都是好几个星期。

制做毛皮滑雪板

我们第一次去吐别克的时候，盖舍儿答应为我们做一副毛皮滑雪板，这样我们可以记录下整个制作过程。

几天后，一副雪板基本上就完成了，它是用松杉木做的。 盖舍儿的大部分工作都是用斧头来完成的，斧头在这个地区也是一个万能工具。盖舍儿使用斧头的技巧很熟练。

滑雪板在完成前需要用特殊的方法进行处理，这通常需要几周的时间。

我们只能有几天时间等待雪板的干燥。在这几天里，我们在吐别克四处拜访朋友，过得很自在。

吐别克音乐

这里的各种文化元素都与音乐有着联系，音乐是当地人生活中重要的一部分。

普图森（Putusen）是吐别克年纪最大的人，会弹马头琴。

我们西方的小提琴和大提琴就是从这种古老的两弦琴发展而来的，可以说，我们所有的弓弦乐器都起源于这种乐器。盖舍儿和他的家人都非常喜欢音乐，我们在那里的夜晚总是充满了歌声和盖舍儿弹奏的吉他声，还有人们的说笑声。

毛皮滑雪板制作完成

几天后，盖舍儿认为滑雪板已经干燥得差不多了，以后的步骤可以继续往下进行了，他又动起了工具。

滑雪板的固定器是用生牛皮做的。

制作滑雪板最后一步是将毛皮固定在雪板底部，毛皮要在热水里浸泡过，这样毛皮冷却后在滑雪板上就会绷得很紧。毛皮最好用马腿皮。

这里的人们喜欢用毛细长的皮做棉衣。

阿勒泰滑雪的时期与雪质的变化

我们第一次到阿勒泰地区是在那年的3月底至4月初，当时没有太多的人滑雪。所有滑雪人都告诉我们，他们主要是在12月—2月期间滑雪。

之所以这样，部分原因是3、4月份已进入产羔期，当地人很忙。

产羔对当地人来说非常关键，因为牲畜是他们食物、衣服、工具和收入的主要来源。

在吐别克，盖舍儿和楚肯新添了5头小牛犊。除了母牛的喂养时间外，这些小牛犊都在屋内，屋外面的温度是摄氏零下20度。

这里的滑雪时间选在12月—2月还有另外一个原因。

这里的山看上去很适合滑雪，但是到3月的时候，经过连续数月的零下30多度的严寒，雪被冻得很松散，经3月、4月的太阳照晒，积雪表面又形成硬壳，硬壳之下大雪堆积得很松散，滑行过程中滑雪板可能会将硬壳破碎，推开硬壳下的松雪而触及地面，不利于正常滑雪。

我们在吐别克之外查看了一些地方，发现那里的雪是我们见过的最不适合滑雪的雪。

3—4月的天气条件还会有发生雪崩的危险（当地人称为Kush Kun）。去年，就在湖的北面，一个年轻人在滑雪时被雪崩夺去了生命。

几天后，又长又宽又结实的滑雪板看上去已经很像样子了，它的前端向上弯得很高。

在吐别克滑雪

我们在2006年1月份再次来到阿勒泰的主要原因是能更多地与当地人一起滑雪。即使按阿勒泰的标准来说，雪原上积雪太浅，但我至少能找到一些愿意系上滑雪板去滑雪的滑雪人。孩子们也有自己的滑雪用具。

滑雪人巴特

我见到巴特时，他才14岁。 见到他之前，我们听说一些好的滑雪人能够用半天时间从住处滑到喀纳斯。

他与家人住在喀纳斯湖附近高地上的一个小屋内，那个地方叫阿峡布拉克（Ashabaloch）。

巴特出生在一个大家庭，他是家中年龄最小的。跟这里的其他人一样，他跟父母、祖母、兄弟姐妹还有他们的孩子生活在一起。

他的祖母年近95岁，是我在阿勒泰地区见到的年纪最大的人。

巴岩（Bayan）是巴特的爸爸，年轻时经常滑雪，巴特7岁时他就开始教巴特滑雪。这个年龄在当地学滑雪的人当中是很年轻的。

见到我们时，巴特显得特别害羞，直到我们走出屋外系上滑雪板。

巴提是巴特的哥哥，那天早上和我们一起登上了他们家屋后的那座山。一夜寒冷之后，雪坡形成了一个坚硬的雪壳。

巴特和巴提滑得很痛快，过了一会儿，他们开始试用我们的滑雪板。

由于他们的滑雪板底面都是毛皮的，因此比我们塑料底的滑雪板滑得较慢。当我们问他们想不想试试我们的滑雪板时，他们两个都同意。 巴提先滑，他滑雪的动作看上去很狂野。

我原以为年轻害羞的巴特可能会重新考虑是否会继续尝试我们的现代滑雪板，但……他很想试试。 巴特喜欢我们的滑雪板，想像我们那样转弯。于是，纳赫德教了他一些犁式制动和压刃的基本技巧。

在屋后山坡滑了一段时间后，巴特说他想带我们到山上更远的地方试试。在向他家滑回来的时候，巴特再次使用纳赫德的滑雪板。

在此之前，巴特从未使用滑行快速的现代滑雪板滑雪，我们的滑雪板对他来说都是新奇的。

他学得很快，平衡性很好。这个害羞的孩子，只要一穿上滑雪板，似乎什么都不可怕了。

我喜欢巴特和他的家人，每次出去都和他一起滑雪。

令人伤心的是，去年巴特的父亲巴岩去世了，因此巴特在附近找了一些工作。

尽管如此，我还是高兴地看到他家屋后的山坡上有一些新的滑雪板滑过的痕迹，说明巴特还是像以前那样喜欢滑雪。

前往阿勒泰禾木村（Hemu）

在我第二次和第三次去阿勒泰地区时，我们都去了禾木村。禾木和喀纳斯之间乘马爬犁的路程需要大约两天的时间，这条路线大部分都是在沿着喀纳斯湖和禾木河的那条老路上。

这条老路，一路上风景很美，但第一次走在这条路上，我们遇到了河水中渗出的大块冰溜，这使我们的路程增加了几分危险。

这些马都钉了防滑马掌， 在雪地里很有效，但在冰上就不是十分管用了。在这种情况下，局面可能很快会从喜剧转向悲剧。

马陷在雪中是常发生的事情

在第二次去禾木的路上，冰很少，我们运行速度很快。

禾木村位于沿禾木河的一个深谷中，它是该山区中最大的村。 每次来这里，我都住在老板伯尔多汗家的招待所，这个家庭式招待所的老板是一个寡妇，自己带着3个孩子。

禾木是一个古老而有特色的小村落，绝大多数住宅都是木房子，困难户的房子是由政府修建的，是为了让山里面的人，都能有房子可住。

最近由于附近修了一条新公路，汽车可以轻易进入，故这个村落夏季旅游很好，因此它现在发展得很快。但在冬季，道路被大雪封闭，禾木村就又完全成了一个马背上的小村落。

有人告诉我，这个地方有很多滑雪人。每天早上，我们赶着马爬犁来到禾木周围的原野，去寻找滑雪人。这个地区道路崎岖不平，人烟稀少。

大山深谷交错。禾木河沿着中蒙边界流淌。我两次来到这里的两年间都属于干燥年份，但通常年份这个地区降雪量很大，有人认为这里是中国阿勒泰地区积雪最多的地方之一。

阿勒泰人与雪有着不解之缘

滑雪人腾特克与科儿海特

这里的滑雪文化正是我要寻找的，但最初时滑雪人的踪迹难以寻到。第一次前往禾木时，我们听说了腾特克这个人（Tentuk）。他是一位较老的滑雪人，据说现在仍在滑雪。常常与儿子长期外出打猎，诱捕动物。

我们去的时候他不在，或许是打猎去了。不过，他的儿子和我们一起出去滑雪了。

我第二次去时，在腾特克的家里见到了他。他个子不高，60多岁，身体仍然很强壮。

腾特克目光和蔼，但据说没有过去那么有神了。这是长期在日晒、多雪和铁匠铺劳动的环境中生活造成的。

他和我一起去滑雪，但他说他的滑雪时光已经结束了。

我还见到了腾特克的近邻科儿海特（Kurhat），他也是一位年老的滑雪人，家住得离腾特克不远。我们见到他时，他正在做一副滑雪板的前尖部。

就在我们将要离开时，科儿海特指着附近一个隆起的山峰，以一种随意的口吻告诉我们，年轻时他多次从山上往下滑雪。

滑雪老人舒开（Chokue）

舒开住在河的另一侧，离禾木村不远。像这个地区的其他人一样，他最初并没有过多地谈论滑雪。

我知道，这里虽然还有人在滑雪，但我可以感觉到人们谈论滑雪时，普遍很谨慎。

我怀疑，这是因为在新疆一切狩猎活动都是违法行为，而在阿勒泰地区滑雪主要就是为了打猎。

终于有机会和舒开交谈。事实证明，他很可能是这些山区最出名的滑雪人。而他的故事也令人难以置信。

舒开老人（中）和他的“雪友”

他告诉我们，他过去常常拉着他的用兽皮制作的雪橇，用2天的时间往返于禾木和冲乎儿。这段路程将近100公里，途中要穿越大山，一路都是很深很深的松散积雪。

后来，我向喀纳斯去禾木路上的滑雪人打听舒开时，他们都说舒开是最有耐力的滑雪人，“从来不知道累”。 舒开让我们看他的滑雪板和雪橇。他的雪橇最多可以拉50公斤的东西。 他的侄子突尔逊（Tursen）在屋后的山上为我们表演了滑雪。

舒开现在将近80岁了，整天忙着干活 ，他是一位出色的木匠，刚刚为禾木的一家做了一辆马爬犁。

他告诉我，他只是一个牧羊人，这实在是太谦虚了。我正要离开时，我注意到他做的一副新滑雪板，正挂在屋檐上晾干。

禾木之行的感触

在我第四次去禾木的时候，那里的积雪是牧民们记忆中最少的年份。我不断地听到“没有雪”“没有雪”的抱怨声。

我在禾木这个地方遇到的大多数滑雪人都是老人，而老人们认为，滑雪对他们来说已经是过去的事情了。

我在这里有一种感觉，就像是古老滑雪一样，这个阿勒泰地区积雪最多的地方的雪资源也好像在走向消失。

就在我快要离开的时候，我听说一些年轻的图瓦滑雪人乘坐马爬犁，用半天时间就可以到达蒙古国。

三位年轻滑雪人

我们不断向旁边路过的赶爬犁的人和骑马的人问路，最终找到了这个位于山脚下、藏在山谷中的地方，突尔逊等三位年轻滑雪人就住在这里。

这3位年轻人从童年时期就一起开始滑雪。他们是： 马曼（Maman），当时18岁；阿什图（Ashatu），当时17岁；突尔逊（Tursen），当时也是18岁，突尔逊是我上年见过的舒开老人的侄子。

勇猛的阿尔泰山滑雪人

突尔逊的父亲已经去世了，他跟妈妈和姐姐一起生活。他的母亲是一位聋哑人，但却在这偏远的地方养育了这些很棒的孩子。从许多方面来讲，她都是一个坚强的女性。

她给我们端来热奶茶、马肉锅贴。

三个年轻人同意今天和我一起去滑雪。

毫无疑问，突尔逊、马曼和阿什图是我在阿勒泰地区见到的技术最好的滑雪人。

结束语

我们的旅行有了一个圆满的结尾，使我对阿勒泰地区传统滑雪的未来充满了希望。

从一开始，我就想记录一次滑雪打猎的经过， 但我这个愿望一直没有机会实现。

最初是当地人的劝告让我们小心，后来是因为缺雪而没有机会。

他们的捕猎方法是充分利用滑雪的优势追踪大型动物 ，这一定可以追溯到最早利用滑雪狩猎的源头。

阿勒泰的古老滑雪源远流长

或许阿勒泰地区滑雪狩猎的日子已经一去不复返了。随着滑雪狩猎的消失，祝愿这里古老的滑雪传统不会随之消失。

在这里建造房屋、滑雪、狩猎和生活，不是一件容易的事情。而太多的现代变化将把这里带向未来。

阿勒泰地区是一个地域广大人烟稀少的地方，其所在地方是4个国家的敏感边界。

或许这些偏远地区人群中的一些人，会自己主动适应席卷而来的当代浪潮，与此同时，当代浪潮也可能会卷走了人类太多的文化多样性和它的历史。

附录1 “阿勒泰的岩画和夏天”解说词

我的第二次行程（2006年春）一结束，一个朋友便发给我这份刊载于人民日报网上的文章,文章报道了关于人类滑雪起源地《阿勒泰宣言》的消息。7月份，我和女儿桑德兰又来到中国，我们在乌鲁木齐与阿依肯和柯尤木都见了面，然后就返回了阿勒泰。此行，我们有幸见到考古学家王博，并参观了一些岩画，其中敦德布拉克岩绘画位于山丘下的小山洞内，岩棚顶面画的一组人物应该是滑雪者。这些岩画确实古老，但鉴定它们的年代着实不易，岩画的面积不小，因此也有待更进一步研究。

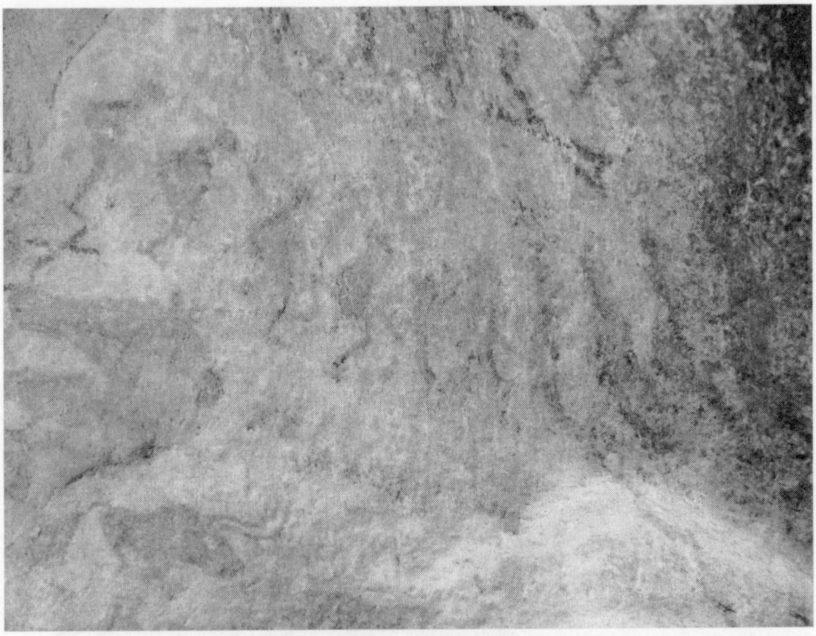

阿勒泰市敦德布拉克岩画

这一带岩画很多，相当一部分都还没被记载。就在今年，我在冲乎儿的几个朋友发现了另一幅滑雪狩猎岩刻画，由于新建的水坝工程要淹没岩画的这一区域，这幅岩刻画已经被搬迁到了布尔津博物馆。

布尔津县滑雪岩画

我们还有幸开车进入了喀纳斯和禾木，这两个地区在夏季是可以通车的，道路是铺就的，但在路的尽头，在这片古老的畜牧文化的山地上，仍然可以看到很多圆顶帐篷。

绿地和圆顶帐篷

禾木附近的景色特别美丽，这里草木繁盛，野花遍山。在禾木，我们和伯尔多汗见了面，然后骑马去见了舒开。这里的旅游业发展很快，南方的很多中国人纷纷前来游玩。山区中兴建着很多度假村，来往车辆载着游客前往喀纳斯湖和禾木。很容易看出，这里的变化越来越快。在喀纳斯，我们见了祖里克和依尔迪斯，之后又返回了冲乎儿和杜奈的家里。杜奈的妻子和女儿在夏天的时候就为冬季准备奶制品。我们一起在帐篷内享用了丰盛的饭菜。这里很漂亮，坐在朋友中间，我们似乎远离了这片土地上的现代中国气息。

附录2 “2007年新疆阿勒泰市滑雪节”解说词

单兆鉴是中国优秀的滑雪历史学家，我在2006年夏天来中国北京时与他见了面。那时，他邀请我于2007年1月前往新疆阿勒泰市参加滑雪节。

美国文化与历史研究学者尼尔·拉尔森先生（左）与中国《阿勒泰宣言》专家组组长单兆鉴（右）在北京合影

单先生致力于研究推广中国的滑雪历史，并认为人类滑雪起源于中国的阿勒泰山区。世界上很多国家都声称是人类滑雪起源地，中国也是其中之一。滑雪起源于中国的说法可能是正确的，但在这一问题上欧洲和全世界也有很多其他的说法。

庆祝活动的舞狮节目

这次滑雪节充满了节日气氛，城内举行了游行庆祝活动，新疆阿勒泰市城外的小东沟滑雪山上还进行了滑雪比赛和表演。当地人都踊跃参与其中，这次活动也得到很多国内媒体报道。当地的滑雪者大多都来自附近的山村，他们在滑雪比赛和表演中得以大展身手。比赛赛程全长12千米，参赛者便在这条纯天然雪道上滑行。他们的表现都很出色。一天的比赛结束后，最棒的选手都是来自阿勒泰山区的叫做“汗德尕特乡”的小村落，这个村落与那些描绘了滑雪者景象的岩画距离很近。接下来一天，又有一些拉雪橇和射箭表演。这里也会有一些来自新疆阿勒泰市的装备现代的滑雪者参加一些比赛和活动。他们组成的这种古老与现代融合的景象有些奇特，但也许正反映了当下整个中国的情形。

拉尔森先生（左二）与单兆鉴（左三）一起讨论问题

永远的阿勒泰滑雪人

美国滑雪文化与历史研究学者 尼尔·拉尔森

（2009年初）

介 绍

2004年2月，我看到一个幻灯片，内容记录了一些朋友去年前往中亚中国境内的阿勒泰山系进行高山滑雪的情况。其中有几幅反映当地人的图片：阿勒泰山系的男人和他们的家人生活在群山环绕之中，住着简陋的原木房，平日里骑着强壮的长毛马匹，或者乘着滑雪板外出。他们的滑雪板看上去不像是我们这个时代的，而是很古老的那种，显然是手工制作的。这些滑雪板又长又宽，前端尖部弯度很大，底部用动物毛皮覆盖。这些照片配有简短的文字说明，当地人仍在使用滑雪板狩猎和出行；滑雪人仍然在用单杆滑行。我被那些所见所闻吸引住了，此前我一直认为这种滑雪板早已在这个世界上消失了，更不用说还有人在使用。于是我开始深入查找各种资料，了解当地的历史和滑雪史，可是这方面的资料并不多。不过，从幻灯片所看到和听到的内容可以断定，阿勒泰地区很可能有着历史悠久的滑雪传统。我看了这些幻灯片几个月后，我开始计划前往这一地区，想亲身记录这一古老的滑雪传统。

2005年3月中旬，我们乘机前往北京。我们一行人包括纳赫德·汉德森（Naheed Henderson），他早些时候到过阿勒泰地区进行过高山滑雪，对当地很了解；大卫·维格（Dave Waag）是OffPiste杂志出版社的，是一位很有造诣的静物摄影师；还有一个人就是我，我负责进行录像和记录。我们从北京飞往新疆维吾尔自治区首府乌鲁木齐，与向导和翻译会合之后，我们乘车北上前往阿勒泰山系的一个小镇冲乎儿（chunkor），大雪封住了路面，前往那里的路是用推雪机推出来的，而冲乎儿小镇就位于推开路的尽头。

出发之前，我们计划在阿勒泰山区停留一个月，认为一个月时间足够我们去寻找和记录当地的滑雪传统。然而，第一次前往那里之后，我们意识到，对于这个可能有着数千年历史但随时可能消失的传统，一个月的时间仅仅能接触到的是其皮毛而已。要真正了解和准确记录阿勒泰地区的滑雪人，我需要再次前往。截止我写这篇文章之前，我已经到过阿勒泰地区5次了。2005年12月底与约翰·赛博特（John Seibert ）一起首次返回到阿勒泰地区；然后是2006年夏天7月份与我的女儿一起去，并且首次在北京见到中国滑雪史研究专家单兆鉴先生；之后不久，我于2006年冬天12月份再次返回，这次只带了一名翻译。一年之后的冬天，即2008年12月份，我又动身前往阿勒泰地区。在这一年期间，我制作完成了电影“永远的阿勒泰滑雪人”。我在阿勒泰度过了将近四个月的时间，其间我了解并记录了那里滑雪及当地文化的方方面面，但仍有一些东西无法搞清楚。因此，我知道我还会再到阿勒泰的。现在，我把几次前往的经历组织成一篇很好的故事，让世人了解这个特殊的地方，以及在这个美丽、偏僻山区生活、滑雪的人们。

尼尔·拉尔森和纳赫德·汉德森在阿尔泰山滑雪（大卫·维格 供图）

在冲乎儿，人们出行的方式和速度也在发生着变化。当我到达那里时，我感到此次行程只是刚刚开始。通往山区的道路没有开通，所以我们租了马拉爬犁（chana），冬天，在阿勒泰地区到处可以见到这种爬犁。这种爬犁很粗糙又很实用，负重能力比马还大。乘爬犁 出行速度很慢，如果碰上好天，我们一天可以走50公里（31英里）。尽管如此，一段时间后我开始慢慢喜欢上乘爬犁出行了。爬犁节奏很简单，在雪地上跑起来听上去就像是轻轻的马蹄声，时不时还有口哨声和滴答声，那是马匹和人之间在对话。这种节奏使我想起我所在的地方，让我有时间去环顾四周，满目都是一片荒芜而又无比美丽的冬季景色。

在冬天，阿勒泰地区一直很冷，乘坐爬犁就是让马去奔跑带你到目的地。这听上去似乎很好，但是在冬天里运动才是最好的取暖方式。在某些地方，无论我穿多少衣服、戴多少层手套都不会感到暖和，我们所有人都在爬犁旁边快走或慢跑，这样可以让血液流动，让全身的加热系统全速运转起来。在非常寒冷的日子，我害怕走过漫长的、被冰雪覆盖的下坡路段，盼望着能过山口或山腰，那样靠徒步使身体用力能够暖和些。

我们的第一个目的地是位于喀纳斯湖出口处的一个村落喀纳斯，它距离冲乎儿镇仅有100公里，如果乘爬犁需要走两整天。喀纳斯小镇，以前只是一个规模较小的聚居地，湖的出口周围散布着50～75户住在圆木房里的人家。自从2002年新修道路建成后，这个地方发生了巨大的变化，许多中国人在夏季来这里欣赏喀纳斯湖和附近山区的优美景色，因而旅游业发展充满生机。大批游客的涌入使得这个地方增添了许多新的现代化建筑，它们与当地哈萨克人与蒙古族图瓦人居住的老式建筑形成了鲜明对比。这些老式建筑全部是用圆木建造的，一般有两个房间，从周围山林中伐木取暖。房顶也全是木头做的，圆木之间填满了泥土，长满了苔藓。这些房子的所有建筑材料都是从周围收集而来的。

当地的经济一直以来都依赖饲养马、牛、山羊和绵羊，衡量家庭的财富都是按夏天每户在山上吃草牲畜的数量和健康状况来衡量（这里的牲畜夏天在山上吃草，而在漫长寒冷的冬天在家中喂养）。这是一种半游牧的生活方式——夏季在地势较高的牧场，人们会住在蒙古包里，而冬季人们就住在原木房中。实际上，从朝鲜半岛西部边沿地区穿过亚洲直到草原国家乌克兰都曾经属于蒙古包文化，我们所在之处的当地居民也是蒙古包文化的组成部分。这个地区尽管存在着语言和文化差异，但他们有许多风俗、饮食、日常生活方式都是相同的。

喀纳斯湖海拔大约1370米（4500英尺），冬季这个地区大部分的定居点都位于1500米（5000英尺）以下。这里，树线约为1800～2000米（6000～6500英尺），最高峰超过4200米（14,000英尺），在阿尔泰山被森林覆盖的山谷周围形成了大片的高山地形。这里的森林主要是落叶松、云杉和桦树，还夹杂一些松树和杨树。这些林木在北坡和较湿润的地区分布稠密，其间夹杂有草地和灌木丛，特别是在朝南部较干燥的山坡上。该地区离地球上最大的大陆亚洲地理中心很近。同样地，阿勒泰地区是这个地球上离海洋最远的地区。正是由于距离海洋远，感受不到海洋暖流的影响，该地区冬季异常寒冷，形成人们熟知的大陆性雪层。这种雪层深度相对较浅，再加上气温较低，于是就形成了这里松散、不结冰的积雪层。

除了饲养牲畜之外，冬季狩猎和诱捕动物也是当地传统的经济方式之一。冬季是诱捕动物的最好时节，因为冬季动物毛皮较厚，质量好，价值也高。而选择在冬季狩猎主要有两个原因。首先，冬季漫长，饲养牲畜是主要家务事之一。除了有更多的空余时间之外，积雪被认为是猎捕各种大型动物的优势之一，特别是麋鹿（boghur）。这主要是与滑雪有关。我采访了阿勒泰山区许多年老的滑雪人，他们讲的故事都一样。滑雪板使他们能在深雪中一路猛追超过动物，能根据动物的踪迹追他们感兴趣的猎物。

滑雪狩猎这一古老方式在阿勒泰地区延续至今的原因有很多。第一，由于地处偏远，交通不便，该地区的传统风俗受到保护，特别是在冬季更是如此。中国的阿勒泰地区又称为“阿勒泰结”，即四个国家在此接壤（中国、哈萨克斯坦、俄罗斯和蒙古），这一事实使其成为一个非常敏感而封闭的边境地区。仅这一点并不能保证滑雪狩猎的长期延续，因为在俄罗斯和蒙古临近地区这一传统的消失就是证明。另外，当地人不准使用火器，这一点跟临近的俄罗斯和蒙古地区不同。最后一个原因，中医药对鹿角有大量需求。正是由于这一点，麋鹿价值很高，特别是被活着捕捉到就更加珍贵，因为那样可以饲养麋鹿，从而年年都可以收获鹿角。此外，中国的阿勒泰地区山路异常崎岖，即使是在最好的交通条件下也很难通行。而像麋鹿这样的大型动物，无须用雪橇拉着，凭借自己的力量可以容易地在交通困难地区直接拉着通行和穿越深雪。滑雪人拉的雪橇是使用山羊或马皮制作的，用这种兽皮片来拖运重物和日常用品。为了保护数量日益减少的野生动物，现在狩猎在中国阿勒泰地区（及新疆其他地区）是非法的，这使人们对滑雪板需求和使用大为减少，使它们作为工具的重要性大大降低。

尽管狩猎是使用滑雪板的主要原因，但这并不是阿勒泰地区使用滑雪板的唯一原因。这里山区干燥，但仍有大雪，有些地区（如禾木村）的积雪可以达到数米深。这里冬季常用的出行方式是马和爬犁，但不能满足需求，因为马（不管有没有拉着爬犁）会陷在深雪中跌倒。因此，滑雪板是在积雪地区的可选工具之一。为了说明滑雪板存在的必要性，一些人向我讲述骑马或者乘坐爬犁被困雪中而不得不把马杀掉，然后在被困地点制作滑雪板才能安全返回到家里或村中。阿勒泰地区滑雪板的产生简直就是一个神话，我从几个人那里都听到了不同的故事，但中心意思都一样。不管你相信不相信，蒙古族图瓦人认为滑雪是他们文化中不可缺少的一部分，并且认为如果没有滑雪，他们冬季根本无法在山中生存。尽管他们有时不愿意谈论滑雪板的使用情况和在他们文化中的地位，但可以说他们认为滑雪板是必不可少的，要比该地区在山中居住的哈萨克人更多地运用滑雪板。

阿勒泰滑雪人几乎全都是男性。我曾经看到一位女性图瓦人滑雪，也听到过其他女性滑雪的故事，但狩猎绝对只是男性的活动，这似乎也排除了妇女普遍滑雪的可能。尽管似乎文化上并不禁止女性滑雪，但女性滑雪非常罕见。如果发现了一个女性滑雪人，也很可能是图瓦人，而不会是哈萨克人。去年，一位年老的男性图瓦人告诉我说，“在大雪年份里，我们必须穿上滑雪板去湖里取水”。我们不禁会想到，在大雪的时候，女性会像男性一样需要通过滑雪来完成喂养动物、取水和冬季一般出行等家务。（顺便提一下，我在该地区没有看到仅用于在雪地里行走的雪踏，尽管有些男性似乎知道什么是雪鞋。他们的反应一般是“有滑雪板还要雪鞋干什么？”）

在我首次前往阿勒泰地区时，我全部时间住在喀纳斯湖周围地区。此后几次我在禾木村周围也度过了很多时间，这个村是中国阿勒泰地区蒙古族图瓦人较大的一个定居点（实际上是最大的定居点）。该村位于沿喀纳斯湖东北禾木河的一个深谷之中，乘坐马拉爬犁需要两天才能到达。该地区被认为是中国阿勒泰地区积雪最多的定居区之一，因而有着很浓郁的滑雪传统。我有幸在禾木采访到几位老人，他们年轻时都曾经是出色的滑雪人——利用滑雪在山中打猎或者行进。其中最值得一提的就是舒开（Chokue），他是一位年已80岁的图瓦老人，目前仍然身体强壮。我见过的许多老滑雪人都说他是目前最棒的滑雪人。舒开说他曾经拉着负重雪橇一天行走50公里，这很难令人相信，特别是在这里的雪很深又松散的条件下更是难以做到。但考虑到他在这个地区的地位和有关他的故事，我还是倾向于相信他。舒开和其他图瓦人谈到滑雪，最初都很警惕，部分原因是这里打猎属违法行为，他们谈论这个话题时必须小心。但似乎还有另外一个更深层的原因，即图瓦人是一个人数很小的群体，而他们周围的民族都要大得多。他们似乎强烈地感觉到这一点，或者对自己的文化有一种脆弱感。就在离现在不太久的过去，他们曾经遭受过在此居住的俄罗斯人的迫害，而图瓦人在一定程度上都有某种屏障来捍卫自己的文化。他们对图瓦人文化感到自豪的同时，也努力保护它，而滑雪当然是他们文化的一部分。值得称道的是，当我一次次地返回他们那里时，他们都非常热情、兴奋。我每次去都能获得新的信息，总觉得还有更多的东西需要了解。

滑雪板和制作技巧

各地区滑雪板的长度和宽度各异，但一般来讲，脚下部分宽度为12～15厘米，长度为200～250厘米。其形状从尾部到脚踏处是直的，从脚踏处到前端尖部渐渐向内变细，这样滑雪板的尖部比腰部窄。除了脚踏处外，滑雪板上通常还有一个中脊以增大滑雪板的硬度。尖部制作时加热使其变弯，通常是将一个厚木板放入火中，利用木板本身的水分使其变弯；或者是将尖部在水里煮，然后使其弯曲成型。 做滑雪板最好的木材是西伯利亚云杉，因为其重量和强度比很合适。固定器（jundeems）是用生牛皮制作的，一般形状都是X型，大小可以让鞋前部放进去，然后用一根皮带缠绕鞋跟部使其固定。 制作滑雪板的最后程序是用动物毛皮制作的板底，毛朝向后面。

当地滑雪人手持滑雪板在喀纳斯湖附近合影（大卫·维格 供图）

我能够记录下滑雪人制作滑雪板的过程，当地没有专门的“滑雪板制作人”。制作过程首先选择一棵大小合适的树木，一般树木直径为20～25厘米。然后用楔子和斧头将树劈开，再用斧头把劈开的树木做成两个厚木板。制作滑雪板的人有时会用一个短刨进行刨削修整，使滑雪板更平滑。然后将木板放入火中或在火炉上加热，让尖部弯到理想程度，然后用一个木块固定。之后，让滑雪板风干一个星期以上再进行最后修整和添加固定器。固定器是通过放脚处的四个垂直孔系在滑雪板上，固定器的材料是用生牛皮制作的。固定器形成一个X型，鞋的足尖处可以插入。一条皮带从X型的后侧包住鞋跟，使脚固定在固定器上。这种结构简单、轻便、易调整，如果是在野外，用一个刀就可以进行修理。滑雪板的底部用动物皮覆盖，皮毛向后，这样滑雪板即可以向上爬山，也可以向山下滑行。底部是用马腿皮做的，但我也见过或听过用野猪、麋鹿甚至水獭皮制作的。将动物皮浸入热水，然后将其拉伸能够覆盖住滑雪板，再用钉子固定住，等干了之后，动物皮收缩，这样会更紧地贴在滑雪板底面上。昔日的传统是，用生牛皮条和硬木制成的木钉将动物皮固定在滑雪板上。在一个定居点，我还听说人们将一种草编成结实的绳子用来将毛皮固定在滑雪板底面上。而现代阿勒泰滑雪板的最后一项创新是在板上面脚底部加一块橡胶皮，通常是从旧胶鞋上剪下来加在脚部下面防止结冰。这些用斧头、螺旋钻和随处可见的用男人们佩戴的鞘刀制作而成的阿勒泰滑雪板很简单，初看上去很粗糙，但用起来感觉非常好，适合所处环境条件，很好用，在许多方面都要好于我带的现代滑雪板。阿勒泰滑雪板结实耐用，这里的滑雪人平时要在岩石、倒地的原木上滑行，这些是我们西式滑雪板无法完成的。由于当地经常有很深的积雪，阿勒泰滑雪板在深雪中开辟道路方面也很出色。我在那里的时候用我的现代滑雪板要费很大劲，即使是跟在当地滑雪人的后面也很费劲。阿勒泰滑雪板有时的确会断裂，滑雪人常常在家中准备一副备用。它们的固定器也会磨损断裂，但即便是在野外，用把小刀就可以修好。动物皮上的毛也会磨光，但需要时也可以更换。我还见过尖部经过二次弯曲的过程，因为尖部用过一段时间后会变平。二次弯曲是将尖部在一个大锅里煮直到再次弯曲，然后风干。最重要的是，阿勒泰地区使用的滑雪板不需要花什么钱，只需要付出一些人工和一盒木钉，需要的所有材料都随手可得。

阿勒泰滑雪人都用单滑雪杆滑雪（他们称为a tiak），一般有两米长。所用木材一般是落叶松，因为这种树木外型直，而且强度高。滑雪人使用的单杆非常实用。固定器几乎对控制滑雪板不起什么作用，因此单滑雪杆相当于人的第三条腿，帮助保持平衡和掌握方向，而且在打猎时当做武器。当地的老式弓箭很有名，现在的节庆上还在使用。与草原国家骑士使用的向后弯曲、短而有力的弓箭不同，阿勒泰地区的弓箭在松弦的情况下很长又直，几乎与滑雪使用的滑雪杆的粗细和长度相同。

由于滑雪板底部的动物毛皮从不取下来，阿勒泰滑雪板滑行速度慢于我们现代的滑雪板。由于固定器没有提供控制力，滑雪人可以向前直行，需要时可以从滑雪板上拖着步子走。由于固定器完全缺乏转向能力和对滑雪板的控制能力，我第一次前往阿勒泰地区的大部分期间，我都以为这些滑雪板完全无法转弯。但是有一天， 我和一位年轻的哈萨克小伙一起滑雪，我惊讶地看到他为避开前面近距离的树，完成了一个很难的左转动作。从那时我才发现当地熟练的滑雪人完全可以很好地转弯，但他们不像我们西方人那样仅仅就是为了转弯，而是为了避开物体急停或者改变前进方向。实际上，阿勒泰滑雪人是从脚踏处向尾部使滑雪板拐弯。首先，滑雪人必须使滑雪板竖向倾斜，这个精巧的动作要求脚跟滑离滑雪板的中心，使脚能够将滑雪板直着侧立起来。倾斜之后，滑雪人可以控制滑雪板，同时凭借滑雪板和滑雪杆保持平衡。许多转向都由膝部和双脚进行，但只有倾斜滑雪板才能让双脚抓地使滑雪板前行。我练习这个动作很多次 ，成功的次数不多，但多次“漂亮地”摔倒在地 ，这也证明了转弯需要很好的平衡能力、技巧和练习。

阿勒泰的滑雪人可以在非常陡峭的地形上滑行，有人曾说在追踪动物时，他们有时会从数米高的岩石上跳过去。我对这一说法表示怀疑，直到我第三次前往阿勒泰地区的经历才打消了我的怀疑。当时，我与禾木附近的三个年轻人一起滑雪，他们非常喜欢从岩石上跳过去，就是为了好玩，就像西方年轻人一样。优秀的滑雪人还可以向下穿过森林，在需要时转弯，甚至可以急转弯停下来。在多次练习用当地滑雪板滑雪之后，我可以证明要想成功掌握阿勒泰滑雪板的任何技巧是何等的困难。

当地名叫Quyan的小伙子在喀纳斯湖附近滑雪（大卫·维格 供图）

随着现代化和各种思潮与商品的不断涌入，阿勒泰地区传统滑雪人的数量不可避免地在减少。伴随着现代化，禁止狩猎和近年来普遍缺雪的现实也是滑雪人数量减少的原因之一。尽管如此，仍有许多地方盛行滑雪。近年来中国滑雪史专家单兆鉴组织和推广的一系列传统滑雪比赛提高了几个地区滑雪人的滑雪兴趣。在我2008—2009年最后一次到阿勒泰地区期间，我发现了几个小滑雪人（有一个才11岁），他们专门为参加比赛进行练习。这改变了阿勒泰地区昔日滑雪的性质—— 从一个狩猎出行的工具转变成为一项体育运动，就像滑雪在世界其他地区的经历一样。不过，这些比赛确实提高了人们对当地传统滑雪的兴趣，无疑是件好事。

2009年1月是我最后一次前往阿勒泰地区，当时雪量并不多。就像我前几次去一样，许多地区雪都少，不能保证安全滑雪。 但这次与前几次不同的是，人们对滑雪赛的兴趣，年轻人为参加几个比赛而积极训练。由于比赛，滑雪再次受到年轻人的欢迎，尽管这看上去正在将阿勒泰滑雪引向新的方向，但从某些方面来看这是在保留当地的传统。常常有人告诉我，滑雪板严格来说是冬天的一个工具，但是当我问起一位父亲为什么他的儿子滑雪时，答案就是“好玩”。用阿勒泰滑雪板非常熟练地滑雪是一项很难掌握的技能。就像射箭一样，应让所有传统社会的年轻人通过玩耍学会一项重要的技能。等到一段时间后，他们就会相当擅长那项技能。

我最后一次去的时候，住在距离禾木10公里的地方，与一家哈萨克人在一起。他们生活富裕，家里有很多牲畜和良田。当我向他们打听当地滑雪人的情况时，他们说有一段时间没有见过滑雪人了，可能是由于近来一直下雪少的缘故。那天晚些时候，我独自去滑雪，一想到阿勒泰地区滑雪运动的衰落，不觉有些感伤。我滑雪穿过树林，沿着离住处不到1公里的小溪前行。与小溪平行有条新滑出的滑雪道，我沿着这条滑雪道继续前行。最后，滑雪道与一根倒掉的原木交汇了，消失在对岸的深雪中。我滑回我的住处，突然认识到在没有修路和很少有人到过的广大地区，至少现在还存在着阿勒泰滑雪传统。

阿勒泰至今在没有修路和很少有人到过的广大地区，仍然存在着古老滑雪传统

生词列表：

麋鹿—boghur
马拉爬犁—chana
滑雪板—changa［哈萨克语］，kul tsana［蒙古语］，hock［图瓦人语］
滑雪杆—tiak［哈萨克语］，gush［图瓦人语］
用动物毛皮制作而成的雪橇 - suderga［图瓦人语］，tuloop［哈萨克语］
滑雪板固定器 - jundeems［哈萨克语］

古老的Kalvtrask滑雪板与当代阿勒泰滑雪板结构之比较

阿勒泰各地的滑雪板在长度和宽度上略有不同，但设计基本相同。阿勒泰滑雪板的主要特点是有一个隆起的脚踏处，有一个中脊分别延伸至尖部和尾部。尖部反侧切面渐渐变窄， 阿勒泰滑雪人说这是为了让滑雪板更容易转弯。滑雪板从脚踏处到尾部几乎是直的。所有阿勒泰滑雪板都钻有4个垂直孔，以此来系固定器。这种设计的不凡之处在于它与斯堪的纳维亚半岛发现的古老的滑雪板相似。在瑞典北部发现的卡尔伍坦斯克Kalvträsk滑雪板（参见附图）包含了许多与“当代”阿勒泰滑雪板相同的设计特点：在脚踏板前后有一个中脊；几乎完全相同的4孔固定器。1924年由一位森林检查员从泥沼中挖出的Kalvträsk滑雪板可以追溯到5000年以前。

（尼尔·拉尔森先生是美国研究滑雪文化的学者，自身的滑雪水平很高，对阿勒泰地区的古老滑雪文化非常感兴趣，在2005年3月至2009年1月间，五次赴阿勒泰地区的冲乎儿、喀纳斯、禾木、新疆阿勒泰市进行考察研究，编制了DVD片《永远的阿勒泰滑雪人》，同时撰写了《永远的阿勒泰滑雪人》的记述文，现已译成中文。）

附图：瑞典北部发现的kalvtrask滑雪板

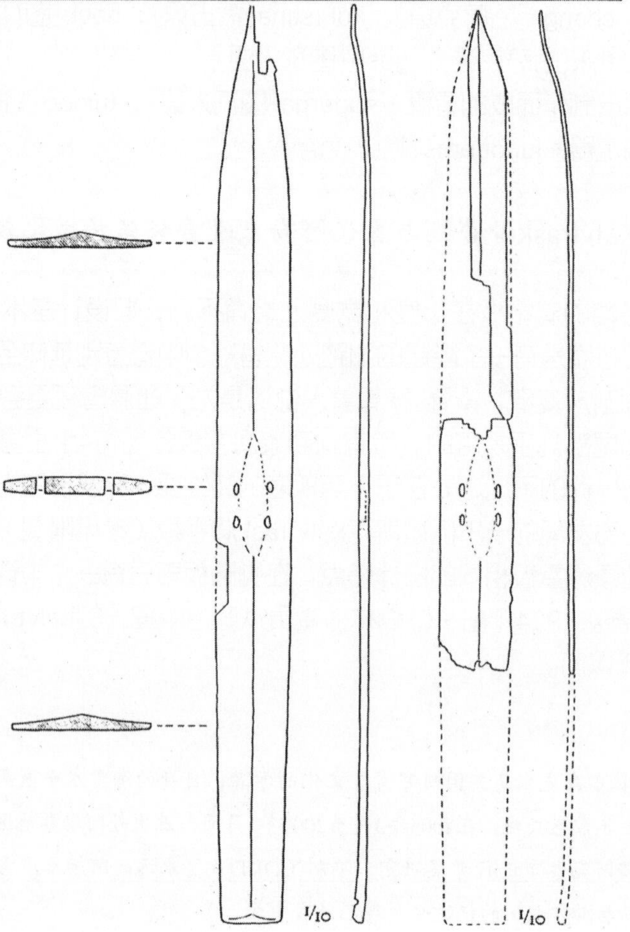

美籍老华人李臻吾先生的热心来信

单老师：您好!

今天在电话中得知12月中旬将发表您对新疆滑雪考古研究的结果报告,我很为您高兴。此将美国职业滑雪教练协会发表的一篇滑雪“早期”历史文件中的几个重点翻成中文供您参考：

一、滑雪的历史超过五千年。

二、滑雪（SKI）曾是北欧挪威国早期雪鞋(SNOW SHOE)的名词。早期雪板（ski）的用途是用来防止脚陷入雪中，而不是用来“滑行”。

三、北欧瑞典考古家1921年发现目前西方最早的滑雪板（名叫Hofing ski），估计超过4500年，目前此雪板保存于瑞典首都滑雪博物馆。

四、在北欧挪威北部Gjessing发现石雕，一人站在雪板上，此石雕估计最少有4500年历史，类似同期的石雕也在斯堪的纳维亚（北欧）及俄国发现。

五、挪威首都有个博物馆，内存一副约公元前2500年的雪板。

六、有历史记录的第一次滑雪比赛是在挪威，公元1060年，是挪威国王Harald the Hard跟滑雪员Heming Aslakson比赛。

其他尚有许多比较近期的资料，应该跟您的研究没有太大关系。资料取自《Skiing Right》一书，作者Horst Abraham,美国职业滑雪教练协会，1983年出版。

祝您身体健康！

李臻吾敬上

2006年11月16日

（注：李臻吾先生是美籍老华人，60余岁，滑雪水平很高，他同时具有美国、加拿大两国大众滑雪指导员资格。）

中国滑雪协会秘书长田有年（左）、
技术顾问单兆鉴（右）与李臻吾先生（中）在北京合影

“中国·新疆·阿勒泰是人类滑雪最早起源地”北京新闻发布会主持词

新疆阿勒泰市市委副书记、市政协党组书记 刘新利

（2006.12.15）

尊敬的各位领导，各位来宾，女士们、先生们，新闻界的记者朋友们：

大家下午好！

今天，我们相聚在美丽的首都北京，隆重举行“中国新疆阿勒泰是世界滑雪起源地”新闻发布会。首先，我代表新疆阿勒泰市市委、新疆阿勒泰市人民政府对各位领导、各位来宾的光临，表示热烈的欢迎！这次新闻发布会得以顺利举行，得到了国家旅游局、自治区旅游局的大力支持和关心，得到了驻京各大媒体和旅游企业的广泛关注，更离不开中国滑雪协会、新疆维吾尔自治区博物馆、中国西北大学、新疆社科院等各位专家、学者付出的辛勤努力，在这里谨向你们表示最诚挚的谢意！

下面，我介绍出席今天新闻发布会的各位来宾：

在主席台就座的领导和专家有：

国家旅游局副局长 顾朝西 先生；

国家体育总局冬季运动管理中心主任、中国滑雪协会主席 王揖涛 先生；

新疆维吾尔自治区旅游局局长穆扎帕尔·米吉提 先生 ；

中国西北大学副校长 朱恪孝 先生；

自治区体育局副局长阿扎提·吐尔逊先生；

阿勒泰地委副书记 杨玉柱 先生；

新疆阿勒泰市市委书记 李新民 先生；

中国滑雪协会技术顾问 单兆鉴 先生；

新疆维吾尔自治区博物馆研究员 王博 先生；

中国西北大学文博学院教授 王建新 先生；

新疆社科院《西域研究》杂志主编 刘国防 先生；

新疆考古研究所研究员吕恩国 先生；

同时，我们还荣幸地邀请到北京市旅游局，北京金融街办事处以及驻京各大新闻媒体、各大旅行社、旅游企业的朋友们。

首先请新疆阿勒泰市市委书记 李新民 先生致辞；

请中国滑雪协会技术顾问 单兆鉴 先生作专题发言；

请新疆维吾尔自治区博物馆研究员 王博 先生作专题发言；

请中国西北大学文博学院教授 王建新 先生作专题发言；

请新疆社科院《西域研究》杂志主编 刘国防 先生作专题发言；

请中国滑雪协会技术顾问 单兆鉴 先生宣读“中国新疆阿勒泰地区是世界滑雪最早的起源地”的《阿勒泰宣言》；

请国家体育总局冬季运动管理中心主任、中国滑雪协会主席王揖涛先生讲话；

请中国西北大学副校长 朱恪孝先生讲话；

请新疆维吾尔自治区旅游局局长穆扎帕尔·米吉提 先生讲话；

让我们以热烈的掌声欢迎国家旅游局副局长顾朝西先生讲话；

由各位专家回答记者朋友们的提问，欢迎大家踊跃提问。

（答记者问）

新闻界的记者朋友们，由于时间关系，今天的专家答记者问就到此结束，如果需要进一步了解有关情况的记者朋友，请会后与主办方联系，作进一步的咨询和交流。

下面，进行会议的最后一项，由新疆阿勒泰市人民政府向中国滑雪协会、中国奥林匹克博物馆等部门赠送阿勒泰古老毛滑雪板。

（赠送毛滑雪板）

尊敬的各位领导、各位来宾，今天的会议在大家的共同努力和积极参与下，完成了既定各项议程，取得了圆满成功。在这里，我代表新疆阿勒泰市市委、新疆阿勒泰市人民政府再次向参会的各位领导、各位来宾表示衷心感谢和良好祝愿！

中国·新疆·阿勒泰是人类滑雪最早起源地
新闻发布会
发布单位：新疆维吾尔自治区博物馆
西北大学
主办单位：新疆阿勒泰市人民政府
中国滑雪协会

发布会现场

在“中国·新疆·阿勒泰是人类滑雪最早起源地”北京新闻发布会上的致辞

新疆阿勒泰市市委书记 李新民

（2006年12月15日）

尊敬的各位领导，各位来宾，女士们、先生们、朋友们：

今天我们相聚在庄严的北京人民大会堂，隆重举行“中国新疆阿勒泰是人类滑雪最早起源地”新闻发布会。首先，请允许我代表新疆阿勒泰市市委、政府和全市20万各族人民，向参加新闻发布会的各位领导、各位来宾，表示热烈地欢迎！向多年来致力于研究阿勒泰冰雪文化与“阿勒泰是人类滑雪起源地”的各位专家、学者表示衷心的感谢！

新疆阿勒泰市地处祖国西北边陲，东北与蒙古国接壤，西北与哈萨克斯坦、俄罗斯相邻，全市总面积1.15万平方公里，居住着汉、哈萨克、维吾尔、蒙古等24个民族、20万人口，是阿勒泰地区的政治、经济、文化中心，素有“金山银水”“冰雪之乡”“草原明珠”之称，于2005年成功创建为中国优秀旅游城市。新疆阿勒泰市交通便利，216、217国道和320省道贯穿境内，距乌鲁木齐市670公里，航空距离450公里。阿勒泰机场日通航班量高达17航班、34架次，年客运量20余万人次。

新疆阿勒泰市依山傍水，是一座特色鲜明的山水园林城市，独特的地缘优势，造就了美丽的高山风光、冰川雪岭、湖泊温泉等自然景观。这里夏季气候宜人，平均温度在20℃左右，属北温带内陆区少有的“湿岛”，是理想的天然避暑胜地；冬季漫长，雪量丰沛，存雪期长、雪质优良，具备发展冰雪旅游得天独厚的优势，冰雪运动源远流长，培养出全国滑雪冠军叶尔扎提、全国滑冰冠军刘燕飞等冰雪运动精英；冰雪文化底蕴深厚，据专家考证，一万年以前古阿勒泰人就开始了滑雪活动。近年来，新疆阿勒泰市市委、政府紧抓国家西部大开发的历史机遇，大力实施资源优势转换战略，坚持走畜牧兴市、工业强市、旅游活市的发展路子，特别是将旅游业作为第三产业的支柱产业优先发展，按照建设“旅游休闲度假城市”的定位，深挖独特的旅游资源，着力培育民俗风情和冬季冰雪旅游，旅游接待能力进一步提升，旅游商品开发取得实质性进展，全市旅游业发展氛围日益浓厚。目前，全市有国家A级景区13处，“哈萨克民俗文化集中表现地”“草原丝绸之路途经地”“额河奇石主产地”等诸多旅游品牌享誉疆内外。新疆阿勒泰市已从昔日封闭的边陲发展成为对外开放的前沿阵地，随着国家西部大开发战略的推进，新疆阿勒泰市正逐步成为新疆极具潜力和魅力的城市之一。

大思路构筑大旅游，大气魄推动大发展。阿勒泰人把目光瞄向了前景广阔的冬季旅游。1999年我市成功举办了“中国新疆阿勒泰国际冰雪旅游艺术节”，填补了新疆冬季旅游的空白；2003年起，大规模、高水准地连续举办了三届“冰雪风情游”冬季旅游活动，加快了冬季冰雪旅游资源优势向经济优势转换步伐，取得了明显的经济效益和社会效益。2005年“冰雪风情游”活动期间，全市接待游客32万人次,较上年同期增长119%。

2006年1月16日，单兆鉴、王博等8位专家学者在充分研究讨论的基础上，提出中国新疆阿勒泰是人类滑雪最早起源地，这是阿勒泰对人类滑雪历史研究的贡献。今天，新疆阿勒泰市人民政府会同中国滑雪协会与新疆维吾尔自治区博物馆、中国西北大学四单位将共同把这项成果通过新闻发布会的形式向世人进行宣传，这对于进一步扩大新疆阿勒泰市冬季旅游的影响力、提升知名度、吸引更多海内外游客到新疆、到阿勒泰来旅游，带动阿勒泰地区乃至全疆旅游业的发展将起到积极的促进作用。我们将以这次新闻发布会为契机，努力把新疆阿勒泰市打造成新疆乃至全国重要的冬季冰雪旅游圣地。

各位领导、各位来宾、朋友们，冬季的阿勒泰有雄奇壮美的冰雪风光、如梦如幻的冰雪艺术、丰富多彩的冰雪运动、厚重质朴的民俗风情。新疆阿勒泰市20万各族人民将以无比的热忱和优质的服务，欢迎四海宾朋、各方有识之士做客新疆阿勒泰市、投资新疆阿勒泰市，大家携手并进，共创美好未来。

最后，祝愿各位领导、各位来宾、各位朋友们身体健康、万事如意！

（注：本文原收集在《中国新疆阿勒泰是人类滑雪最早起源地新闻发布会资料汇编》中）

专家和阿勒泰市领导在人民大会堂前合照

秀丽的新疆阿勒泰市

在“中国·新疆·阿勒泰是人类滑雪最早起源地”北京新闻发布会上的讲话

国家体育总局冬季运动管理中心主任、中国滑雪协会主席

王揖涛（2006年12月15日）

各位领导、各位专家、女士们、先生们、朋友们：

下午好！首先我代表国家体育总局冬季运动管理中心、中国滑雪协会向“中国·新疆·阿勒泰是人类滑雪最早起源地”新闻发布会的召开表示衷心的祝贺！在世界滑雪大潮的带动下，我国滑雪运动近年来蓬勃发展，开展滑雪运动，推动滑雪产业持续、健康、快速发展，对于增强人民体质，推动全民健身有着重要作用，同时滑雪运动作为旅游产品备受青睐，旅游业推动滑雪运动迅猛发展，成为构建和谐社会的切入点，本次会议的召开是中国滑雪界、旅游界共同的大事。阿勒泰是至今为止人类滑雪最早起源地这一科学论证的认定，使得人类滑雪的时间大幅度提前，在学术上有了重大突破，对我国滑雪事业的发展必将起到积极的促进作用，将让世人更深入地了解中国新疆阿勒泰地区是人类滑雪最早起源地，也必将有利于进一步挖掘和弘扬中国古老而璀璨的滑雪文化。

在这里，我代表国家体育总局冬季运动管理中心、中国滑雪协会感谢新疆阿勒泰市市委、政府多年来对此项工作的大力支持，感谢新疆维吾尔自治区博物馆、中国西北大学对此项工作的鼎力相助，感谢为此项工作付出艰辛劳动的单兆

鉴、王博、王建新、刘国防等专家学者和所有参与此项工作的新疆阿勒泰市的旅游、体育等部门的同志们，由于你们的辛勤与付出，才得出今天这一丰硕的成果。中国新疆阿勒泰是至今为止人类滑雪最早起源地这一宣言是面向世界、面向人类的，让我们以科学论证为依据，携起手来，共同为这一宣言继续努力工作，使得这一学说能在全国、全世界得以广泛认可。我们也希望这一重大的考古发现，对中国现代的滑雪运动发挥积极推动作用。

（注：本文原收集在《中国新疆阿勒泰是人类滑雪最早起源地新闻发布会资料汇编》中）

中国滑雪协会主席王揖涛（中）在阿勒泰考察古老滑雪狩猎传统与当地居民合照

中国新疆阿勒泰地区滑雪岩画的分布及旅游、考察路线图

《阿勒泰宣言》专家组组长 单兆鉴
新疆维吾尔自治区旅游局旅游促进处 处长 马 睿
新疆维吾尔自治区博物馆研究员 王 博

单兆鉴

马睿

王博

一、导言

导言1：人类滑雪的起源

2006年1月16日中国的滑雪专家、考古专家聚集新疆阿勒泰市，发布了中国新疆阿勒泰地区是人类滑雪最早起源地的《阿勒泰宣言》，同年12月15日在北京人民大会堂举行新闻发布会。经过国内滑雪、考古专家十几年的考察研究，确认至少一万年前古阿勒泰人就开始了滑雪，比目前认为的人类滑雪的起源时间（距今4500～5000年）要早几千年。

导言2：滑雪运动的分类

·从滑雪的历史时续及发展阶段分类：可分为原始滑雪、古代滑雪、近代滑雪、现代滑雪。

·从滑雪功能上分类：可分为实用滑雪、竞技滑雪、大众旅游休闲滑雪、特殊极限滑雪。

·从滑雪时人体动作形态特征及所使用的相应器具分类：可分为高山滑雪（阿尔卑斯滑雪）、越野滑雪、冬季两项滑雪（越野滑雪+射击）等几个大项，数十个小项，是现代冬奥会比赛的主要项目。

导言3：人类滑雪首先从实用性越野滑雪开始

人类滑雪首先从原始的实用的越野滑雪开始，在茫茫大雪原面前，古人为了生存，为了狩猎，为了行走与迁徙，催生了滑雪的产生。当时人们为了追捕动物，使自己的双腿不陷于雪中，并提高行走速度，要借助“雪踏”和滑雪板穿越雪原、攀登山坡、征服下坡……这些动作正是实用越野滑雪的特征。

导言4：滑雪的含义

滑雪从诞生开始，经历了漫长的时空变迁，发展到当代，虽拓展成多种门类，但其基本动作的实质类同。基本要素不会有本质的变化。

滑雪的主要项目越野滑雪（含高山滑雪、冬季两项滑雪）的含义是：人呈基本站立姿态，双脚各踏一只滑雪板，双手各持一只滑雪杖（古老滑雪方式只用一只滑雪杖），在雪面上滑动的运动。这里“站立”“雪板”“雪面”“滑动”是基本要素。

导言5：原始古代滑雪与当代滑雪的差异

不能以当代的滑雪模式去臆想原始古代滑雪。由于人类文明的发展阶段、进化程度、劳动工具、材料来源等因素所限，当时的滑雪板不可能像现在这种式样，当时的“滑雪”首先解决的问题是使双腿不下陷于雪中，很可能用树枝、树皮捆绑在脚底，使其具有现在仍使用的“雪踏”功能。古人逐渐在实践中不断改进滑雪用具，从在雪地走动演变成滑动，而且逐渐学会运用滑雪杖。

据外文资料介绍，12000千年前从阿勒泰经白令海峡到美洲的古人后代，至今仍沿袭着使用“雪踏”的习俗，而不是用滑雪板，其原因主要是美洲当地人居住的地方雪大、林密而无山丘，在这种条件下，使用“雪踏”将更为适用。

至于新疆阿勒泰地区沿袭到当今仍使用的毛皮滑雪板演化的过程，尚无确切定论，不过通过岩画考古推断，最少在公元前8世纪阿勒泰地区就出现了这种相似的滑雪板。

导言6：岩绘画与岩刻画简介

考古专家认为岩画分为两大类，即岩绘画与岩刻画。岩绘画，是古代山地居民用色彩创作于岩石或岩壁上的一种图画。它在选择地点、工具使用、内容创作等许多方面都有别于岩刻画。阿勒泰地区的岩绘画因大多数用赭红色颜料绘于石棚内，所以又被称做石棚岩画。岩绘画在阿尔泰山地发现的不多，因此比较珍贵，具有很重要的研究价值。岩绘画在我国北方草原带主要分布于新疆，新疆又以阿勒泰地区最多。重要的岩绘画点分布在新疆阿勒泰市的敦德布拉克、富蕴县的唐巴勒、哈巴河县的哈龙沟与多尕特。

岩刻画，是在岩石或岩壁上雕刻创作的图画。是古代居民的一种生动活泼的艺术作品，也是人类活动的重要记事方式，记录着草原居民悠久的历史，先民的社会形态、宗教信仰、生活习俗等。岩刻画出现年代晚于岩绘画。岩绘画色深的年代为早，色浅的年代为晚。

阿勒泰地区的岩刻画目前发现有近百处，还有很多没有注册备案，这些岩画属于亚欧山地草原岩刻画系列，具有阿尔泰山地岩刻画的风格和特点，对研究古代先民的生产、生活方式具有重要意义。岩刻画大部分分布在山沟阳坡裸露的岩石上。

导言7：滑雪岩画的辨识依据

古岩画作品早至万年以上，晚在几千年之前，由于当时绘刻者的思维、技巧、所用工具所限，而且是在粗糙的岩石面上作画，难度可想而知，又经过漫长年代的风化及后人的涂抹破坏，致使岩画内容不完整，寓意难辨、图像比例失常、直观效果不佳以及画面粗劣、模糊、断裂、被复盖等现象。故鉴别岩画的性质、内容、时限十分不易，须认真综合考察。鉴别一个岩画是不是属于滑雪岩画，专家们认为要从以下方面作为判断的主要依据：

①人物身体姿势是否符合滑雪形态；

②脚下是否有附着物或延伸物，不要忘记人类早期使用的“滑雪板”与现在的滑雪板会有着截然的不同。人类早期的滑雪器具，只是“雪踏”类，首先保证人的腿脚不致陷入深雪中，能在雪面上行走。这种雪踏在挪威语或英语中被称为雪鞋（SNOW SHOE）。

③人物神态是否有动感；

④滑雪人物是否与狩猎要素有紧密联系；

⑤人物是否手持滑雪杖（杆），但要清楚人类早期的滑雪可能还不知使用滑雪杖（杆）。

导言8：新疆阿勒泰市敦德布拉克滑雪岩绘画的发现与定性

2005年3月，新疆阿勒泰市汗德尕特乡敦德布拉克1号岩棚内第3组人物画经滑雪专家鉴定是“滑雪岩绘画”，成为《阿勒泰宣言》的关键史证。

多位权威考古专家结合世界考古界的常规认定，该组岩绘画的年代为距今1万年之前。

二、阿勒泰古老滑雪岩画的分布及旅游、考察线路图

2006年1月16日确立人类滑雪最早起源地的《阿勒泰宣言》正式发布，同时决定将每年的1月16日定为人类滑雪起源地纪念日，届时将在新疆阿勒泰市举行世界唯一的农牧民古老毛皮滑雪板比赛等系列庆贺活动，活动内容独具特色，丰富多彩，热闹非凡。

《阿勒泰宣言》发布之后，中国的专家并没有中止深入地考察研究，滑雪岩画的地域与数量不断拓延与增加。

为了便于读者及国内外滑雪界研究人员能亲临滑雪岩画的现场，感受与研究古老滑雪文化，特将阿勒泰地区古老滑雪岩画的分布及旅游、考察路线图介绍如下（考察线路不是按英文字母的顺序编制的，而是以岩画所在地集中编制的）：

（一）新疆阿勒泰市汗德尕特乡

1.滑雪岩绘画A——位于新疆阿勒泰市汗德尕特乡敦德布拉克1号岩棚中（第三组人物）。

多位权威考古专家结合世界考古界的常规认定，岩绘画的年代至少为一万年。

敦德布拉克岩棚画，在新疆阿勒泰市汗德尕特蒙古自治乡东北约4公里的敦德布拉克河上游沟谷中。在这里发现四座岩棚里面有岩画，其中1、2号岩棚在敦德布拉克河谷东侧，3、4号岩棚在河西，分布比较分散，相距则不是很远。

岩棚系雨水浸蚀、风蚀形成，岩棚都比较小且浅，三壁及顶面皆呈凹凸不平的弧面，极不规整，应该是古猎人的临时遮避所。

A

敦德布拉克的四座岩棚绘画，从内容上看，主要反映的是狩猎场面，并以围猎为主。

滑雪狩猎图A位于第1号岩棚。岩棚口宽3.5米，高0.8米，深1.7米。弧形三壁及顶部都有岩画图案，除西壁图案少、模糊外，其余各面图案都比较清楚，布局非常复杂。大体上可以看出来，反映了以狩猎为主的题材。岩棚里绘制的有动物和人物，动物主要是野牛和野马，接近棚口有一头野牛，身体明显要比其他动物大，双角朝前，粗颈、长吻、短腿。画面的野马，鬃竖立，有的做奔跑状，或做行走状。岩棚中还有人面纹、排列较紧密的短线纹、三线纹（有的看似手印）及一些简单的符号形图案。本岩棚内有四组人物画面。

滑雪岩绘画A是第三组人物画面，位于东壁，处于第二组的下面。这组人物大概有10个人，其中6人比较明显，形象相似。人的头分圆头和非圆头两种，非圆头有点像某种动物的头像。人的上体宽大，腿细，人物背部隆起，似背着某些东西，又似穿着宽大的冬衣，被滑行时产生的风流吹起。人头做动物状的应该是伪装狩猎，即人扮演成动物，以迷惑动物。伪装头饰有点像羊、鹿角的形状。

专家们认为该组岩绘画中的人物姿势基本呈站立式，脚下有延长物，上体与膝部前屈，而且动感明显，符合滑雪人的姿态要求。岩画中几个人脚踏雪板，有的（如左起第二人）还手持单杆滑雪杖，人物的动作形态栩栩如生。岩绘画中滑雪人的姿态与阿勒泰地区至今农牧民的滑雪姿态有着惊人的相似之处。该组人物表现的是多人画面，呈一字形排开滑雪，也可能表现的是一个人流畅地从眼前滑向远方的画面。

敦德布拉克岩棚内的岩画用色深浅有些变化，分赭红色和深赭红色两种。颜料应该是赤铁矿（赭石），化学稳定性比较好，所以能长久地保存下来。东壁的动物和第三组人物画都是深赭红色，处于正壁第一组的持弓射猎者用色呈赭红色。各组画面在绘画的艺术风格上也有些变化，显示了岩画创作的时间可能有早晚之分。大体可以肯定，1号岩棚的第三组人物画属于早期作品，绘画的时间不会晚于公元前1万年。

也就是说，早在1万年前，阿尔泰山地居民已发明了滑雪板，并进入了滑雪狩猎经济时代，这应该是一场生产工具的革命，也是旧石器时代晚期的经济革命。

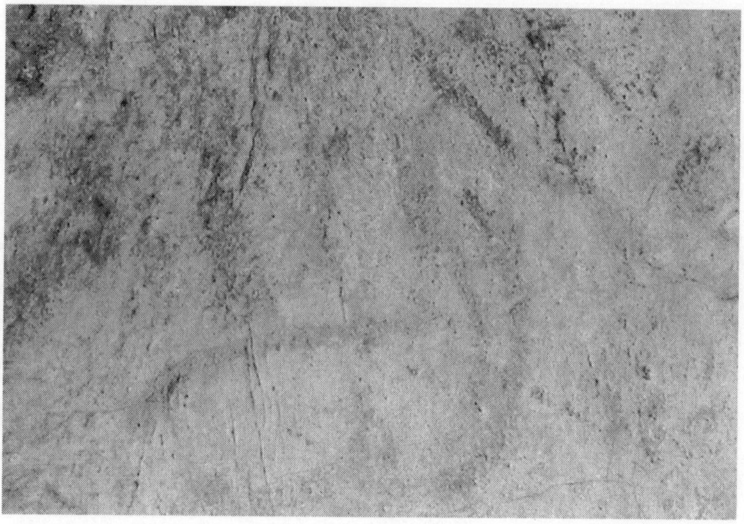

C

2.滑雪岩绘画C——位于新疆阿勒泰市敦德布拉克1号岩棚内（第四组人物）。

敦德布拉克岩画第四组人物，处于岩棚正壁下部，尾随在牛、马等动物的后面。画面比较模糊，明显的有四人，左侧一人上半身比较明显，右手握一长棍，做投掷状。第二人（由左向右），身体比较宽大，似穿着皮大衣状。第三人，也似画有宽大的服饰。另外，第二、三两人似同时踩在一长条形的滑雪板上。右侧一人头似做伪装状，腿很长，蹬在一立起来的雪板上，手上有一长棒。

3.滑雪岩绘画E、F ——位于新疆阿勒泰市汗德尕特乡五指泉，摘自李金梅、李重申编著的《丝绸之路体育图录》。

岩绘画E与F是两幅相似的岩画，2008年被收集于《丝绸之路体育图录》中，称为新疆阿勒泰五指神泉岩画“骑木滑行图—1”和“骑木滑行图—2”（见李金梅、李重申编著的《丝绸之路体育图录》第36页图42、图43，甘肃教育出版社2008年4月出版）。岩绘画E中人物5人，呈一字排开（右起第一人只有头背部），脚下有明显延长物，姿势微屈站立，呈滑行动态，人物下方绘有动物图像。岩绘画F中人物有2组，第一组有8人，呈一字排开，第二组2人，共10人都呈滑行姿态，9人由赭红色颜料绘画的，人物下方画有动物图像，左侧似乎有一个箭头。

E

F

4.滑雪岩绘画G——位于新疆阿勒泰市汗德尕特乡五指泉，由文物员欧吉省提供。

在五指泉巨石丘中一个石舀中发现，为1个人岩画，颜色中赭红色，脚踏在一条长板上，双臂微平展，画面被后人用黑色涂写，标有1971字样，还似乎有涂写者的签名。

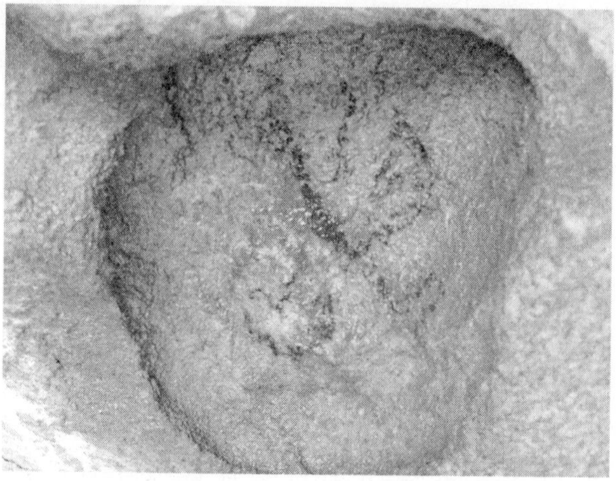

G

（二）阿勒泰地区布尔津县冲乎儿乡

滑雪狩猎岩画B——位于布尔津县冲乎儿乡塔合尔吐别克的地方发现，现收藏于布尔津县博物馆内。

B

布尔津县冲乎儿乡塔合尔吐别克岩画点发现“滑雪”岩刻画的消息，在网、报上多有报道。这是自2005年阿勒泰市敦德布拉克岩棚“滑雪狩猎图”。这是A岩画发现以来，有关“滑雪”岩画的又一重要发现。所以，引起了研究滑雪起源学者们的重视。2009年1月15日在《阿勒泰宣言》专家组组长、中国滑雪协会技术顾问单兆鉴先生的带领下，新疆维吾尔自治区博物馆研究员王博、新疆文物考古研究所的吕恩国、阿勒泰地区文物局的乌东军、布尔津县的阿力等专家在乡政府领导的陪同下对这一幅岩刻画进行了调查。乌鲁木齐晚报记者周磊也参加了这次活动。“滑雪者与狼羊图”岩刻画是由冲乎儿乡牧民努尔别克·祖科于2006年底在当地发现的。

雕刻岩刻画的石头呈三角形，色发黑，是一块山石。其中一面保存着岩石的光滑自然面，其余两面是不很平整的剥离面。由剥离面保存迹象看，剥离的时间不会太短，有长时间暴露于外的陈旧感觉，并且长出了黄色的石花。石头不大，长87厘米，高32厘米。滑雪者处于画面的左侧，高和宽皆为13厘米：圆头、躬身、双腿平行分开，两脚各踩一滑雪板。双臂前伸，两手各持一滑雪杆。滑雪板较长且宽，与今天当地蒙古、哈萨克族居民使用的毛皮滑雪板相比较，非常相似。为什么当时会出现使用两只滑雪杖的岩画，而且还有雪轮，尚需进一步分析研究。

在滑雪者的前方，即画面的右侧雕刻着羊和狼。羊、狼各两只，皆上下布局，相互呈对视状。从羊角的形状看，两只羊应该是北山羊：上面的一只羊个体较大，做急停状；下面的一只羊个体较小，似做立状，感觉非常的惊慌。狼的形状由于被石花所压不是很明显，不过整个身体大体上可以看出：上面的一只狼做立状，体形较瘦，尾曲而长，耳相对较短，吻部向前伸出且接近到了羊角；下面的一只狼也做立状，体形较大，曲状长尾。而且耳长且尖，吻部略短，不过也接近到了羊角。

经专家们分析，岩刻画中的滑雪者和狼、羊为同一时期的雕刻，并与阿尔泰山地其他岩刻画进行了雕刻技术及艺术风格的比较，认为属于公元前9～前8世纪的岩刻画。

（三）阿勒泰地区

滑雪狩猎岩刻画D——摘自鲍幸君编著《阿尔泰山岩画》。

岩刻画D是典型的滑雪狩猎岩刻画，人物身体站立，脚下延长物明显，手持弓箭射向一动物，此岩画收集在鲍幸君摹绘编著的《阿尔泰山岩画图录》中（见该书第78页，由新疆人民出版社2005年5月出版）。

D

（四）阿勒泰地区哈巴河县

滑雪岩绘画H——位于哈巴河县萨尔布拉克乡哈龙沟。

岩绘画H，为单体个人岩画，颜色为深赭红色，画在一巨石浅矮棚右侧。身体姿势微弯曲站立，双臂自然下垂，手持有一根呈斜下方向的杆。脚下有延伸物，呈明显的滑行动态。

H

三、穿着雪踏的人物岩画

"雪踏"（英文里称做雪鞋）是在雪地里行走的一种工具，一般为圆形或椭圆形，捆绑在脚的下部，具有防止脚、腿深陷的功能，不能在雪面上滑行。根据不同地区地貌及森林等条件的不同，后来在部分地区"雪踏"进化为滑雪板（如在阿勒泰地区）；在部分地区，"雪踏"与滑雪板并存（如在内蒙古东部大兴安岭地区）；在部分地区仍然只流行穿用"雪踏"（如在南美印第安人居住地区）。在阿勒泰的考察中，据说阿勒泰人昔日也曾使用过雪踏，但至今没有见到实物，也没见到文字记载，只是在若干岩画中留下痕迹。参见下列图片：

阿勒泰地区博物馆所藏"雪踏"岩画

阿勒泰布尔津县博物馆所藏"雪踏"岩画

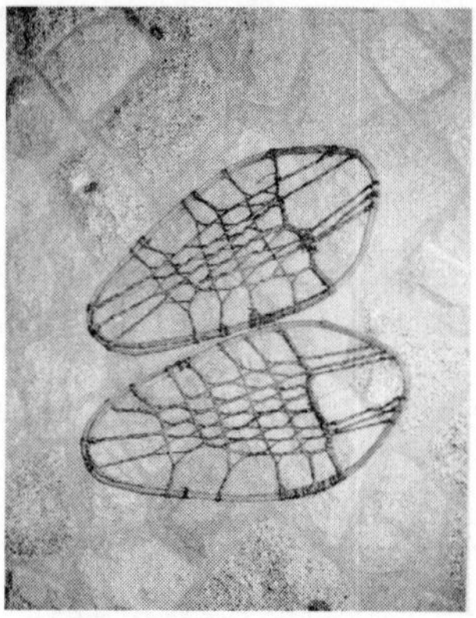

一般简易的“雪踏”

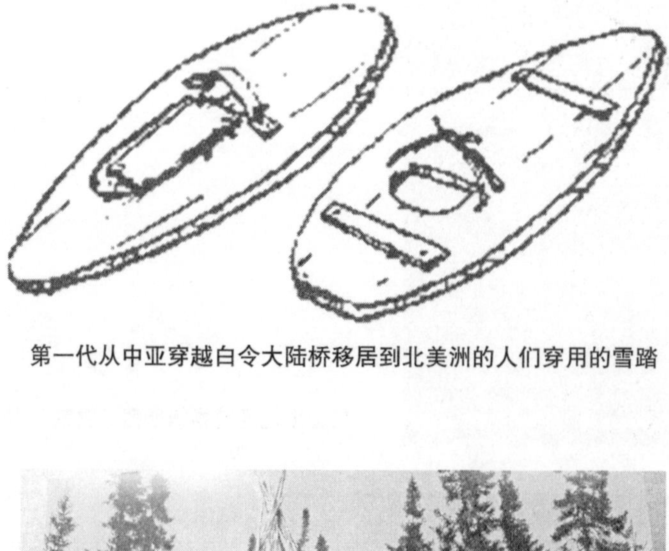

第一代从中亚穿越白令大陆桥移居到北美洲的人们穿用的雪踏

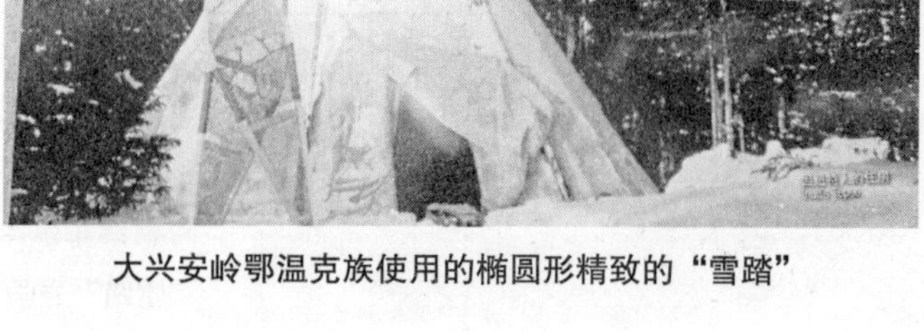

大兴安岭鄂温克族使用的椭圆形精致的“雪踏”

古书记载的阿勒泰人穿着山羊角在雪山上飞奔，这种形似山羊角的滑雪器，可能是雪板与“雪踏”二者功能的结合体。

（以上四幅图片摘自《阿尔泰山岩画图录》— 作者 鲍幸君和《 5000年滑雪史·图册》— 作者 安东·奥普霍尔茨）

另有史料表明，在欧洲出现过双层的“雪踏”和“雪板”，即下层具有滑雪板功能、上层是“雪踏”，从这一点可以洞察出滑雪板与“雪踏”有着“血缘”关系。

全国滑雪国际级、国家级裁判员与中国第一位世界滑雪冠军郭丹丹参观岩画棚之后和新疆阿勒泰市工作人员合照

本书主编单兆鉴穿着毛皮滑雪板在白桦林中体验古老滑雪

新疆阿勒泰古老毛皮滑雪板的分布

中国滑雪协会技术顾问　单兆鉴
新疆维吾尔自治区冬季体育运动协会秘书长 郭志鹏
新疆阿勒泰市旅游局 局长　史志强

单兆鉴

郭志鹏

史志强

新疆阿勒泰地区古老毛皮滑雪板是人类滑雪起源于阿勒泰的“活”见证。这种滑雪板能自古沿袭到今天，有它的特定原因。考古专家指出，早在1万～3万年前，阿勒泰地区就有人类活动（见刘国防《阿勒泰地区人类早期活动的相关证据》），滑雪是古人类冬季狩猎生产与出行的最主要工具与手段（见王博《阿勒泰是人类滑雪最早起源地探索》与王建新《对新疆阿勒泰市敦德布拉克岩画的几点认识》）；滑雪专家指出，阿勒泰地区具备了人类滑雪起源的一切基本条件（见单兆鉴《中国新疆阿勒泰地区具备了人类滑雪起源的一切基本条件》）。

木巴拉克老人在野雪中滑行（2005年）

在人类社会发展的漫长岁月中，滑雪用具不断地进化，阿勒泰地区古老毛皮滑雪板发展到现今，已是相当成熟的古老、实用性越野滑雪板，它由底敷毛皮的滑雪板与单木杆滑雪杖组成，全为手工制作，虽然具体规格不一，但大致相近，一般情况下滑雪板宽大于12厘米，雪板前中后宽的总和大于36厘米，长2米以上，滑雪杖为单只木杆，直径3～4厘米，比雪板更长些（见单兆鉴《现今当今阿勒泰古老毛皮滑雪板及其配套器具的规范》），从功能上看已相当完善，完全适应了当时自然环境及人们对它的实际需求。

经过初步普查，毛皮滑雪板在阿勒泰地区的分布相当广泛，主要地带是沿阿尔泰山脉南麓及额尔奇斯河流域，以新疆阿勒泰市各乡与喀纳斯、禾木、白哈巴区域分布最为密集。主要分布点为：新疆阿勒泰市——汗德尕特乡、拉斯特乡、切木尔地克乡、阿拉哈切乡、萨尔胡松乡；布尔津县——冲乎儿乡、喀纳斯、禾木、铁热克提乡；哈巴河县——白哈巴、萨尔布拉克乡、铁列克乡；青河县——阿热勒乡；福海县——哈拉玛盖乡、齐干吉失乡、解特阿热勒乡、阔布阿尕什乡；富蕴县——铁买克乡……

毛皮滑雪板曾经是拉斯特乡牧民冬季的最主要的交通工具

另据文献史记与实际考察，发现类似阿勒泰地区的毛皮滑雪板，在国内其他地区也都流行过，如在内蒙古东部大兴安岭鄂温克族、鄂伦春族居住区域，黑龙江省、吉林省北部，新疆伊犁等地区，至今在当地博物馆中都可看到毛皮滑雪板的实物、图片展示与文字记载，但在民间中保存得很少（主要是没有用场）。

内蒙古大兴安岭区域的毛皮滑雪板较阿勒泰地区的较短（1～1.2米）和较宽（约0.2米），雪板形状与当今的单板很相似，而与现代越野滑雪板、高山滑雪板相差甚大。雪板底面普遍用鹿皮包裹，毛皮是用自制的皮胶粘在雪板上，滑雪杆很短（1米左右），这可能与当地森林密集、雪量少等自然条件以及居民驯养的是马鹿（而不是马）等生产、生活条件有关。在内蒙古东部呼伦贝尔盟考察中，至少有4个地方博物馆中都展有古老鹿毛皮滑雪板。

据调查，阿勒泰地区周围的蒙古国、俄罗斯、哈萨克斯坦也曾流行过古老毛皮滑雪板，但不像阿勒泰地区的许多地方（尤其是边远的交通不便的居民点、自然村）至今仍在广泛地实际运用着这种滑雪板，更没有像阿泰市每年元月中旬都举行农牧民古老毛皮滑雪板的比赛。

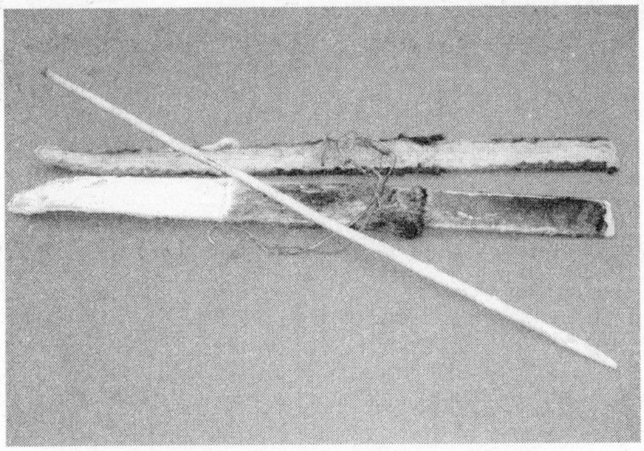

阿勒泰地区的古老马毛皮滑雪板

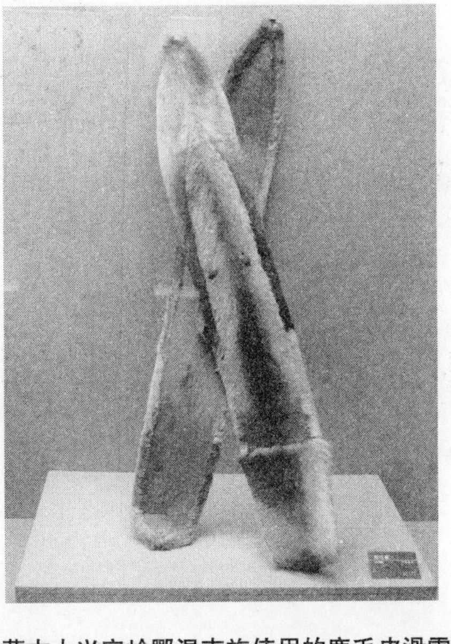

内蒙古大兴安岭鄂温克族使用的鹿毛皮滑雪板

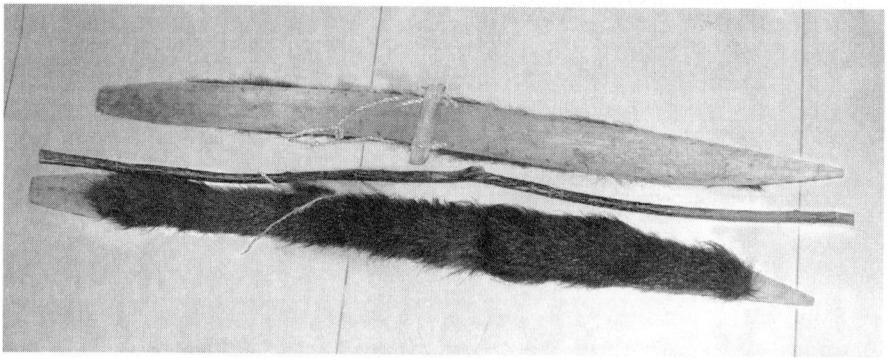

法国朋友保罗先生在东北黑龙江省境内收集的底面为野猪皮的滑雪板与单竿滑雪杖

吉林省境内发现的野猪毛皮滑雪板

本书主编在阿尔泰山滑雪（此照片由康剑摄影，获全国体育产业摄影大赛银奖）

歌曲《人类滑雪起源地——新疆阿勒泰》

作词：单兆鉴　贾有宝　作曲：木拉提·达列力汗

（2009.8于新疆阿勒泰市）

单兆鉴

贾有宝

木拉提·达列力汗

雪花劲飞，阿尔泰山真雄伟，
盘古开天，唯这片山河最美，
漫长岁月，积淀出世界之最，
滑雪追忆，发源地就在这里！

滑雪狩猎，先民们披荆斩棘，
风风雨雨，锤炼了草原兄弟，
金山银水，印刻着多彩痕迹，
滑雪故乡，人类文明的大地！

千载民谣传豪迈，
万年岩画绘传奇，
古老毛皮滑雪板承载你，
举起《宣言》跨世纪。

阿尔泰山……阿勒泰地……

人类滑雪圣地我们托起！

（注：词曲作者声明，此歌曲诞生于阿勒泰，作为歌曲的作者，我们备感自豪！为促使此歌曲得以广泛流传，在不改变原词意的前提下，欢迎各界朋友对歌曲进行多种版本的改编与谱曲，以不同方式在不同场合中演唱，用不同乐器伴奏，不受此歌曲的版权限制。后续版本的版权亦应如此。此歌词也可用于朗诵。）

阿勒泰——人类滑雪的摇篮

齐唱《人类滑雪起源地——新疆阿勒泰》

传承古老滑雪文化精神，促进旅游滑雪产业发展

首家赞助企业——北京冰雪游体育器材有限责任公司
董事长兼总经理　马元常

伴随中国新疆阿勒泰地区是人类滑雪最早起源地的《阿勒泰宣言》的成功发布，阿勒泰地区的古老滑雪活动也得以挖掘与传承。

为继承、弘扬和发展阿勒泰的古老滑雪文化，推动“阿勒泰地区是人类滑雪最早起源地”学说的发布和传播，新疆阿勒泰市政府决定从2006年开始，每年元月16日都将在新疆阿勒泰市举办中国新疆阿勒泰古老毛皮滑雪板的比赛，至今已举办多届。北京冰雪游体育器材有限责任公司对这项赛事的奖品也赞助了多年。

这项比赛的举办不但具有重大的历史意义，而且无疑将推动本地区，乃至全疆、全国旅游滑雪产业的发展，促进经济和人民生活水平的提高。作为世界著名品牌滑雪板在中国的总代理，我们企业能够为这个重要历史活动贡献力量，深感荣幸。

对于弘扬阿勒泰人古老滑雪文化精神，推动“阿勒泰地区是人类滑雪最早起源地”学说的传播，促进本地区旅游滑雪产业及相关产业发展，我们愿意继续作出贡献。

古老毛皮滑雪板比赛如同盛大的节日

一副阿勒泰古老毛皮滑雪板的诞生及其与现代滑雪板的对比

乌鲁木齐市晚报副刊部旅游专题与摄影专版记者 周磊

一万年的时空穿梭，雪板从简单的手工制品过渡到现今时尚的高科技产品，究其原理却相差无几，令人惊讶的是，阿勒泰山系石器时代的人类怎样发明“高科技”毛皮滑雪板的？遥远的祖辈又在岩画里隐藏了多少关于滑雪的秘密？

一万年过去了，斑驳的岩画揭开了阿勒泰山系毛皮滑雪板的冰山一角，古老的毛皮滑雪板不但没有退出历史的舞台，而且在生活中各个方面依然释放着无尽的能量，汗德尕特蒙古民族乡的岩画成为万年滑雪的见证，古老的制作工艺仿佛带我们走进时光隧道，现代的酒店摆放陈列着毛皮滑雪板吸引游客，当地开发的毛皮滑雪板工艺品令人爱不释手，还有全世界独一无二的古老滑雪比赛演绎着古老与现代的撞击……

一副毛皮滑雪板的诞生过程

2008年1月17日，古老滑雪比赛后的第二天，记者前往汗德尕特蒙古民族乡汗德尕特村探秘一副毛皮滑雪板的诞生过程。

当天，汗德尕特乡汗德尕特村隐藏在白色的大雪下， 每家院中都见不到村民，只有村西头一户蒙古族家庭正在院中紧张地忙碌着。今年50岁的尼卡曼是一家之主，独自带着三个孩子生活，21岁的大儿子巴特道尔吉在帮忙做些农活，20岁的女儿在内蒙古上大学，小儿子叶尔巴叶尔18岁上高三了。家中以农业为核心，种有13亩地，并养有8头牛，6只羊，1匹马，尼卡曼很满足，年收入1万多，让他感觉很稳定。

尼卡曼看着大儿子在一旁忙碌地做着准备工作，不由地眯缝着眼睛，想起自己那个年龄，“我13岁开始使用毛皮滑雪板滑雪，15岁跟着父亲学习，也是21岁单独开始做毛皮滑雪板”。看到大儿子仿佛看到自己年轻时的身影，这令尼卡曼很欣慰。

尼卡曼到今年已经做了30多副毛皮滑雪板，其中在两个儿子15岁时送给儿子第一副雪板，此后每年都要给两个儿子再做一副雪板，剩下的雪板都是用来送给家中有儿子、自己又不会制作的亲戚。

巴特道尔吉和父亲一样，15岁开始学习，21岁单独制作第一副毛皮滑雪板，因为是第一副，巴特道尔吉显得很紧张，父亲尼卡曼请来了村中的老艺人——76岁的巴勒金亲自指导，巴特道尔吉的朋友25岁的草瓦和邻居家11岁的图勒尕都赶来参观、帮忙。

尼卡曼告诉记者，当地人称“毛滑雪板”为“察纳”，一般用松木制成。最好的原料应该是白松与红松，只是现在白松少了，才改用桦木或者白杨木。用白松制成的“毛滑雪板”，具有轻便、结实、不变形的特点，使用年限也比较长，而杨木制作的毛皮滑雪板容易损坏，使用年限短。

制作毛皮滑雪板一般只需要四个工具，斧头、刨子、哈其尔（一个纯木头的弯板工具）、奥易乐（仿佛一个小型的坎土曼）。

巴特道尔吉提前一天将选好的松木坯料放在长木凳上，用刨子刨成长200厘米，宽 12厘米，厚为 3 厘米的木板。在木板的前端用一个蒙语叫“奥易乐”的工具继续刨，直到将坯子的前端修成前头窄、后面宽度和板身吻合的模样。

上午11时，天空飘着雪花，尼卡曼家的院中已经燃起了一堆篝火， 巴特道尔吉在火堆上开始烧开水，在水即将沸腾时，巴特道尔吉将做好的滑板坯子的前端放入热水中，在前端已经变热变潮时，巴特道尔吉拿起滑板坯子，平放在长凳子上，双手将滑坯坯子的前端套上一个自制的弯板工具——“哈其尔”，不停地用哈其尔将滑板前端弯曲。这个过程一般要重复二十多次，直到将滑板前端弯折与板身形成大约150° 的钝角，滑板坯子的制作才基本完成。

接下来，要将毛皮附在制作好的滑板坯子上。巴特道尔吉说，一支长约200厘米的滑板，毛皮至少要覆盖150厘米左右，毛皮一般选用成年马前腿外侧的毛

开水烫软木板以制作雪板前弯部分

皮。因为，这一块皮上的毛都是顺着长的，才能使这种滑雪板向前滑行时顺毛，向后踩蹬或上坡时逆毛。

巴特道尔吉将选好的长约40厘米、宽约20厘米的干毛皮放在地上，用热水浇湿浇透，这样做是让已经干瘪紧缩的毛皮能够膨胀起来。过了20分钟左右，巴特道尔吉将已经“发”好的毛皮上端用小刀开一个小孔，再在毛皮的两侧每隔5厘米开一个小眼。将毛皮上端开好的小孔套在滑板坯子前端已经预留好的一个小凸起上，用力向下拽毛皮使其充分舒展。然后，用一根长约2米的皮绳在毛皮顶端一侧小眼处系上死扣，像系鞋带一样，将皮绳从毛皮左右两侧的小眼中依次穿过，在最后一个小眼中继续系上一个死扣。这样一支毛滑雪板的雏形就基本完工了。

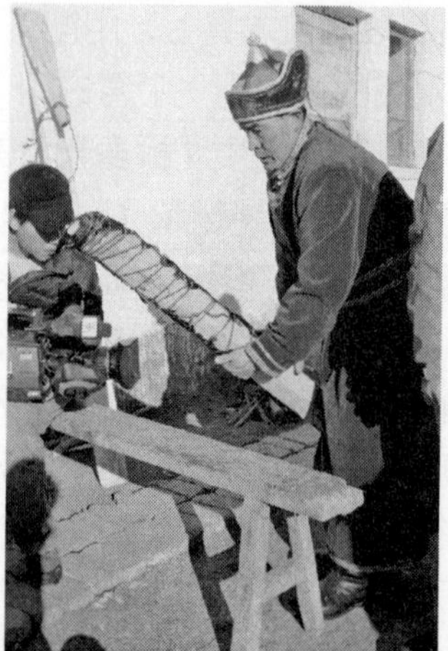

像系鞋带一样，将毛皮固定在滑雪板上

尼卡曼告诉记者，村里的艺人从打制松木坯料到覆盖好毛皮，一般要用两天时间，将毛皮滑雪板彻底晒干又要十多天时间。做好一副滑雪板大概需要15天。一副成形的滑雪板前端弯曲，滑板厚度为2.5厘米，两边薄，中间厚，刨面呈菱形，大概重3公斤，比没有晒干前轻了约7公斤。

过去制作古老毛滑雪板随意性很大，现新疆阿勒泰市政府公布了《当今阿勒泰古老毛滑雪板及其配套器具的规范》要求，须按规范要求制作，特别是古老毛滑雪板的比赛，对雪具要求更严格些。

毛皮滑雪板的现代延续

古老滑雪比赛连续三届都是汗德尕特蒙古民族乡取得前三名，汗德尕特蒙古民族乡的蒙古族是蒙古民族勇猛善战的乌梁海部落，同属于乌梁海部落的还有禾木喀纳斯蒙古民族乡与白哈巴村的图瓦人，而汗德尕特蒙古民族乡的岩棚内的古老岩绘，是目前阿勒泰山系发现的唯一一处有滑雪图案的岩画，从而在专家的论证中脱颖而出，成为古老滑雪的代名词，同时，专家肯定，古老的阿勒泰山系是古老滑雪的摇篮。于是，记者来到汗德尕特蒙古民族乡，前来探究古老毛滑雪板在这儿又进行着怎样的发展与延续?

赛后，记者来到汗德尕特乡汗德尕特蒙古民族乡，这是新疆阿勒泰市所辖的一个偏僻的乡镇。

汗德尕特乡镇雪景

在汗德尕特蒙古民族乡政府门前下了班车，过了马路就到了乡里最大的酒店五指泉酒店，一进门，高高悬挂着一大一小两副毛皮滑雪板，该店的经理孙兴元告诉记者，在2006年发布《阿勒泰宣言》的第二天，就挂上毛皮滑雪板了，一是作为乡里的文化展示点宣传当地独特的毛皮滑雪板，二是提升酒店特色，借力做酒店文化，目的当然是招揽生意。在2007年夏季，在酒店的五指泉分店还出售了三副毛皮滑雪板，1200元一副，今年，酒店计划不仅开始制作古老滑雪文化展示墙，而且着手开始制作长50厘米左右的礼品毛皮滑雪板，还将增加毛皮滑雪板的摆放数量，争取带领当地毛皮滑雪板艺人一起致富。

汗德尕特蒙古民族乡文化站的布仁克西克告诉记者，汗德尕特蒙古民族乡7个村4000多人，将近1000户人家，70%家中都有毛皮滑雪板，尤其是蒙古族、哈萨克族家中都有至少一副毛皮滑雪板，但只有20%的人家懂得制作，大概有100多人。乡上上80岁的老艺人仅有两位：汗德尕特村87岁的巴加老人，铁木托村83岁的巴盼老人。老人一辈子做的毛皮滑雪板几乎与自己年龄一样，每年至少做一副毛皮滑雪板，一是自己家人使用，二是在走亲访友时赠送，毛皮滑雪板是一份厚重的礼物。

在汗德尕特乡，走进任何一家都可以看到这古老的毛皮滑雪板，毛皮滑雪板在新的时期发挥着它不同凡响的作用，不仅仅是滑雪，更多的是传承，这些正是阿勒泰冬季旅游发展的新契机。

阿勒泰万年毛皮滑雪板的现代竞技

为了传承和弘扬阿勒泰古老的滑雪文化，纪念“阿勒泰地区是人类滑雪发源地”学说的确立，新疆阿勒泰市政府将《阿勒泰宣言》发布的日子，也就是每年的1月16日，定为阿勒泰成为世界滑雪起源地纪念日。每年的1月16日都要在新疆阿勒泰市举行古老滑雪比赛。

比赛当天充满民族节庆气氛

这个日子对于冬季的阿勒泰是个非常日子，充满民族节庆气氛。淳朴的蒙古青年、哈萨克族青年及当地农牧民，这一天以祖辈相传的毛皮滑雪板论英雄，以传统的“毛皮滑雪板”和独竿滑雪杖在皑皑白雪上激烈角逐，以此来展示1万年历史的毛皮滑雪板，并弘扬这种世界上独特的滑雪方式。

古老滑雪比赛今年已经是第三届了，不同于往年的是，今年的参赛队伍不仅仅是新疆阿勒泰市，而且扩展到整个阿勒泰地区，当天9支参赛队，87名蒙古族、哈萨克族青年参赛，分别进行了5公里个人单项挑战赛，4×2.5公里并拖拉10公斤重物团体接力赛，最终阿勒泰市汗德尕特蒙古民族乡囊括团体总分前三名，这已经是连续三届囊括前三名。

参加比赛的队伍合照

勇，选手单衣上阵

第一次在冬天来到阿勒泰，本以为这里寒冷的气候和漫天的冰雪会让人打消了所有外出的念头，没想到却在暖暖的阳光下，厚厚的积雪上，亲眼目睹了当地蒙古族人、哈萨克族人欢快而热情饱满的滑雪比赛，只是这里的滑雪比赛可不比大都市里的正规比赛，是当地牧民之间展开的古老的毛滑雪板的比赛。看着他们穿着棉鞋、踏着毛茸茸的雪板，还能在厚厚的雪地上箭步如飞，恍然间回到一万年前的远古时代。

典型的仿古比赛

上午12时，古老的滑雪比赛正式开始。阿勒泰当地的70名农牧民参加了比赛，他们是来自禾木喀纳斯景区的图瓦人队、哈巴河县的图瓦人队、青河县蒙古族队都前来参赛，以及附近的汗德尕特蒙古族乡、拉斯特乡、库尔特乡等地的蒙古族和哈萨克族选手，参加比赛的选手都是男性，从15岁的中学生到40多岁的中年人，个个都是身穿单衣上场，当时还有一位80多岁的哈萨克老人木巴拉克也能穿着毛皮滑雪板进行表演。

赢，以技巧与速度取胜

记者站在环山的比赛用的雪道边才发现，这其实并不是什么雪道，只是一块没有踏过的雪地，毛皮滑雪板滑在上面不下陷，在雪地上轻松走动和滑行，一共绕两圈，原定的距离为全长11.6公里，正好是为了纪念1月16日这个对阿勒泰有特别意义的日子。

比赛开始了，一圈过去后，选手们热汗淋漓，一个个气喘吁吁却丝毫不放松脚下的步伐。记者发现，每一个参赛选手都是脚穿黑色的棉胶鞋，仿佛是统一的“雪鞋”。因为是古老的滑雪比赛，因此和现代的滑雪比赛不太一样。11.6公里的路程，上下坡、平地都占相同比例，选手们在雪上向前滑走时马毛顺茬，速度快，向后踩蹬马毛逆茬，可以发力，在这一顺一逆中更是彰显了古老滑雪板的魅力。

19分55秒后，汗德尕特蒙古族乡的巴图苏克第一个冲到终点，成为本次古老滑雪比赛的冠军，紧接着巴图古力格尔和图古巴依尔分别以21分20秒和21分44秒的成绩名列第二、第三。比赛共取了前八名，令人惊奇的是，前七名都是汗德尕特蒙古族乡的选手。

将冠军举起来

难，负重雪中接力赛

据悉，我国唐代将滑雪板称做“木马”，滑雪叫做“乘木马”，并有文字记载：居住在阿尔泰山系的居民都是乘木马狩猎，“人好猎兽，皆乘木马，升降山阴，追赴若飞”；“田多雪，恒以木为马，雪上逐鹿”。

文中形象地描写了当时滑雪狩猎的情形，滑着雪打猎、滑着雪拖着“猎物”满载而归的景象。就在当日的纪念人类滑雪发源地的纪念活动中，阿勒泰的雪场上又重现了这一狩猎归来的场景，16个选手分成4个队，进行接力赛，每队4人，选手脚踏滑雪板，手拿木棍雪杖，身后还拖有一个10公斤的“猎物”，增加了滑雪难度。

竞赛中，用羊皮雪橇拖拉“猎物”

这次一声令下，不像个人项目滑雪比赛那般热闹，四位选手在速度上也明显受到限制，身体向前弓得更厉害，每抬腿向前都显得吃力许多，再加上又是接力赛，四个选手同时冲出后，在一个雪道上拖着“猎物”超越对手，选手的木棍雪杖、“猎物”，在争夺雪道中相撞，又友好地分开，毕竟这只是一个弘扬“人类滑雪发源地”的纪念活动。

古老毛皮滑雪板与现代雪板的对比

两年来，新疆阿勒泰市政府与乌鲁木齐晚报联合在首府3S滑雪场举办了探秘古老滑雪表演与展示，并在2006年冬季深入东北举办的亚冬会现场进行表演，并携带大批缩小版的毛皮滑雪板礼物，真正借毛皮滑雪板将阿勒泰成功地推销出去。

记者第一次看到阿勒泰人使用的古老的滑雪板时，不由得惊叹这个毛滑雪板发明者的智慧，当代的整个毛滑雪板除当地人称的“秋皮钉”以及维修折损雪板的薄铁皮外，雪板再看不到一点儿金属的痕迹。雪板以松木板为板芯，背面的滑行面用整张马小腿皮包裹着，马皮是用秋皮钉钉在木板上的，而在古时候，连接处完全用兽皮条缝合，几根和雪板连成一体的皮条替代了固定器功能；雪杖是一根单木长棍；雪鞋就是滑雪者自己脚上的鞋。

当地的居民边用手捋着马毛边向记者介绍，在雪上向前滑走时马毛顺茬，向后踩蹬与上坡时马毛逆茬，正是这一顺一逆中，雪板上坡不会向后倒滑，下坡又起到提速的作用。

高高的单竿滑雪杖适用于大雪中

有滑雪板一定得有配套的古老滑雪杖，说起古老滑雪杖，其实也就是一根两米多的实木杆，今天的滑雪杖都是两只，而且非常短，看古老的滑雪板在滑雪时的情景，就仿佛在水面上撑竿划船一样，长长的滑雪杖非常迅速地左右摆动。

古老的滑雪板中的固定器不像现代的固定器那么复杂，它只是在雪板中部穿通直径约1厘米的四个孔，供捆绑滑雪鞋所用的皮条穿过，皮条从木板底部纵向挖成的凹槽里穿过，基本与板面相平，不会给雪板前行带来什么阻力。

这种雪板没有弧度缺乏弹性。

在当代滑雪场滑雪时，雪板的长度和脚的大小以及身高成正比，如果自己要买滑雪板，就会有一个计算公式，计算后，雪板的长度到肩上以及耳的位置都有讲究。而阿勒泰的古老滑雪板，长度普遍在180～210厘米之间，有的还更长，真不敢想象，驾驭比自己身高高这么多的雪板怎样在雪上驰骋。

不光滑雪板的长度令人吃惊，还有它的形状，现在滑雪场普及的滑雪板，盛行的是前宽后窄的大头板，前后的宽度差距不是太大。拿起古老的滑雪板测量，却是后宽前窄，滑雪板后部宽10～14厘米，前部宽8～12厘米。

毛皮实用滑雪板——阿尔泰山系古老民族共同的遗产

中国滑雪协会技术顾问单兆鉴一语道破滑雪板的缺陷，滑雪板两侧边没有弧度，底面也没有弧度，甚至前、后部都微向上翘起，所以雪板没有弹性。但是从这个古老的滑雪板上，我们还是看到了阿勒泰山系古老民族的智慧，1万年前竟然滑起雪来，而且逐渐将所用雪板进化到今天这样的滑雪板，不得不令人惊叹。

阿勒泰的气候条件十分奇特

比赛期间虽然正是1月中旬寒冷的季节，但是观众和参赛者很多人并没戴帽子与手套，记者在户外仍可正常采访、拍摄，舒适感很强。记者采访了几辈生活在这里的牧民，才明白了其中的奥妙。据他们讲，由于阿勒泰地处阿尔泰山系的南麓，北袭的寒风会受到阻挡；额尔奇斯河从南向北万年不息流淌，很适合人类的生存和滑雪。除了少数年份会有大风暴雪、极度低温的“光顾”外，气候的主流是风少、风小，昼夜温差大，虽降雪频繁，但白天多是风和日丽，故使人们感到很舒适。每天当太阳升起，都会将光辉撒在阿勒泰山川大地……

阿尔泰山的风云拥抱着山野

阿尔泰山的太阳冉冉升起

注：周磊，女，新疆乌鲁木齐市晚报副刊部旅游专题与摄影专版记者，她以媒体的视角大量报道了“中国新疆阿勒泰是人类滑雪起源地”的图片与文字信息。她以活泼生动的语言描述了阿勒泰古老毛滑雪板的制作过程、功能、特点与使用方法，尤其将当代阿勒泰人传承祖先滑雪文化所表现出来的热情与气概，在更广的领域中进行了动态的传播。

鸣　谢

在中国新疆阿勒泰地区是人类滑雪起源地的考察、研究、推进与《阿勒泰宣言》的形成过程中，以及本书《人类滑雪起源地——中国·新疆 · 阿勒泰》的编辑和出版过程中，得到诸多部门及国内外不同领域人士的参与、写作与支持，在本书出版之际，特向他们深表谢意！

感谢以下部门：

新疆维吾尔自治区阿勒泰市市委、市政府
新疆维吾尔自治区旅游局
新疆维吾尔自治区博物馆
中国西北大学
新疆维吾尔自治区考古研究所
新疆社会科学院《西域研究》杂志社
新疆维吾尔自治区《乌鲁木齐晚报》社
新疆维吾尔自治区喀纳斯景区管理委员会
北京冰雪游体育器材有限责任公司
新疆维吾尔自治区哈巴河县人民政府
新疆维吾尔自治区吉木乃县人民政府
新疆维吾尔自治区布尔津县人民政府
新疆维吾尔自治区阿勒泰地区文物局
新疆维吾尔自治区阿勒泰地区旅游局
新疆维吾尔自治区阿勒泰市旅游局
新疆维吾尔自治区阿勒泰市市委宣传部
新疆维吾尔自治区阿勒泰市广播电视局
新疆维吾尔自治区阿勒泰市文化体育局
新疆维吾尔自治区阿勒泰市汗德尕特蒙古族乡
新疆维吾尔自治区阿勒泰市拉斯特乡
新疆维吾尔自治区布尔津县禾木哈纳斯蒙古族乡

感谢以下人士：

（按1996年1月16日《阿勒泰宣言》形成当时的所在部门、职务，以笔画为序排列先后）

马哈提　新疆阿勒泰市旅游局书记
马元常　北京冰雪游体育器材有限责任公司董事长、总经理
王　博　新疆维吾尔自治区博物馆研究员，《阿勒泰宣言》专家组成员
王建新　中国西北大学文化遗产保护与考古学研究中心教授，《阿勒泰宣言》专家组成员
巴合提·布兰拜　新疆阿勒泰市市委常委、市委副书记
王揖涛　国家体育总局冬季运动管理中心主任、中国滑雪协会主席
王　琴　女，新疆维吾尔自治区阿勒泰市广播电视局副局长
叶　林　新疆维吾尔自治区阿勒泰地区行署副专员
史志强　新疆维吾尔自治区阿勒泰市市委对外宣传办公室主任
尼咏梅　女，新疆维吾尔自治区阿勒泰市汗德尕特乡原副乡长、阿勒泰市艺术团书记
刘国防　新疆社会科学院《西域研究》杂志主编，《阿勒泰宣言》专家组成员
刘新利　新疆维吾尔自治区阿勒泰市市委副书记、市政协党组书记
刘永年　中国滑雪协会首任主席，《阿勒泰宣言》专家组成员
吕恩国　新疆考古研究所研究员，《阿勒泰宣言》专家组成员
库丽娜孜·胡马尔汗　女，新疆维吾尔自治区阿勒泰市市委常委、宣传部部长
李新民　新疆维吾尔自治区阿勒泰市市委书记
李玉新　女，北京大学副教授
李　辉　新疆维吾尔自治区阿勒泰市文体局专业技术人员
李臻吾　美籍华人
陈鸿江　新疆维吾尔自治区阿勒泰地区旅游局局长
张永平　新疆维吾尔自治区阿勒泰市市委宣传部副部长
张　亮　中国滑雪协会音像部主管
阿依肯　美国人尼尔·拉尔森在阿勒泰考察的翻译和助理
努尔别克·祖科　新疆维吾尔自治区布尔津县冲乎儿乡农牧民
苏辉荣　新疆维吾尔自治区阿勒泰市市委前常委、前宣传部部长

金俄斯 新疆维吾尔自治区阿勒泰市文体局局长
欧吉省 新疆维吾尔自治区阿勒泰市汗德尕特乡农牧民
单兆鉴 中国滑雪协会技术顾问，《阿勒泰宣言》专家组组长
周 磊 女，新疆维吾尔自治区乌鲁木齐市晚报副刊部旅游专题与摄影专版记者
郑 颉 新疆维吾尔自治区阿勒泰地区文物局专业人员，《阿勒泰宣言》专家组成员
哈德穆·热合木拜 新疆维吾尔自治区阿勒泰市市委副书记、阿勒泰市长
徐培兰 女，新疆维吾尔自治区阿勒泰市旅游局局长，市接待办公室主任
徐世强 新疆维吾尔自治区阿勒泰市旅游局 副局长
聂晶川 上海大世界基尼斯总部理事
鲁礼鹏 新疆维吾尔自治区博物馆考古部副主任，《阿勒泰宣言》专家组成员
蔡淑红 女，新疆维吾尔自治区阿勒泰市广播电视局局长
简庭卫 新疆维吾尔自治区阿勒泰市市委常委、市政府常务副市长

还要特别感谢：

韩兆华 先生 (加拿大双威力公司 董事长)

加拿大双威力公司是美国SMI造雪工程公司、意大利PRINOTH压雪机公司和美国POLARIS雪地摩托车公司在中国的总代理，并且和加拿大Ecosign山地规划设计公司有多年的合作 。

该公司凭借优良的产品和完善的售后服务使双威力在中国滑雪市场占有近60%的份额，双威力公司积极参与国家组织的各类体育赛事，如第3届亚洲冬季运动会、第6届亚洲冬季运动会、2009年2月第24届世界大学生冬季运动会。每次赛会都很好地完成了任务，受到有关部门的好评和书面表彰。

阮标 先生 (北京国索道和滑雪设备有限公司 董事长)

北京国索道和滑雪设备有限公司是一个从事索道设计、建设的专业公司。是中国滑雪产业兴起早期的索道公司，对推动中国滑雪产业发展作出了贡献，为国内、国外提供了大量的各种形式的索道设计，赢得了用户的普遍认可。

法比奥 先生（意大利） (北京无极山文化传播公司 董事长)

北京无极山文化传播公司（意大利），是依托其脉络资深的国际背景，专门

从事滑雪产业及其关联的户外、山地文化等传播与推广的公司。该公司以开展传播滑雪与山地文化为宗旨，主要运营滑雪、户外、登山、攀岩类有关产业，提供设施装备、行业咨询、策划并组织活动等专业产品及服务。

李建宏 先生（新疆乌鲁木齐丝绸之路滑雪场 董事长）

新疆乌鲁木齐丝绸之路滑雪场距离乌鲁木齐市38公里，新疆首批SSS滑雪场，雪场海拔在 1800～2280米间，拥有多条大众及竞技滑雪雪道，建有3条缆车与2条“魔毯”、多条拖牵索道以及6000平米生态餐厅，星级酒店客房等。具有多种特色的服务项目，是中国档次高的滑雪旅游度假区之一，场区内充满浓重的民族文化及滑雪文化氛围。

刘小山 先生（北京桥山集团 董事长）

北京桥山集团经营金融、房产、投资等行业，业绩良好，近年来介入滑雪旅游休闲领域，现拥有吉林北大湖、河北摩天岭、陕西太白山等滑雪度假区及全国“雪上飞”滑雪器材装备连锁企业。

马元常 先生(北京冰雪游体育器材有限责任公司 董事长)

北京冰雪游体育器材有限责任公司作为国际滑雪器材代理商，长期赞助中国国家队及地方滑雪队，保障了中国运动员在世界大赛中的滑雪器材装备需求，取得了冬奥会冠军及几十枚世界赛奖牌。

北京冰雪游体育器材有限责任公司是首先支持新疆阿勒泰古老滑雪比赛的企业，对继承与弘扬阿勒泰古老滑雪文化作出了贡献。

艾文 先生 （意大利艾文实业集团董事长）

艾文先生是国际滑雪圈里的知名人士，上世纪70年代曾获得40多次FIS比赛的冠军,一度成为唯一在所有高山滑雪各单项比赛中都进入世界前十名的选手。由于性情豪放，被媒体称为“疯马”，又因多次在比赛中严重受伤，成为当时备受关注的运动员。

退役之后，担任国际滑雪联合会代表、高级顾问，并促进了国际滑雪运动员基金会的成立。多种滑雪器材技术的改进都来自于他的理念。现担任ESE（艾文实业集团）董事长，从事滑雪器材贸易及租借、滑雪咨询等多项业务。他十分关注中国古老滑雪文化研究和当代滑雪产业的发展，而且为本书的编辑提供了国外诸多滑雪历史图片资料。

尼尔·拉尔森先生（美国滑雪文化与历史研究学者）

尼尔·拉尔森先生是美国滑雪文化与历史研究学者，自身的滑雪水平很高，对阿勒泰地区的古老滑雪文化非常感兴趣，在2005年3月至2009年1月间，5次赴阿勒泰地区的冲乎儿、喀纳斯、禾木、新疆阿勒泰市进行考察研究，工作作风扎实严谨，编制了DVD片《永远的阿勒泰滑雪人》，同时撰写了《永远的阿勒泰滑雪人》的记述文，现都已译成中文。与中国专家一起，对阿勒泰古老滑雪文化的研究与宣传，获得非凡的有意义的成果。

尼尔·拉尔森先生与中国专家单兆鉴在新疆阿勒泰市和现代滑雪者合照

英 文 篇

English Version

Contents

(Note: the full name of "Xinjiang" in this book should be "the Xinjiang Uyghur Autonomous Region of the People's Republic of China", we use the shortened form only for the convenience of expression)

Altay Declaration

Altay Prefecture in Xinjiang Uyghur Autonomous Region of China is the World's Original Place of Skiing

By Shan Zhaojian, main draftsman and reader, technical consultant of the China Skiing Association

Issued on Jan. 16th, 2006 in Altay and Dec. 15th, 2006 at the Great Hall of the People in Beijing

We, the undersigned are researchers in relevant disciplines. With careful investigation and research, we solemnly announce here in Altay City that Altay Prefecture in Xinjiang Uyghur Autonomous Region of China is the world's Original Place of Skiing, based on the following facts:

1. Altay Prefecture satisfies the basic natural conditions needed for the human activities and the origination of skiing.

2. Some scholars both at home and abroad have pointed out that it is in Altay Prefecture that skiing originated and that skiing later spread to Scandinavia, Greater Europe and North America.

3. In the field surveys conducted in Altay Prefecture we have discovered colorful

pictures of people skiing painted on the cave walls, proving that the ancient people in this region started skiing as early as about ten thousand years ago.

4. Over this long period of time, native residents in Altay Prefecture still carry on the old traditions of skiing with a pair of hand-made skis attached to their boots and a single wooden pole in hand.

We will carry out additional investigation and research in a wider range in order to further the theory that the "Altay Prefecture in Xinjiang Uyghur Autonomous Region of China is the world's original place for skiing", and that this is recognized and accepted throughout the world

We are pleased to see that the Government of Altay City has made great efforts and achieved significant results in preserving relevant historical relics and old skiing traditions. The Chinese Ski Association has acknowledged their efforts and given great support to them.

We sincerely welcome skiing enthusiasts and friends coming from all nations of the world to visit and investigate in Altay Prefecture.

In order to facilitate people to better understand that skiing originated in Altay Prefecture, Xinjiang, and to carry forward the ancient traditional skiing culture from one generation to the next, we advocate that:

1. From the year 2006 on, Jan. 16 of each year is celebrated as the original day of world skiing.

2. A Museum of Origin of Skiing be established.

3. To carry on and promote the ancient-style skiing traditions of using hand-made skis, and hold the ancient-style skiing contest in Altay City on Jan. 16th every year.

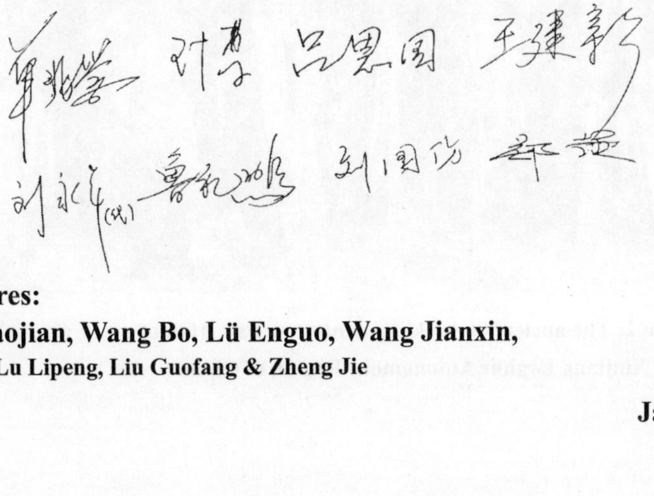

Signatures:

Shan Zaojian, Wang Bo, Lü Enguo, Wang Jianxin,

Liu Yongnian, Lu Lipeng, Liu Guofang & Zheng Jie

Jan. 16, 2006

Photo 1: Picture painted on the rocks in Dundebulake, Altay City, Xinjiang Uyghur Autonomous Region of China (ten thousand to twenty thousand years ago)

Photo 2: The ancient-style skiing contest on Jan. 16th of every year in Altay City, Xinjiang Uyghur Autonomous Region of China

Алтайский манифест

Составитель и докладчик: Шан Джаоцзень

(технический консультант лыжного союза КНР)

(16-ого января 2006)

Во всем мире лыжи стали одиним из самых популярных зимнего спорта. Впервые интерес к лыжами проявили местные жители, кто жили в Алтайском округе Синьцзяна Уйгурского автономного района КНР .

Мы-как исследователи. После тщательно исследования и рассмотрения сегодня мы собрались здесь и торжественно провозгласил что, Впервые интерес к лыжами проявили местные жители, кто жили в Алтайском округе Синьцзяна Уйгурского автономного района КНР . В ходе исследования основаны следующие факты:

1. Алтайский округ СУАР имелись сооветствующие климатические условия, и древним людям необходимо было добывать себе пищу при продолжительной зиме.

2. Некоторые китайские и иностранные ученые отмечают, что впервые на применение лыж, населяющими Алтайского округа СУАР и их широкое

распространение в Сканлинавии, Аляски и других старанах.

3. Во время местного обследовании исследователи нашли наскальные рисунки, многоцветные изображения в пещерах. Новейшие данные позволяют предложить, что примерно 10 тыс.лет назад древние алтайцы уже начали заниматься лыжами.

4. В процессе эволюции форма лыж сорвершились. однако, в сегодняшние дни местные населения все-таки используют лыжи, обтянутые снизу шкурной лощади и катаются с палками на снеговом полу.

В целях широко распространения данной теории“Впервые интерес к лыжами проявили местные жители, кто жили в Алтайском округе Синьцзяна Уйгурского автономного района КНР”. Дальнейшее развитие исследовательской работы по изучению истории лыж является важной задачей.

Рады увидим,что для сохранения старых и драгоценных рисунок правительство города Алтая приложит все усилия. В то же время Лыжный союз КНР обращается большое внимание на это полезное поведение и оказывает необходимую поддержку.

Мы сердечно приветствуем всех друзей и коллег из разных стран приезжать и посещать в Алтай. М открыты для общения и совместной работы.

С целью более глубоко ознакомления с Алтайским округом СУАР и содействания стариным лыжам широко распространяться, мы рекомендуем:

1. С 2006 года 16-ого января каждого года, как день зарождения лыж.

2. В городе Алтая строят музей лыж по этому профилю.

3. В целях широко распространения этой стариной традиции 16-ого января каждого года в городе Алтая организуют соревнование по лыжам.

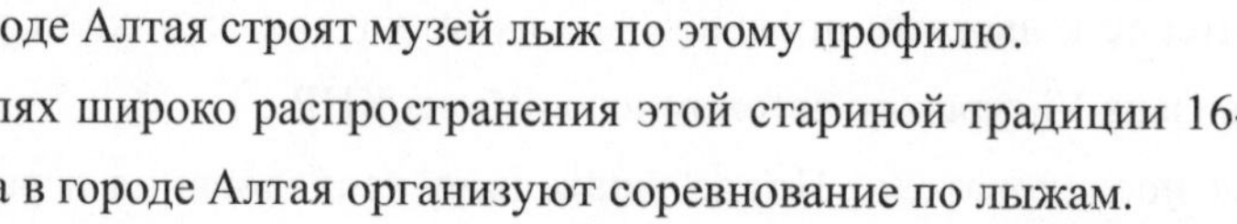

Шан Джаоцзянь Ван Бо ЛюйЭнго Лю Гофан

Лу Липэн Ван Цзяньсинь Лю Йоньней Джен Зе

16-ого января 2006 года

(рис.1) Рисунки древнего художника, изобразившего людей на лыжах и с палками (Дундблак г. Алтай10 -20 тысяч лет назад)

(рис.2) Соревнование по лыжам 16-ого января.(г. Алтай)

Алтайн тунхаг

Хятад улсын Синьзян аймагын Алтай орон бол дэлхий дээрхи хамгийн эртний цанаар гулгалтын өлгий нутаг болох нь.

(2006.1.16)

Харилцаа эрдэм шинжилгээ судалгааны ажилчид бид урт хугацааны шинжилгээ судалгааны ажилын дүнд "Хятад улсын Синьзян аймагын Алтай нутаг нь дэлхий дээр хамгийн анх цана чаргаар гулгалт үүссэн өлгий нутаг гэдгийг дэлхий дахинд баталлаа. Баримтыг доор хавсаргав:

1. Алтай нутаг нь цанаар гулгалтын өлгий болох байгалийн тогтолцоо, болон хүний үйл ажилгааны үндсэн нөхцөлийг бүхийл талаар хангасан.

2. Гадаад дотоодын эрдэмтэдийн тогтоон батлснаар: Алтай орон нь дэлхий дээр хамгийн анхлан цанаар гулгалтын үүсэл орон болсон боловч аажмаар Навия болон Алсжиа руу тахран түгсэн байна.

3. Нарийвчилсан хээрийн ажилийн шинжилгээгээр эртний хүн агуй дотор цанаар гулгалтын үйл хөдөлгөөнийг дүрсэлсэн сүг зурагыг олсон байна. Энэ нь одоогоос 10000 өмнөөс эхлэн Алтай нутгын иргэд цанаар гулгадаг байсныг нотолж байна.

4. Хэдийгээр урт удаан хугацаа улиран одсонч одоо ч гэсэн Алтай нутагт өртөөн үлдсэн цанын хэрэгсэл болох хөлийн гишгүүр "ноолуур цасаар гулгалтийн хавтас " , нэг бариултай модон шонгоор цасан дээр гулгадаг эртний уламжллаа

хадгалсаар ирсэн байна.

Бид цаашид улам гүнзгийрүүлэн судалгаа шинжилгээ явуулсаны эцэст "Хятад улсын Синьзян аймагын Алтай нутаг бол дэлхий дээр хамгийн анх цанаар гулгалт үүссэн өлгий нутаг " гэдэг гадаад дотоод эрдэмтэний нотолгоог олох болон түгээмжилэхыг хүсэж байна.

Алтай хотын засагийн газар нь өнө эртний уламжлал болох цанаар гулгалтын тухай хуучны зан заншилыг хадгалахад ихэд гавъяа зүтгэл гаргасан . Үүнд мөн Хятад улсын цанаар гулгалтын комисс ихэд хүндэтгэн үзсэн ба дамжлэг өгсөн байна.

Бид дэлхийн энэ урсгалыг сонирхдог эрдэмтэн шинжээчид болон найз нөхөд морилон саатаж судалгаа шинжилгээ болон зуучлал хийхийг хүсэж байна.

Хятад улсын Синьзян аймагын Алтай нутаг бол дэлхий дээр хамгийн анх цанаар гулгалтынүүсэл орон болохыг хүн ардад гүн гүнзгий ойлгуулах болон энэх хүү сайхан уламжлалыг цаашид үеийн үедээ уламжлуулах зорилгыг урьтал болгож байна.

Бидний хүсэлийн чиглэл:

1. 2006 оноос эхлэн жил бүрийн 1 сарын 16 өдөрийг дэлхийнцанаар гулгалт үүссэн газарийн дурсгалын өдөрөөр тогтоно.

2. Алтай хотонд дэлхийн цанаар гулгалтын үүсэлийн талаарх музей байгуулах.

3. "ноолуур цасан гулгалтийн хавтас " ыг цанаар гулгалтын хуучин уламжлалын үүсэлтээр тогтоож , жил бүрийн 1 сарын 16 өдөр Алтай оронд хуучины цанаар гулгалтын тэмцээнийг зохион байгуулдаг болох.

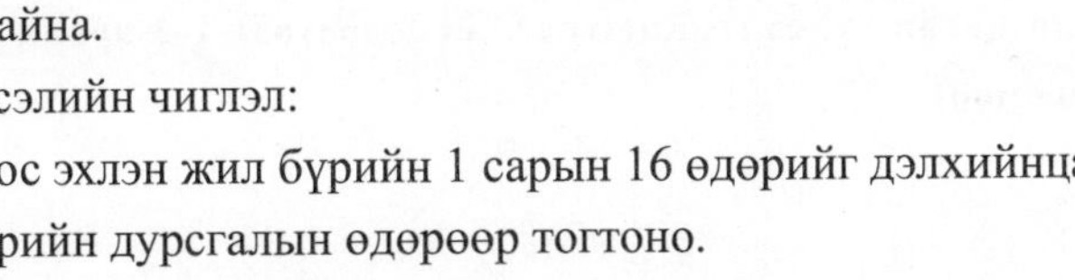

Шан Зо Жиан Уан Бө Лю Эн Гүэ Уан Жиан Шин
Лиү Юн Ниан Лү Ли Пэн Лиү Гүэ Фан Зан Шүэ

2006 оны 1 сарын 16 өдөр

Зураг № 1 . Хятад улсын Синьзян аймагын Алтай хотын Гүэ Дэ Булагын цасан гулсалтийн зураглал (одоогоос 1-2 арван мянган жилийн өмнө)

Зураг № 2 . Хятад улсын Синьзян аймагын Алтай хотонд 1сарын 16 өдөр жилд нэг удаа явагдах эртний маягын цасан тэмцээн

Brief Introduction to the Members of the Expert Group of *Altay Declaration*

Shan Zhaojian, was born in Tonghua City, Jilin on May 5, 1938. In 1961, he graduated from Jilin Sports Collage. As the first national skiing champion, he has engaged in the sport for over 50 years as a skiing athlete, coach and manager with the titles of the skiing department of National Sports Committee, Secretary General of Chinese Skiing Association, and Technical Director of Asian Winter Biathlon Union Skiing Department and many more. After retirement, he acted as the consultant to the Chinese Skiing Association and threw himself into mass skiing. He has written many monographs and dozens of papers for skiing. His main writings include *How to Exercise Skiing; Skiing Sport Manual; Elementary Course for Chinese Mountain Skiing; Go Skiing, Learn Skiing from Champions; Management Regulations for China's Skiing Locations, and A Skiing History of China etc.*

In his book "How to Exercise Skiing" published in 1993, He first raised the idea that "The Altay Prefecture of China may be the Original Place of Skiing." Then, he took up the hard research on the subject for more than ten years. As a sponsor for the research, he finally completed the research of All Conditions are Present for Human's Skiing in Altay Prefecture. Meanwhile, he evaluated, summarized and promoted the ancient skiing culture of Altay with the old fur skis and equipment in the area. He is the primary sponsor and the reader for Altay Declaration.

In 2008, he summarized and wrote the manuscript of *Documentary for the Research Process of Altay, Xinjiang of China* as the Original Place of Skiing for Humankind. On March 3rd, 2010, Shan Zhaojian was rewarded by international skiing organization the medal and certificate for his contributions to the world skiing. This shows the international recognition for the research of Altay in Xinjiang of China is the Original Place of Skiing.

Wang Bo, was born at Xiadianzi Village, Jinshan Town, Gangu County, Gansu Province in 1949. He graduated from the No. 2 Middle School of Kashgar in 1966 and then continued his learning in Kashar Finance & trade School. In 1975, he graduated from the History Department of Northwest University majoring archeology. In the same year, he was sent to work in Xinjiang Museum. Currently, he works as an archeology researcher there and likes the archeology of the Bronze Age of Eurasian grassland and the research for ethnicity and anthropology. In his archeology work, he published twelve books with others such as *Research for Grassland Golem on the Silk Road; The Cultural Relics in Altay Grassland of China; National Treasure in Westfield; Ancient Town of Jiaohe; Ancient Town of Gaochang; Bezkrik Thousand Buddha Grottos; Niya Relic; Kizil Grottoes; Ancient Town of Loulan; Historical Drawing of Xinjiang; Xinjiang Shanpula of China-Discovery and Research for Ancient Yutian Civilization and Silk Road·Ancient Culture of Xinjiang etc.* At the same time, he had translated and published a book named *Mongolian Deer Stones* with other people.

The published thesis written by him or the thesis commonly published with others mainly include: *Excavation Report for the No. 1 Tomb of Zagunluke Ancient Group Tomb; Xinjiang Zagunluke Konghou; Elementary Research for the Copper Belly unearthed in Xinjiang; Primary Investigation for Unearthed Hand-mad Black Pottery; Archeology Relics Research-Collected works to Commemorating the 40 Anniversaries of the Archeology Major of Northwest University Primary Investigation for Qiemuer Qieke Culture; Fur and Cotton Fabric Unearthed in the No.2 Tomb of Zagunluke; Zoroastrianism Pottery Coffin on the Silk Road; EURASIA ANTIQUA 7BAND 2001 GEUTSCHES ARCHAOLO GISCHES INSTITUT EURASIEN-ABTEILUNG SCHRIFTLEITUNG BERLAG IM DOL 2-6 VERLAG PHILIPP VON ZABERN GEGRUNAET 1785 MAINZ;*

He played an important role in the forming of Altai Declaration with an essay Exploration for Altay-the place of origin for Humankind Skiing.

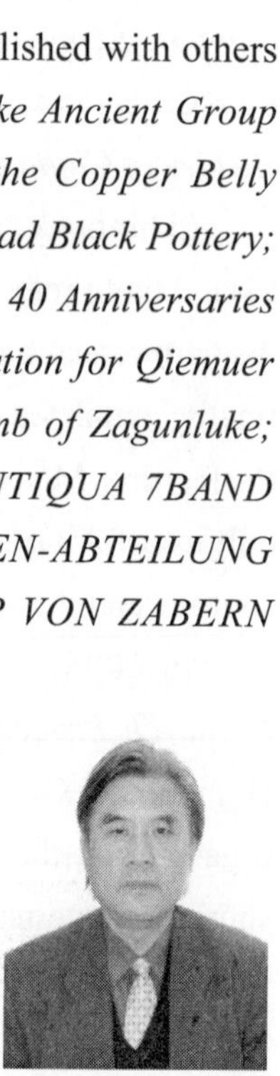

Wang Jianxin, was born on June 6, 1953. He taught in the Archeology Major of Northwest University after graduation in July, 1982. He has acted as assistant, lecture, associate professor and professor one after another. Meanwhile, he studied in Nara University of Education, Japan and acted as an assistant professor of humanity of Ibaraki University.

Current titles: Professor of Northwest University; Doctorial tutor; Chief of the Cultural Relic & Archeology Research Center of Northwest University; Director of Northwest University Cultural Relic Protection & Plan Center of Shaanxi Provincial Cultural Relic Bureau.

Main part-time jobs in society: Director of China Society of Archeology; Guest professor of ancient civilization Research, Chinese Academy of Social Sciences; a Part-time Researcher of Chinese Archeology Research Center of Peking University.

Main research Fields: *New Stone Age archeology of China; Qin and Han Dynasties Archeology of China; Nomadic culture archeology in Chinese Northwest Grassland; Archeology in Northeast Asian and Buddhism Archeology.*

Main research results: Two academic monographs and more than 40 thesis papers had been published home and overseas.

In the research for Altay, Xinjiang of China - the place of origin for Humankind skiing, he wrote the thesis of Some Understandings for Dundebulak Rock Paintings in Altay, Xinjiang.

Liu Guofang, born in Shihezi, Xinjiang, is a male historical master. He currently holds an office as an editor-in-chief and editorship professor of a magazine Westfield Research Xinjiang Academy of Social Science and mainly is engaged in the research of the local history and nationality history of Xinjiang. Many theses papers of his such as *Westfield Local Government and its Establishment Time and Establishment of BIXUJIAN Tonden* and Xuji Captain had been published. In addition, he participated in the editing of numerous works like *Xinjiang History-Nationality* and *the Current and Historical Status of Uighur Nationality.*

In the research of Altay, Xinjiang of China - the Original Place of Skiing, he wrote the thesis of Relevant Evidence for early human's activity in Altay Prefecture.

Lü Enguo, a male researcher, graduated from the Archeology Department of Peking University in 1976. Currently, he is working in Xinjiang Cultural Relic & Archeology Institution as a researcher and he has acted as the chief of the Bronze Room of the institution. His main research coverage includes the archeology culture in Bronze Age and Iron Age in early period in Xinjiang and Central Asia as well as grassland culture. His archeology monograph *Xinjiang in my Eyes* and dozens of papers like *On the culture of Bronze Age of Xinjiang* had been published.

Liu Yongnian, a male person, was once the first chairman of Chinese Skiing Association and the director of Jilin Provincial Sports Committee. Since his retirement in 1994, he accepted a commission from Shan Zhaojian, an official of former national sports committee skiing department and wrote an article called *Altay is one of the Skiing origins of Humankind.* It was the first paper concerning skiing origin. (He was absent from the signing for Altay Declaration and Shan Zhaojian Signed his name instead).

Lu Lipeng, a male person, was born on Nov. 10, 1972. He graduated from the Archeology Major, Historical Department of China Northwest University in 1996 and was sent to work in Xinjiang Museum in July in the same year. Currently he is deputy researcher and the chief of the Archeology Department of the museum. He mainly took up the culture research of bronze period to the early iron period. He has taken part in the excavation of Qiemo Zagunluke ancient tombs in 1996 and 1998 two times. In 2006, he took part in the excavation of Astana ancient tombs in the Turfan Basin of Xinjiang. Dozens of his briefings and papers has been published one after another such as *Excavation Report of Zagunluke Tombs; the third phase Qiemo Zagunluke Ancient Tombs Culture Excavation Briefing in 1998; the West Part Excavation Briefing in the Turban Basin of Xinjiang in 2006; A test Analysis for Baicheng Kizil Water Reservoir Culture-primary investigation for the early stage culture in Kizil Area.*

Zheng Jie is a male person of Han nationality. He was born in Altay in Xinjiang in June of 1969. He studied in the Relics and Museology of Fudan University in Shanghai majoring in Relics and Museology holding a junior college degree. From March 1989 to now he works in Cultural Relic Bureau of Altay Prefecture. In February 2008, he was appointed as the deputy chief of the bureau and for a long time, he has engaged in the work of cultural relic protection and management.

Three members of the Expert Group: Shan Zhaojian (middle), Wang Bo (right) and Lü En'guo(left) attend the celebration of the 3rd Ice and Snow Tourism Festival held in Xinjiang.

The Explanatory Notes of Relevant Hot Issues on The Altay Declaration

By Shan Zhaojian, Leader of The Expert Group of Altay Declaration, Wang Bo, member of the Expert Group of the Altay Declaration, Wang Jianxin, member of the Expert Group of the Altay Declaration

(May 29th, 2010)

Shao Zhaojian

Wang Bo

Wang Jianxin

After multidisciplinary teams of researchers carried out ten-year-plus field investigation and research, they released *Altay Declaration* in Altay city on Jan.15th, 2006 and at the Great Hall of the People of China on Dec.15th, 2006, announcing that Altay prefecture in Xinjiang Uyghur Autonomous Region of China is the World's Original Place of Skiing. *Altay Declaration* has been rendered into English, Russian and Khalkha Mongolian so that it can be promoted to the world.

Since then, *Altay Declaration* has drawn worldwide attention, esp. among those who are interested in it. Therefore, there must be some hot issues to be explained regarding Altay Declaration.

1. Ancient skiing for hunting could be found in Mid-Asian, esp. in Altay prefecture in Xinjiang of china. With such advantages as abundant water plants, dense forests, diverse wildlife, heavy snowfall and mild climate, Altay prefecture were more suitable

for living and agricultural production. Its heavy snow facilitates the skiing for hunting which becomes a more economical and effective way of hunting. After investigation of more than a decade, experts come to the conclusion that Altay in Xinjiang of China embraces all the conditions as the place of origin of skiing. The research about the origin of skiing started nearly 5,000 to 8,000 years ago in some countries. However, the rock paintings found in Dundebulake can be traced back to 10,000 years ago, making Altay Prefecture of Xinjiang one of the original places of skiing.

2. The origin of skiing should be discussed in a wide-range of areas instead of being focused on a local region. As stated in Altay Declaration, Altay prefecture mainly refers to the Altay Mountain system and Irtysh River Basin expanded to the surrounding areas. So it's misunderstood to say some county or village in Altay is the place of origin of skiing.

3. As the political, economic and cultural center of Altay prefecture, Altay city made outstanding contribution to the research work of the origin of skiing, formation of Altay Declaration, construction of skiing bases. Those historical evidences collected in Handegate Village in Altay city are valuable and therefore should be well protected.

4. "Skier and Hunters' Ditty", a traditional Mongolian ballad found in Handegate Village in Altay city, are still being sung by the elderly in Altay. The lyrics depicted the scene of skiing hunters and have been regarded as a critical part of the historical evidence. Some skiing-hunters-related ballads were also found among Kazakh national minority and other ethnic groups, but most of them are fragmented and not original.

5. The earliest skiing hunters were the ancestors living in Altay prefecture 10,000 years ago although there were some written records describing the hunting skiers called Dingling minority and living several years ago. Those ancestors are described as Ancient Altay People in Altay Declaration. It is inappropriate to say that skiing originates from one of the ethnic groups in Altay because all ethnic groups in Altay played their role in handing down the skiing tradition.

6. Fur ski is the strong evidence showing that Altay prefecture is the place of origin of skiing. It was not invented and inherited by one specific ethnic group. As the timber and skins that the fur ski is made of are erosive, it is hard to decide its history and therefore should not be treated as of the original evidences. But those rock paintings showed how ancestors of Altay prefecture keep record of the skiing history and should be used as strong evidence to identify the origin and history of skiing.

7. The primitive skis are different from modern ones but the postures and movements between ancient skiers and modern skiers are similar. While judging whether a rock painting is skiing rock paintings, we should not only focus on the ski but also the skiers' postures and surrounding environment to make a comprehensive judgment in comparison with its neighbor paintings. If a rock painting depicts human with a board under the feet and shows some skiing postures, it may belong to skiing rock painting. There are such evidences found in many villages and counties in Altay. It is reasonable to say the places where many skiing rock paintings are found were the ideal place for skiing for ancient people.

8. We have carried out the scientific research of Altay of Xinjiang in China is the place of origin of skiing which is open to further debate because this academic research should cover more culture and nations. After the publication of this book, we still need to explore new frontiers and promote the essence of it to be recognized worldwide. Some debates on the origin of skiing will continue internationally and there would be more discoveries regarding the skiing origin under different cultural backgrounds.

"Altay Prefecture in Xinjiang is the cradle of skiing for Humankind"

Altai people in Xinjiang are still promoting the use of ancient skis

The Certificate for World Guinness Awarded by Shanghai World Guinness for *"Altay Prefecture, Xinjiang is the cradle of skiing for Humankind"*

Altay in XJ is the skiing cradle of the humankind

Guinness World Record

Original Time: ten-twenty thousand years ago

According to the investigation, since 8000 BC the ancient people in Altay XJ began to ski. Until today, local people still widely follow their tradition using "fur skis" with single skiing pole to slide in snow.

N0.01902

2007.01

Signature: Wang Yizhuo Cai Feng

上海大世界基尼斯總部
大世界基尼斯
GREAT WORLD DSJJNS
大世界基尼斯之最
最早的滑雪起源地 —新疆阿勒泰
起源时间：1万年至2万年
据考察论证，新疆阿勒泰自公元前8000年前起，古阿勒泰人开始滑雪活动，至今当地居民仍广泛沿袭“毛滑雪板”，手持单只木杆在雪地里滑行的古老传统。
NO：01902
2007.01

Record of the Research Process that Altay Prefecture of Xinjiang, China is the Original Place of Skiing

By Shan Zhaojian, technical consultant of Chinese Skiing Association

1. The theory that "Altay, Xinjiang, China may be the place of origin of skiing" was put forward.

The theory that "Altay, Xinjiang, China may be the place of origin of skiing" was first put forward by Shan Zhaojian according to the already-known information (on Page 3 of *How to Practice Skiing,* 1993, People's Sports Publishing House). Since then, the research into the theory has continued on for more than ten years.

In 1994, the theory was re-advanced in *The History of Skiing in China,* compiled by the Sports literature and history Commission of National Sports Education Committee (on Page 1, written and compiled by Liu Yongnian, Shan Zhaojian and Zhang Deshan, printed by Wuhan Publishing House).

In 1994, Shan Zhaojian discussed with Liu Yongnian, the first President of the

Chinese Ski Association, who had retired, and agreed to write the article "Altay, Xinjiang, China is one of the origins of skiing" in the name of Mr. Liu Yongnian, which was published in the 4th issue of *Journal of Sport History and Culture* by the National Sports Commission.

In 2004, the idea that Altay, Xinjiang, China may be the place of origin or one of the places of origin of skiing was mentioned many times in *Guide to Skiing* compiled by Shan Zhaojian (on Page 14, 244 and 250, People's Sports Publishing House).

In August 2005, it was stated that Altay, Xinjiang, China may be the place of origin or one of the places of origin of skiing in *A Primary Course in Mountain Skiing,* the first version of China, authorized by the Chinese Ski Association, with Wang Yitao and Ren Hongguo as the chief and deputy examiners respectively and Shan Zhaojian and Wang Shi'an as the chief editors, (on Page 1, printed by People's Sports Publishing House).

2. Study on and establishment of the theory that "Altay, Xinjiang, China has met all the basic conditions for being the place of origin of skiing".

The researchers think that the place of origin of skiing must meet special basic conditions, which are the primary prerequisite for the study of the origin of skiing in an area.

Based on the functions and characteristics of ancient skiing and his personal experience in the understanding of skiing, Shan Zhaojian completed the study on "the basic conditions that an area should meet as the origin of skiing" in 2004. He then compared and combined these basic conditions with all conditions of the Altay, and the results of a long-term investigation of the area. From this he wrote the paper, *Altay, Xinjiang, China has met all the basic conditions for the origin of skiing,* which, together with the previous-completed review report, *The Resplendent Skiing Culture in Altay,* was published on the website of the Chinese Ski Association. This laid the theoretical foundation for the final establishment of the theory that "Altay, Xinjiang, China is the place of origin of skiing", and because of this the researchers have been greatly encouraged.

3. The finding and natural determination of the rock drawings of ancient skiing in Dundebulake in Altay City.

During the past many years, the researchers have been looking forward to finding some historical evidence in the process of the study and investigation of the idea that the Altay is the place of origin of skiing. Every time they went to the Altay area they had hoped to find some rock drawings which would show images of skiing as well as some remains of skis and skiing implements or other important cultural relics in marshlands or ancient graves.

In late March 2005, Shan Zhaojian went to Altay City again for the investigation with an introduction letter issued by the Chinese Ski Association. With the assistance and support of the CPC Altay Committee and the People's Government of Altay City, the investigation made a great breakthrough. **Xu Peilan**, director of the Altay Tourism Administration of Xinjiang Uygur Autonomous Region told Shan that In Rock Cave No.1 a group of figure drawings were found in Dundebulake of the autonomous Mongolian town of Handegate in Altay City (Notes: in this cave, a lot of animal drawings and four groups of figure drawings were found). Mr. Shan and other researchers got very excited and these findings were preliminarily determined as the rock drawings of ancient skiing (see Fig. 1).

Fig. 1 The rock drawings of ancient skiing in Dundebulake in Altay City 10000 years ago.

It is said that the rock drawings in Rock Cave No.1 found in Dundebulake of the autonomous Mongolian town of Handegate in Altay City was discovered by **Ou Jisheng**, a farmer and herdsman, and another two peers in the Altay Hadegate village of the Xinjiang Uygur Autonomous Region. At that time, the cave entry was closed up by sand and stones. Later, Ni Yongmei, secretary of the Art Troupe of Altay Municipality of the Xinjiang Uygur Autonomous Region, reported the cave to the cultrual relics department. **Wang Bo**, researcher of Museum of the Xinjiang Uygur Autonomous Region and a member of experts group for Altay Declaration, together with **Zheng Jie**, specialist of the Altay Administration of Cultural Relics of the Xinjiang Autonomous Region and member of the Expert Group of the Altay Declaration visited the site and recorded them on the spot. They reached the following conclusion: its rock drawings are mainly about skiing hunters showed in a different artistic style. According to the development of the upland meadow culture in Altay and some materials related to the Rock Cave drawings, they pointed out that this Rock Cave belongs to the Paleolithic Age (the period between about 2.5 million and 20000 years ago). (For more information, please see *TURFANOLOGICAL RESEARCH,* No 1. 2005, Page 120-121 and *Drawings in the Rock Shelter of Late Paleolithic Age in Dundebulake of the Altay Mountains* by Wang Bo and Zheng Jie.)

Shan Zhaojian brought the photos of the rock drawings to Beijing and reported to Wang Yitao, President of Chinese Ski Association and Ren Hongguo, the standing vice-president of CSA, after which many skiing specialists was invited to carry out testing and analysis of the position of the people in the third group of figures in the rock drawings found in Dundebulake. They thought that the postures in the figure drawings were presented as if standing with an extension on their feet. The figures were inclining their upper bodies forward and had bent knees, and the feeling of motion was obvious, thus meeting the requirements of a posture for skiing. In the rock drawings, there are several skis and some skiers whose postures are graphic with one pole in their hands. The postures of figures in the rock drawings are extremely similar to those of current farmers and grazers who use the ancient style of skis in the Altay. This group might consist of about ten people skiing in a parallel way and it also might be interpreted as one person who skied away smoothly.

As for the age of the rock drawings, many archeological authorities and specialists of ethnic history have identified the age of the rock drawings in Dundebulake of Altay

City to be at least 10000 years, based on the fact that the Altay was a place where ancient human activities had occurred in the middle to late Paleolithic Period tens of thousands of years ago. These experts referred to the general rules for determining the age of this kind of rock drawings used in India and Europe.

The specialists' comments on these drawings are described in detail in such articles as *The Exploration of Altay as the place of origin of skiing* by Mr. **Wang Bo,** *Comments on the Rock Drawings in Dundebulake of Altay City by* **Wang Jianxin**, *The Relevant Evidence about the Ancient Human Activities in the Area of Altay by* **Liu Guofang**, and *Altay, Xinjiang, China is one of the origins of Skiing by* **Liu Yongnian**.

This excellent archeological discovery, the rock drawings of skiing in Dundebulake of Altay City, has been presented as a key piece of historical evidence for this research work. According to what we have understood, the ancient rock drawings of skiing in the area of the Altay are also found in groups elsewhere. (Tourism and Exploration Route Map for the Altay Skiing Rock Paintings· Xinjiang ·China)

4. "Hunters' Ditty", a traditional ballad, has been handed down in the Altay since ancient times.

Recently, "Hunters' Ditty", a traditional Mongolian ballad from Wulianghai of Altay, has been found and recorded. This song has been handed down in the Altay since ancient times, and can be traced back to the hunting age of the ancient people of the area. It indicates the long and ancient culture of hunting and skiing in the Altay. The ballad begins with:

Among the high Altay Hanggai Mountains,
Willow-made bow and arrows on his back,
Inclined skiing stick is pushed with both hands,
Standing on the ski made of red pine or white pine,
Skiing quickly and smoothly in the pine forest,
Brave, agile and smart, the hunter is.
Lo, the hunter……

(It is recorded in detail in *"Hunters' Ditty"— a traditional Mongolian ballad in Wulianghai of Altay* organized and provided by Ms Ni Yongmei.)

The use of skis for hunting by the ancient inhabitants has been described in "Hunters' Ditty" graphically and correctly, and gives us a vivid image of hunting with skis by the ancient Altay people. The researchers firmly thought that this traditional ballad would be a piece of historical evidence for this area of the Altay being the Original Place of Skiing.

Moreover, the traditions of ski hunting have been passed down by their ancestors from one generation to the next along with the widely-shared ancient skiing implements and the age-old traditional skiing practices. All this along with the legends and stories spread among the local people help identify the ancient traditions of ski hunting. After the interview with the Mubarak, an elderly man in his 80s, we received a lot of information about hunting with skis. It is said that the Mubarak was a brave ski hunter when he was young in the Altay. The wolf-fur overcoat and the fox-fur hat he wears are both gained from hunting in those days (see Fig. 2).

Fig. 2 Mr. Mubarak was skiing in the field.(2005)

5. Close attention to and study of the relevant information abroad.

In the investigative process, the researchers have paid close attention to the research results and theories from foreign countries about the origins of skiing.

(1) There is a wall map in the Winter Sports Museum of Sapporo, Japan, in which arrows are used to show the migrational routes of skiing activity from the origin area in the Altay. This map has fixed the origin area of skiing at Altay (see Fig. 3).

Fig. 3 The wall map about the origin area and migrational routes of skiing in the Winter Sports Museum of Sapporo, Japan.

(2)450 B.C.–400 B.C. Herodotus, a Greek historian, traveled a long distance eastward on an exploratory journey and might have reached the terminus of the western edge of the Altay Mountains. What activities he described as "the men who guarded gold and worn goat horns" at that time should be the gold producing area to the south of Altay Mountains, which is now located in the area of Altay, Xinjiang. In the 4th volume of *The Histories* by Herodotus, there is a paragraph describing skiing as: "the people in the area of Altay have goat-like feet (the editors' notes: it means skiing shoes or skis) and run in snow in winter". These words are the earliest literal report about skiing in the world, and basically identical to the description that the ancient Dingling people skied in *A Chinese Bestiary,* a history book in China.

(3)Europe is the most flourishing area of skiing in the modern and contemporary ages. Eastern Europe and Middle Europe have made great contributions to the development of skiing in the modern and contemporary ages. Many "Bests" in the development of skiing were created here. Norway is praised as "The Homeland of Skiing" while Austria is lauded as "The Kingdom of Skiing".

In the aspect of the study on the origin of skiing, the article on skiing in *Encyclopedia of Britannica* reads as: the ancient skis found in the boglands in Sweden and Finland was traced back to 4000–5000 years ago through the textual research.

In northern Norway, petroglyphs of skiing, which were engraved in rock around 4500 years ago, were also found (see Fig. 4).

Fig. 4 A skiing petroglyph in a mountain cave in northern Norway.

The above historical facts of skiing found previously (e.g. the ancient ski was found in the swampland in Sweden in 1921), were spread widely and well known in the world of international skiing, so the popular view is that skiing originated in northern Europe.

(4)In 1960s, the archeological community of Russia declared that they had found some remains of skis made 8000 years ago (which included a brake like appendage) in the peat swampland in Vesh near the Urals. This archeological information has been published for half a century but it is still unknown to people and has not been widely spread or generally accepted as yet.

In 1980, in Chapter 1 (History of Skiing) of the *Textbook for Skiing* printed by the previous SU, it reads "skis gradually developed as a substitute from a walking tool on snow when human beings struggled for survival. Precisely speaking, where the earliest ski comes from has not been decided. However, it is generally accepted that the earliest ski used as a tool for walking was made by people who lived in the area from Lake Baikal to the Altay in Siberia, and spread to eastern Alaska, to Japan, to the west and northwest of the Scandinavian Peninsula, and to the Central Europe, with the migration of people". (Provided by Zhang Yuqi on December 17, 2004).

(5)Li Zhenwu, an American citizen of Chinese descent, had written to Mr. Shan Zhaojian to summarily introduce the view about the origin of skiing widely accepted by Americans who ski that skiing has a history of more than 5000 years and presented some information about skiing in the early period of North Europe.

(6)In the USA there is a researcher named Nils Larsen who loves to research the history of skiing and is very interested in the ancient skiing culture of Altay, Xinjiang of China. His research group has visited Kanas and Heben in Altay for many years to carry out a deep investigation, and conducted some research on the history, the construction and the functions of the ancient skis, and also has made a DVD on the ancient skiing culture of the local residents (Named 〈The Timeless skiers of Altay〉) for popularization in USA. He stated: in 1890, a famous Norway skier and adventurer named is Fridtjof Nansen once wrote that 'the Altay is possibly the Original Place of Skiing', and Nansen also illustrated a picture, showing that all the original root words for 'skiing' come from Central Asia. Mr. Larsen believes that "presently, there is lots of evidence indicating that skiing might have originated at least 10000 years ago and the Altay area is the place of origin of various ancient languages and cultures. We think that many clues of skiing's origin can be found through the studies on the Paleolithic-Mesolithic cultures, ancient languages, and the Paleolithic textual and archaeological research. As a matter of fact, skis are ancient tools of humans, and allowed the remote ancient hunters to enlarge the scope of their activities under deep snow conditions in winter". Anyway, Larsen's 〈The Timeless Skiers of Altay〉 deeply and actively describes the ancient ski cultural of the Kanas and Hemu area.

'The pictures painted on the rocks in Dundebulake in Altay could be skiers.' Mr. Larsen says.

Mr. Larsen said that he met the leading ski historian in China, Shan Zhaojian,in 2006. "I met him in Beijing on my summer trip there in 2006. At that time, he invited me to the roots of skiing festival in the city of Altay in January 2007. Mr. Shan has organized this event to promote the history of skiing in China, and they have reason to believe that skiing may have started in the Altay Mountains of China. There are a lot of countries trying to claim the "birth of skiing" title and China is definitely one of these. There is a possibility that their claim is legitimate."

(7)Ever since the beginning of the research, it has been noted that some places in Mongolia, Russia and Kazakhstan are similarly called "Altay" and belong to the same area of the greater region as that of Altay, Xinjiang. It is said that there are ancient skis found in these areas that are similar to those found in the area of Altay, Xinjiang, showing that skiing in this region has a very long history.

However, with the deepening study on the origin of skiing, the wide and richly-endowed Altay area at the southern foot of the Altay Mountains has been clearly seen as the earliest area for the origin of skiing due to the amount of irrefutable evidence and reasons given, so the conclusion that this area——Altay, Xinjiang is the place of origin of skiing has now been confirmed. (See the Conclusion of this Chapter).

6. Formation of *Altay Declaration*.

After the theory that "Altay, Xinjiang, China is the place of origin of skiing" was first put forward in 1993, it had not been noted by relevant organizations and the research was still focused on the early stages. Having now arrived in the 21st century, the situation has changed for the better with the accelerating pace of the study and investigation. At the beginning of the 21st century, Tian Younian, the secretary general of the Chinese Ski Association, and others went to Altay City for investigation and brought some information about the study on original place of skiing, which got the attention of the CPC Altay Committee and People's Government of Altay City. Mr. Shi Zhiqiang from the CPC Department of Altay City wrote the first report on the area of origin for skiing, which was published on *Altay Daily* issued in January 2002.

Baheti Bulanbai, a deputy secretary of the CPC Altay Committee at that time, was in charge of this investigation, and helped organize and harmonize the activities, taking part in the researching of ancient skiing culture himself, and delivered a speech in the opening ceremony of the first ancient skiing games in Altay, Xinjiang.

As the development of the research progressed, Shan Zhaojian took the opportunity of the gradually ripening subjective and objective conditions and completed the draft of the *Altay Declaration,* stating that "Altay, Xinjiang, China is the place of origin of skiing" at the end of 2005. At the same time, Mr. Wang Bo, an archeologist, first got involved in the project and pushed the development of the research work.

In the middle January 2006, some specialists from many scientific fields such as skiing and archaeology gathered at Altay City to form the Expert Group, including Shan Zhaojian (the group leader and from the Chinese Ski Association), Wang Bo (archaeologist and researcher of Museum of the Xinjiang Uygur Autonomous Region, Wang Jianxin (archaeologist from China Northwest University), Lü Enguo (archaeologist and researcher of the Institute of Archaeology of Xinjiang Uygur Autonomous Region), Lu Guofang (editor form Xinjiang Academy of Social Sciences and expert on national history), Lu Lipeng (archaeologist and deputy Director of the Department of Archaeology of the Museum of the Xinjiang Uygur Autonomous

Region), Zheng Jie (specialist of the Altay Administration of Cultural Relics of the Xinjiang Autonomous Region), and Liu Yongnian (the first President of the Chinese Ski Association) who was absent due to illness.

On the evening of January 15, 2006, the specialists hold a closed discussion and reasoning of the *Altay Declaration,* and on January 16, the symposium opened formally. The focus of this symposium was about the core contents of the draft of the Altay Declaration. They are: 1) Basic conditions needed for ancient skiing in Altay; 2) the research trends and achievements in foreign countries; 3) Dundebulake rock paintings (whether they are in line with the research on the origins of skiing; 4) Scientific discussion and demonstration of traditional tools used for skiing nowadays.

Besides the specialists, the participants also include the leaders of Altay City, relevant organs and medium units etc. The conference was presided over by Liu Xinli, the deputy secretary of Altay city, and Shan Zhaojian successively. During the symposium, the specialists presented their filmstrips and delivered speeches energetically, and finally reached the agreement. The revised *Altay Declaration* was signed by all the specialists on the spot (Liu Yongnian was absent because he was sick, Shan Zhaojian signed it on behalf of him).

At the end of the symposium, Shan Zhaojian, on behalf of the Expert Group read out the *Altay Declaration* stating that "Altay, Xinjiang, China is the place of origin of skiing". The contents of the Declaration and the profiles of the specialists are described in *Chapter 4, Altay Declaration and Brief Introduction to the Members of the Expert Group of the Altay Declaration*

Fig.5 Experts sign the Altay Declaration when attending the "Altay Prefecture of Xinjiang, China is the Original Place of Skiing" seminar

On that evening, a congratulation ceremony and banquet was held in Altay City and the specialists were awarded as "Honorary Citizen of Altay".

There was intense interest in Altay and Xinjiang following the announcement of the *Altay Declaration,* and a succession of major media reported on it,, creating a surge of interest which spread and popularized the information

Tian Younian, the secretary general of Chinese Ski Association, entirely transcribed *Altay Declaration,* in calligraphy.

At present, *Altay Declaration,* has been translated into English, Russian and Mongolian and attached with figures so as to be read by foreign fields and provide convenience for scientific research.

7. "Altay, Xinjiang, China may be the place of origin of skiing" has been legalized by "The World Guinness Record of Shanghai".

In January 2007, "Altay, Xinjiang, China is the place of origin of skiing" was legalized by "The World Guinness Record of Shanghai". The legalized time is 10000 to 20000 years ago, and the Legalization Certificate was issued to Altay City. Hademu Rehemubai, the mayor of Altay City, accepted the certificate (see Fig. 6). In January 2008, the legalization was awarded "The Best Item of the 10th World Guinness Record" (see *The Certificate for World Guinness Awarded by Shanghai World Guinness for "Altay Prefecture in Xinjiang is the cradle of skiing"*).

Fig. 6 Hademu Rehemubai, the mayor of Altay City, accepting "the Best Prize" certificate issued by Big-World Guinness Record of Shanghai.

8. Remarkable achievements made in the protection and promotion of the ancient traditional skiing culture in Altay.

In the process of study on "Altay, Xinjiang is the place of origin of skiing", the protection, development and inheritance of the traditional skiing culture have been promoted in this area at the same time.

(1) The ancient skis and skiing tools are handed down by the Altay people from one generation to the next, having been kept until now, and have become a valuable part of the historical and cultural heritage of skiing for the Altay people.

In order to hand down the historical legacy of this skiing culture forever, *The Current Standards for Ancient Skis and their accessories in the Altay* has been established on the premise that a wide investigation and measurements are made in time.

(2) The center of the skiing culture of Altay has been to use hand-made ancient skiing equipment to ski and hunt in mountainous areas, forests and snowfields. In order to avoid the disappearance of this practical skiing tradition due to the decrease in its application in modern life, in the *Altay Declaration*, the specialists proposed and have been supported by the People's Government of Altay City that the traditional skiing games are held in Altay to commemorate original place of skiing on January 16 of each year as Decoration Day. On January 15, 2006, the first traditional skiing races were held in Altay, with the prizes sponsored by Beijing Bingxueyou Sports Equipment Co., Ltd. and nearly 100 farmers or grazers took an active part in the races. By now, the races have been held many times. Ma Yuanchang, the board chairman of the company, said: "we are deeply honored to make a contribution to this important historical activity".

Fig. 7 Baheti Bulanbai, deputy Secretary of Altay Municipal Committee of Communist Party, delivers a speech in the opening ceremony of the first ancient skiing game.

In each traditional skiing race, the farmers and grazers in Altay join the race with their long ancient skis, just like having a red day.. With the number of participants increasing from each preceding race, the Mongolian Tuwa people who live in Kanas and Hemu have now taken part in three traditional skiing races since 2008, and they will continue to race annually, indicating that the game is increasing its popularity. (See Fig. 8 and 9).

Fig. 8 The family is making their hand-made skis for the games.

Fig. 9 competing in the traditional skiing race

(3) The People's Government of Altay City organized "the traditional skiing group of Altay" at the right moment and led them to travel out of Altay for such activities as skiing shows in Urumchi, Beijing and Jilin and presenting traditional skis as gifts, effectively enlarging the scope of their presence. The skiing show in Beijing caused a sensation there (see Fig. 10).

Fig. 10 The traditional skiing group of Altay performing in Beijing

During the 20th winter Olympic Games in 2006 and the Asian Winter Games, Chinese Central TV carried out a wide promotion of Altay both at home and aboard, which attracted the attention of skiers, both foreign as well as Chinese.

Through the traditional skiing races and performances, not only has the ancient skiing culture that Altay people love been protected, but the Altay people's conscious spirit of keeping and passing on the traditional skiing culture has also been encouraged, arousing the remembering and respect for their ancestors' hunting and skiing. While the traditional skiing culture is carried forward, the people also gain physical health, mould their temperaments, and enrich their lives.

The articles written by Zhou Lei, a reporter of Urumchi Evening Paper of Xinjiang, have been compiled into The Birth of the Altay Ancient Skis and their comparison with the skis used in the Contemporary Age. These introduce and graphically describe the process of building the ancient skis and ancient skiing races into the light of the media, which has been very effective in its popularization.

9. Press Conference at the Great Hall of the People in Beijing

With the active work of Altay City and the vigorous support of Chinese Skiing Association, a press conference on "Skiing of humankind originated in Altay, Xinjiang, China" was held ceremoniously in the Great Hall of the People in Beijing on December 16, 2006. The conference was sponsored by the Xinjiang Altay People's Government and the Chinese Skiing Association and jointly released by Xinjiang Uighur Autonomous Region Museum and Northwest University.

Leaders and delegates from the Winter Sport Management Center of China General Administration of Sport, Chinese Skiing Association, China National Tourism Administration, China Sports Museum, Tourism Bureau and Sports Bureau of Xinjiang Uighur Autonomous Region, Xinjiang Uighur Autonomous Region Museum and Northwest University as well as hundreds of people from the media and over 40 tourism agencies and enterprises of the capital took part in the conference. Liu Xinli, deputy party secretary of Altay City presided at the conference and Li Xinmin, party secretary of Altay City addressed the conference. Many department leaders including

Wang Yitao, Chairman of the Chinese Skiing Association, delivered a succession speech at the conference.

The four experts Shan Zhaojian, Wang Bo, Wang Jianxin and Liu Guofang gave a series of speeches on specific topics, and from different angles and different disciplines they clearly proved that Altay of Xinjiang in China is the world's birthplace of skiing.

In his speech Shan Zhaojian first introduced his research process,, stressing that the natural, historical and social conditions are all in line with the basic conditions for human's origin of skiing. Then he explained the evidence for identifying the rock paintings on Dundebulak in Altay as the postures of humans that are skiing. Additionally in his speech, the basic conditions for the origin of skiing and the discovery of the ancient rock paintings in the area showed that it was indisputable that humankind's skiing originated in the Altay.

In his speech, Mr. Wang Bo gave an in-depth and multi-faceted analysis of the five basic conditions needed for the origin of humankind's skiing and believed that Altay had the intrinsic factors for it to be the birthplace of skiing. The Dundebulak rock paintings in the Altay were made by inhabitants of the area in the late stage of the Paleolithic age 100-200 centuries ago. The paintings depicted hunting and depicted the people's way of life at that time.

Mr. Wang Bo also pointed out the rock paintings were some of the earliest archeological materials that are presently known to us revealing skiing and hunting in the world, , giving us archeological evidence that provides a reliable basis for the theory that the birth of skiing is in Altay of Xinjiang.

In the speech of Mr. Wang Jianxin, he surmised that the rock paintings were just like the Paleolithic rock paintings in Europe and India but the former paintings could be dated back to an earlier time according to the styles, content and painting locations. So, Dundebulak rock paintings should have been made ten thousand years ago. In addition, a lot of relics from the late stage of the Old Stone Age found on the southern and northern sides of the Altai also provided us with important evidences.

Wang Jianxin gave a further analysis that skiing had a strong probability to originate in the southern slopes of the Altai Mountains. It was natural for the dwellers to choose such wind sheltered and sun exposed location to live due to the frigid winters.

Mr.Liu Guofang pointed out in his speech that according to the research results of many foreign scientists, ancient central Asia is the oldest area to be colonized on the

Eurasian continent and the Altay prefecture is an ancient center for humans migrating to the north and east of the Asian continent. Hence, we had grounds to believe at least as far as the middle and late stage of the Old Stone Age, that humans have lived in Altay of Xinjiang.

By referring to the research of linguists, he also said many languages in the Eurasian continent belonged to the Altaic language family and noted that this language family had crossed the continent, the language transfer the result of human migration. This aligns with the theory of human migration on the Eurasian continent.

" With good reason and evidence we can say the Dingling who dwelled in the Altay mountains of Xinjiang, China are the earliest skiers in China and the region is one of the cradles of skiing for humankind ", Mr. Liu pointed out in the conclusive part of his article written in 1994.

At the conference, Shan Zhaojian, as a representative of the expert's team, solemnly announced the *Altay Declaration*.

During the conference, experts and leaders answered some important questions from reporters. Altay City presented some Altay old fur skis and old single ski poles to the Chinese Skiing Association and the China Olympic Museum (see fig.11)

Fig.11 presenting old skis to the China Olympic Museum.

Full of joy, the leaders, experts and staff of the conference got together for a group photo (see Fig.12), and China's ski history started a new chapter, making China's skiers both excited and proud. Fig.12 A team picture of all the leaders, experts and workers in the conference.

Fig.12 A team picture for all leaders, experts and workers for the conference.

10. Conclusion

Experts think that research for skiing origin should be based upon comprehensive basic conditions and plentiful and accurate historical materials.

The basic conditions are reflected in the natural conditions, the survival and living conditions of ancient peoples at that time as well as the features and uses of the original skiing.

The historical materials include historical books, traditional stories, archeological and cultural relics, and rock paintings.

Researchers gave a repeated and comprehensive review, research, and analysis for the basic conditions in Altay and the rich historical materials already found, and confirmed that this region was the birthplace of human skiing with a plenary basis. (Relevant papers of experts and scholars could be consulted)

1) The ancient Altay Prefecture possessed all the natural conditions for the origin of skiing and ancient humans had lived here through the middle and late stage of the Old Stone Age. The ancient humans, inspired and motivated by the abundance of snow,

were bound to invent and develop the origin of skiing for their survival and livelihood.

2) Stories and records of skiing from a variety of views and dates can be found in many historical books of our country for some nationalities like the Dingling and other northern areas. Relevant stories and records had been noted and researched by several scholars at home and abroad. Many works has been published in a variety of scholarly issues. The description of the ancient Altay Skiing in the winter by Herodotus, a historian of Greece in the fifth century B.C., is the oldest document with a description of skiing known to date.

3) An ancient song named "Skiers and Hunters' Ditty " passed down from a middle Ages song by Wuliang Tuwa Mongolian and Wulianghai Mongolian in Altay vividly gives us a picture of the ancient scenes of skiing and hunting.

4) Until today, the wide Altay Prefecture still is a remote and isolated area. Hence, the ancient Altay could have been more remote. So, it is concluded that the ancient skiing equipment and modes are the inherent and traditional skiing culture and not foreign introductions, and can be considered a "living fossil" of the area.

5) For human's skiing, a historical age of about 5,000 years has generally been accepted in international academic circles. And information on the discovery of some skiing relics dating back 8,000 years has come out of Russia. But the rock paintings in Altay have a longer history, being at least 10,000 years, through textual research.

The research for origin of skiing in the past ten years was a long and hard process and met with problems several times. But researchers, with the courage and support from the Chinese Skiing Association and Altay City Party Committee and Altay People's Government, overcame difficulties in many aspects; constantly correcting their subjective and one-sided consciousness with courage; they continuously broke through various false beliefs and subservience to overseas research trends, and carried out their research work scientifically until their final success.

6) Before the publication of this book, Shan Zhaojian was rewarded by international skiing organization the medal and certificate for his contributions to world skiing on March 5th, 2010. This shows the international recognition for the research that Altay in Xinjiang of China is the birthplace of skiing.

Fig. 13 Mr. Shan Zhaojian(middle) receiving the award given by international skiing organization

We can say with pride "Altay, Xinjiang of China is the birthplace of skiing" is scientifically verified, and will stands up to the inspection of time and space!

Wang Yitao, chairman of Chinese Skiing Association indicated that in the speech at the conference in Beijing "the declaration that Altay, Xinjiang of China is the birthplace of skiing now faces humans all over the world…"! (*See A Speech Delivered on the Press Confrence of "Altay of Xinjiang, China is the Original Place of Skiing" by Wang Yitao-Director of the Winter Sports Management Center, China General Adiministration of Sports and Chairman of Chinese Skiing Association on Dec.15, 2006*)

Notes by the Editor:

①The pictures of the article are from the writer and the propaganda Department, Altay City Party Committee, Shi Zhiqiang, Zhang Liang Qiu Ling and Gao Yang etc.

②The manuscripts mentioned in the article are all collected in the historical book *"Altay, Xinjiang of China is the original place of skiing"*.

Altay prefecture of Xinjiang is One of Cradles for Human Skiing

By Liu Yongnian, the first Chairman of China Skiing Association (in 1994)

1. Northern peoples skiing at the early Tang Dynasty

With regard to the origin and Original Place of Skiing in China, many experts and scholars traced the original skiing activity in China back to the early Tang Dynasty based on the multiple ancient history books that kept a record of "wooden horses". The supporting arguments are northern peoples' skiing events recorded in *History of Northern Dynasties* by Li Dashi and his son, Li Yanshou, and *Book of Sui Dynasty* by Wei Zheng and Yan Shigu. We note that all of the above writers are contemporaries. The article in *Shiwei Section of Book of Sui Dynasty* is read as: "it took 11 days to travel from Southern Shiwei to Northern Shiwei, which was divided into 9 tribes… The climate of North Shiwei was so cold that the snow was horse-deep. In winter, North Shiwei People lived inside holes in the earth while most of the horses and cattle froze to death. North Shiwei People was deer hunters who ate deer meat and wore deer skins. And they also dug in the ice to catch cuttlefish and turtles with fishing nets. Due to heavy snow cover, North Shiwei People rode on wood in case of pitfalls." The similar discourses can be found in Shiwei Section of History of Northern Dynasties at that period, as well as General Study of Literary Records by Ma Duanlin at the turn of Song and Yuan Dynasties. It seems that the discourses in the above 3 books came from the same origin, depicting the Shiwei Tribe's custom of wood riding. They also indicate that the exchange between the Shiwei Tribe and Central China developed during the period from the Northern Qi Dynasty to Sui Dynasty. According to a History of Northern Dynasties and Book of Sui Dynasty, the Shiwei were divided into 5 major tribes and Wood Riders were related to the Northern Shiwei, and lived near the Nenjiang River Basin (currently Qiaihaer) at Sui Dynasty. See *Exposition on Wood Riding* (Han Dan. Physical Culture and History Volume 4, 1989) for more details in this aspect.

Ancient skiing events in China were also recorded in Huihu Part II of New Book of Tang, Zailiuguo of Tong Dian by Du You at Tang Dynasty, Yongzhi of History of Song Dynasty, Yearly Record of Capital Splendors of Yuan Dynasty and Popular Treatise by Qu Hao of Qing Dynasty, which are all related to the wood riding and the Turk's wooden horses recorded in the history books of the early Tang Dynasty. Northern peoples started the practice of skiing to assist in their transportation, production and life, which is also reflected in a series of articles such as the Skiing Events of the Hoche People and the Skiing Events of the Owenke People by Wang Zhaowen, the Skiing and Hunting of the Olunchun People and the Skiing Events of the Manchu by Zhang Huanqing, Northeast China Children's Fondness on Snow and Skiing and Hunting Legends in the Changbai Mountain Region collected by Liu Yu and Feng Yun. These subsequent surveys all prove the history records on the creation, existing and development of skiing in the early Tang Dynasty and beyond.

However, none of the above old scriptures and history books give the time and place on the origin of skiing; only depicting such events at a certain place or among certain people. It was attributable to the limited information held by the writers at that time. It may be worthwhile to remark that no textual research has been made on whether or not there exists any history record of skiing prior to Tang Dynasty. Therefore, the origin of skiing in China has been mostly based on the history books at the onset of the Tang Dynasty for a long time.

2. Skiing records in A Chinese Bestiary

In the 18th Volume of A Chinese Bestiary (Classic of Regions within the Seas), there is a paragraph describing the skiing of the ancient Dingling people as: "the people in the Kingdom of Dingling have their legs under their knees covered by furs and run fast". With only a few words, this paragraph is quite confusing. Pei Songzhi noted in the History of Three Kingdoms as: "Wei Lue said, according to Presbyter Wusun, there was a Kingdom of Horse Shin located in the Northern Dingling. Sounding like a wild goose, the local people have only half a human body. With their legs under the knees covered by furs, they run fast without riding on a horse. And Shihanshenai also said, without a horsewhip, these people run three hundred li a day like galloping horses." With a few more words, Pei Songzhi used the quotations from Presbyter Wusun and Shihanshenai to make the explanation that without a horsewhip, the Dingling People in the Altay runs three hundred li a day on a hoof-like utility. There is no doubt that such a hoof is a kind of ski or snowboard since ancient scholars may express their own understanding in simplified words and they also needed to translate the minority language into Chinese.

A Chinese Bestiary and the History of Three Kingdoms with Pei Songzhi's notes left later generations the legacy on ancient people skiing in China. However, such a shortcut doesn't give us more details. In order to clarify the situation, we can solve a couple of problems as follows:

(1) What book is A Chinese Bestiary?

According to Cihai (a well-known Chinese lexicon and character dictionary), A Chinese Bestiary is an ancient anonymous geography work in 18 volumes, of which the compilation date is still an open question. Most modern scholars hold the view that this book was not written by one person at one period; rather, 14 volumes were written at the period of the Warring States and 4 other volumes were completed at the early Western Han Dynasty. A Chinese Bestiary mainly introduced the geographic knowledge of the folk stories, including mountains and rivers, roads, ethnic groups, commodities, medicine, sacrifices, witch doctors and so on, and conserved many myths and legends of ancient times, which is a reference value to the researches on ancient history, geography, culture, transportation home and abroad, folk customs, and myths.

(2) Who is Pei Songzhi?

Pei Songzhi (372 A.D.–451 A.D.), is a historian of Liu Song of the Southern Dynasties. With a courtesy name of Shichao, he was born in Wenxi (currently in Shanxi Province) and appointed as the Doctor of the Imperial Academy and the procurator of

Yongjia. On the 6th year of Yuanjia of Liu Song Dynasty (429 A.D.), he received orders from Emperor Wen to document the History of Three Kingdoms with notes. He had learned widely from some 140 kinds of books and made notes three times the amount of the main body of the book. His notes conserved a lot of historical materials and created a new paradigm for note edition. His son, Pei Si, also known for history book notes, wrote the collected commentaries for Records of the Grand Historian (Shiji or Historical Records).

(3) What is Dingling?

According to Cihai, the Dingling, which may have a variety of spellings, is the name of an ancient ethnic group. In the Han Dynasty, the Dingling were mainly distributed in the region that is currently to the south of Lake Baikal, and were defeated by the Huns at the early Han Dynasty. In the 2nd year of Benshi of the Emperor Xuan (72 B.C.), the 5th year of Yuanhe (85 A.D.) and the 3rd year of Zhanghe (88 A.D.) of Emperor Zhang of the Han Dynasty, the Dingling cooperated with the Wusun, Wuhuan and Xianbei and provided support to the army of Han Dynasty to defeat the Huns, then moved westward. At the Eastern Han Dynasty, part of the Dingling moved southward, and until the era of the Western and Eastern Jin and the Southern and Northern Dynasties, Dingzhou Dingling, Zhongshan Dingling and Beidi Dingling were distributed in the current Shanxi and Hebie Province, which means they integrated with other ethnic groups. The major part of the Dingling resided to the north of Mongolian Desert, which was known as Chile in the Book of Jin Dynasty and Tiele in the Book of Sui Dynasty.

(4) Where is Altay Prefecture?

According to Cihai, Altay is the name of a former prefecture, in which the Altay Ministry of Law was established by the Qing Dynasty at Chenghua Temple (located at the current Altay of Xinjiang), having the jurisdiction over the territories of three tribes, namely Altay Wulianghai, New Torgud and New Huxut. After the revolution of 1911, the Ministry was changed into the Commissioner directly under the leadership of the central government, having the jurisdiction over the territory equivalent to the current Altay of Xinjiang. In 1919, this prefecture was further changed into the Altay Road under the jurisdiction of Xinjiang Province.

3. Studies on Dingling skiing history by overseas historians

In their research papers concerning the origin and birthplace of human skiing, many famous overseas historians believe that Dingling peoples in Altay had been engaged in skiing activities since the ancient times. Below are excerpts from these papers.

(1) The 2nd century B.C.

From the existing information provided by the Winter Sports Museum of Sapporo, Japan, the 18th Volume (Classic of Regions within the Seas) of A Chinese Bestiary (the ancient Chinese geography) once had the following description as: “the people in the Kingdom of Dingling have their legs under the knees covered by furs and run fast”, which was the earliest record on skiing in China. The so-called Kingdom of Dingling refers to the country founded by the nomadic Turkic ethnic group, covering an area from the south of Lake Baikalto the Altay Mountains.

(2) The 3rd century B.C.

Also from the information in the Winter Sports Museum of Sapporo, Japan, a description is read as: “…in addition, the Annals of Wei, an ancient Chinese book, pointed out at the end of its 35th volume that there was a Kingdom of Horse Shins located in the Northern Dingling, and local people sounded like they were wild geese, only having half a human body. With their legs under the knees covered by furs, they ran faster than horses and they were brave and resourceful in battle”. This paragraph also clearly depicts the situation in which ancient people galloped on the snowfield.

(3) The 5th century B.C.

In accordance with Mr. Shiratori, a Japanese historian and D.A., Herodotus, the great Greek historian, described skiing in the 4th volume of The Histories as: “the people in the area of Altay have goat-like feet and run in snow in winter”, which depicts the tradition of local people running in a valley like goats with skiing proficiency. It is possibly the earliest document concerning skiing.

Among the ancient books preserved in the Winter Sports Museum of Sapporo, Japan, there are also documents concerning the structure of skiing utility, which was recorded in the Kingdom of Liugui in the Biography of Foreigners from the East at Tang Dynasty (the 7th century A.D.). This record was detailed in the article of the

Explanation on Wood Riding, written by Han Dan of Harbin Sports Institute.

4. Comprehensions on two issues

(1) The description as "their legs under the knees covered by furs". It is an issue resulting from the view of observer. The writer or the information collector may only see the people wearing a hoof-like utility from a distance. As a matter of fact, it is a matter of common practice that people in severe cold regions wear a kind of knee boot with the fur on the outside for the purpose of resisting cold or working in snowfields. In Siberia, Russians have the habit of wearing a kind of knee high felt boot, and people in the mountain areas of Northeast China are fond of multiple types of knee boots in the winter, such as arctic boots in the mountain areas of Jilin and Heilongjiang, which are commonly called "Tangtang Horse" and "Tangtang Cattle", with the fur on the outside. From a distance, the part below people's knees looks like fur-covered limbs when people wear such kinds of boots to resist cold weather. Therefore, it is entirely possible that the Dingling people in the Altay actually wore a kind of knee boot with the fur on the outside.

(2) What is the so called "hoof" or "goat horns"? We believe that these are names for the skiing tools used by local people. At present, such tools are called skis in China or something else in other countries. For instance, in Tang Dynasty, writers described skis as "wood" and skiing as "wood riding" in their books. And such skis are known as toe boards or Jinle among the Hoche and Owenke peoples, or skateboards in some places. In view of this, it really makes sense that the ancient Dingling People called skis a "hoof" or "goat-like feet".

5. Conclusion

On the basis of the above quotations from A Chinese Bestiary, Herodotus' history book and Mr. Shiratori's discussion, we can say with pride that the Dingling people who dwelled in Altay Mountains of Xingjiang, China are the earliest ethnic group engaged in skiing activities and the Altay region is one of the areas where human skiing first occurred.

Skier with "hoof style" snowshoes found in Altay of Xinjiang

Rock paintings (left) and picture (right) showing the skiers with "goat horns style" skis

Ancient long-barreled hair boots

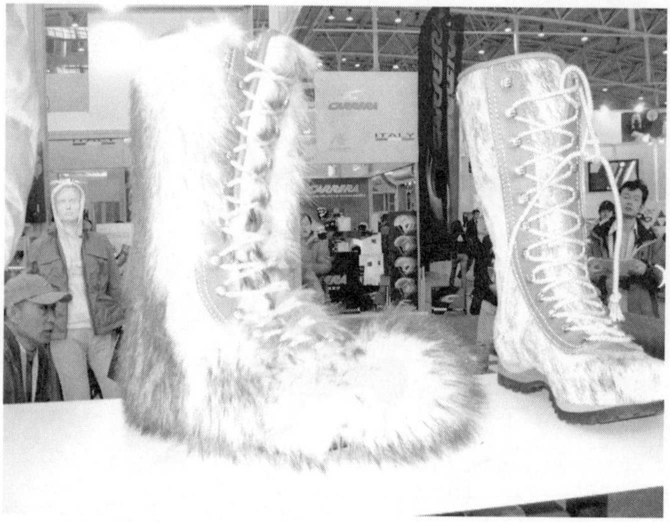

Modern long-barreled hair boots used in Northern China

Note 1: this article is first published on the 4th volume of Physical Culture and History reviewed by Mr. Shan Zhaojian and issued by State Physical Culture and Sports Commission in 1994, and then included in the Information Publication for the Press Confrence of "Altay of Xinjiang, China, the original place for Human Skiing on December 15th, 2006.

Note 2: all the pictures in this chapter are added by Mr Shan Zhaojian so that readers can have a better understanding to this chapter.

All Basic Conditions for the Origin of Skiing Can be Located in Altay Prefecture of Xinjiang, China

By Shan Zhaojian, technical consultant of Chinese Skiing Association

(in 2004)

1. Geographic and cultural background of Altay prefecture

Altay prefecture is situated in the Northwest of China, and the southern Altay Mountain area totals 117,000 sq.km., of which 32.47% is mountainous areas, 22.2%, hills and stream valleys, 35.49%, wilderness, and 9.82%, deserts. The highest point above sea level is the 4,374-meter Friendship Peak in the Altay Mountain to the north, and the lowest point is located at Sangequan Depression in Fuyun County, which is 317 meters below the sea level. Within the cold area under typical temperate continental climate, Altay prefecture has complex and varied terrains and landforms. Altay City, the capital of Altay prefecture, is located at the ultimate southern foot of the Altay Mountains and the northern shore of the upper reaches of the Irtysh River, between the region from 87°07' E to 88°38' E and from 47°14' N to 48°38'N.

Rosy dawn of Altay prefecture

As one of the horde lands for northern ethnic groups in ancient China, the vast territory of Altay prefecture has remained based on agriculture and a animal husbandry economy until the end of the 20th century.

(See Chorography of Altay prefecture for more information.*)*

Snow-capped mountains in Altay

2. Rich natural resources for skiing in Altay prefecture

With mountains, peaks, hills and rivers, Altay prefecture has endless area of rugged terrains, a lush growth of trees and grass, abundant agricultural products, and sufficient forage. With the abundant rivers and fertile land, the area is particularly suitable for wildlife to thrive in here. During the long winter, Altay prefecture always has frequent and abundant snowfalls, and a heavy snowfall may bring in more than one-meter deep thick snow here. In addition, with a steady climate and light winds, Altay prefecture also has very long snow retention period. In winter, the high mountains and forest of Altay prefecture are wrapped in sliver and white snow, an especially enchanting slight.

(See Chorography of Altay prefecture for more information.*)*

Snow-covered forests in Altay

3. Skiing events in Altay prefecture traced back to ancient times

Although the rich winter resources in Altay have not been developed yet in a modern scale due to limiting factors such as transportation, economy, society and thought, the tradition of practical skiing has been naturally passed on in Altay prefecture from generations to generations through thousands of years of changes.

In Altay, the ancient skiing tradition of using hand-made skis of pine wood and horse leg skins has been carried on. This is a typical utilitarian-type of ski, adaptive to both cross-country and alpine types of skiing.

Altay skiers skiing downhill in Altay Mountains with ancient fur skis

4. Altay prefecture boasts all the basic conditions needed for being the place of origin for human skiing

Certain conditions must be satisfied for being the place of origin for human skiing. Over a decade, we have carried out a thorough and comprehensive study, with research and analysis into the characteristics of skiing sports and their relationship with natural material conditions and development of human civilization, and thereupon firmly believe that the following conditions are directly related to the Original Place of Skiing:

① Skiing must originate from a region with a cold climate;

② Skiing must originate from a region with abundant snowfalls and a long period of snow retention;

③ Skiing must originate from a region with convenient wood resources (extensive forests) for the making of "skiing equipment";

④ Skiing must originate from a hilly region where skiing sufficiently embodies its advantages in speed and utility;

⑤ Skiing must originate from a region with early and well-established human habitation, which not only provides the necessary natural environment for the survival and livelihood of ancient people, but also enables skiing to be an important utility for transportation and hunting.

With continuous changes in social activities and natural conditions, Altay prefecture still preserves cold climate and abundant snowfalls. In addition, with extensive forests, it possesses convenient wood resources for the making of skis using local materials. And finally, in Altay prefecture, snow covered mountains are everywhere, and peaks and hills are covered by heavy snow through the winter. At present, Altay prefecture still has abundant resources of surface water, most of which are pure. Water resources are divided into 3 major water systems, including 56 big and small rivers as well as 4 lakes with water storage capacity of 100 million cubic meters each. With a lush growth of trees and grass, Altay prefecture has 34 species of wild animals and some 100 species of wild birds. On top of that, there are a great variety of ancient relics, including multiple Paleolithic historical sites, presenting a dense atmosphere of a hunting economy and nomadic culture… Therefore, Altay prefecture is particularly suitable for the survival and livelihood of ancient people, and satisfying all basic conditions for being the place of origin for human skiing.

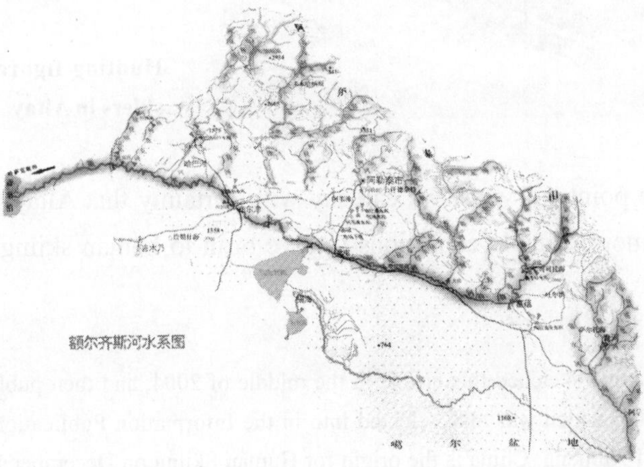

The hydrographical chart of the Altay Mountains and the Irtysh River

In ancient times, after gradually figuring out the characteristics and properties of snow, those ethnic groups that lived in Altay prefecture as hunter gatherers eventually invented tools such as "skis" and "sleds". By using these tools, the ancient peoples were able to avoid being trapped by the snow, and then learned to slide on the snow, giving them the ability to collect, hunt, transport, and migrate among vast snow-covered mountains and lands. With the advancement of human civilization and the improvement of skiing tools, on the snow, skiing gradually become seen either like a boat or the galloping horses of the ancients, particular for survival during heavy snowfalls which restricted walking or horse-riding. Therefore ancient skiing styles that had spontaneously been inherited in Altay prefecture through many generations writes their history of the origin of human skiing to sufficiently justify many arguments.

Hunting figures of ancient skiers in Altay

From multiple points of view, we can say with certainty that Altay prefecture in ancient times had more suitable conditions to give birth to human skiing than it does today.

Note: The author first sketched this article in the middle of 2004, and then publish it in China Skiing Network in 2005, which was also selected into in the Information Publication for the Press Confrence of "Altay of Xinjiang, China is the origin for Human Skiing on December 15th, 2006.The author made a special speech in the same press conference to give an overview to the audiences. In order to further highlight its theme, he also made necessary deletions in this article in May, 2008.

Research on Altay, the Original Place of Skiing

—By Wang Bo, researcher of Xinjiang Uyghur Autonomous Region

During the middle of November in 2005, I got a call from Shi Zhiqiang working in the Propaganda Department of Altay, talking about rock art of a skiing scene which was discovered in Dundebulake rock cave in Altay city. He also informed me of the opinions of Shan Zhaojian who is a technical consultant of Chinese Ski Association. When I was in Tan Dahai's office, the leader of Bazhou Relices Management Station in Kurler city, I felt very excited, but doubtful as well. This was because on July 9 2005, we had investigated the rock art, and thought its date to be in the late Paleolithic and the motif was hunting. It was a great pity that we didn't discover any pictures of human figures at that time.[1]

After coming back to Urumqi, Shi Zhiqiang eagerly mailed me some materials and photos concerning skiing of the human figures skiing from the rock cave. Although I was very familiar with these pictures, I had to completely change my thinking on

1 By *Late Paleolithic Rock Cave Art of Dundebulak in Altai Mountain,* Wang Bo, Zheng Jie Turfan Study, vol.1,2005.

the pictures of the human actions and movements. Then I found the paper on *The Resplendent Skiing Culture in Altay——Altay is or is one of the places of origin for skiing* by Shan Zhaojian on the Internet[2]. His paper was objective and talked about some common sense of skiing. He also said "in a recent year, I found some new discoveries during an investigating in the field. In an ancient painting inside a rock cave, there were many line pictures of animals with 'skier' figures above. The picture showing skiers standing on skis and holding a staff in the hands was clear." As to skiing, Shan Zhaojian should be very familiar with it, so he could judge that they were skiers by "figurative lines", "standing on skis", and "holding a staff in the hands". It was an interesting discovery. For prudence, I gave some serious study to the materials from the Dundebulak rock cave art again, and felt his opinion was reasonable. I was intrigued to do more research on the origins of skiing.

1. The Altai Mountains were a snowy place in the7th century BC.

Ancient skiing must possess some basic natural conditions. Shan Zhaojian put forward 5 conditiongs:[3]

① It must be a place with cold weather;

② It must be a place with heavy snow and that lasts a long time;

③ It must be a place where people could get wood for making "skiing tools"(near a forest);

④ It must be a hilly place that could reflect the speed and characteristics of skiing;

⑤ It must be a place where human settlement occurred early and skiing would be necessary in local people's lives and lifestyles.

---

2 Shan Zhaojian, the technical consultant of Chinese Ski Association:*the Resplendent Skiing Culture in Altay ——Altay is or one of the Original Places of Skiing*, on internet *websites of the* Chinese Ski Association.

3 Shan Zhaojian, the technical consultent of Chinese Ski Association:*the Resplendent Skiing Culture in Altay ——Altay is or one of the Original Places of Skiing*, on internet websites of the Chinese Ski Association.

Nowadays, natural places used for skiing all possessed the conditions ①, ② and ④, it was cold; ②, it snowed heavily and snow could be lasted for a long time; and④, it was hilly. Today's Altai area and Altai Mountains have these conditions. The climate is a typical temperate mainland winter climate. In the winter, it snows frequently and heavily, and snow can be kept for a long time. According to some historical records, in the 7th century BC, the Altai area may have been covered by snow all the year round and was very cold. Dating the stage of the Altai Mountain's history, people mainly refer to two kinds of historical materials: one was western historical information, for example *Histories* by Herodotus; the other was Chinese historical information, such as *Shanhaijing, Huainan Zi*, and *Songs of Chu*.

During 450-440 years BC, Herodotus traveled to Olebiya (Kerchi in today), the outlet of Bugehe in the northern bank of the Black Sea and other Greek colonies.[4] He visited Scythian and Greek areas, and knew about the culture and geography to the east of Scythian settlement. He also quoted his predecessors' records of long poetry, the *Dumupian* by Aristeas. Aristeas lived in Pulokanais of Marmaila and was born in the late of 7 century BC, traveling to the eastern end of Scythian.

Volume IV of the *History* by Herodotus recorded Scythia and inhabitants to the east[5]. Tanais (the Don River in today) was the Scythian eastern boundary, and the opposite of it was the Sauromatae, who lived from the concave bank of Moetis (Azov in today) and to the north in a 15 days' distance. The Budini lived to the north of them. North from the Budini(who maybe lived in what is called Salatuofzhou today) one goes through barren land, for 7 days' journey, then turning to the east, there lived the Thyssagetae next to Iyrcae(maybe what is Yixim today). Crossing their settlement to the east were also other Scythinan tribes (maybe living in the grassland of Akmolinsik). All the places being referred earlier were flat plains.

The places of other Scythina tribes to east were rough and rocky (maybe the hills and desert to the north of Kazakhstan today), from there one came to the place of the bald headed people (probably on the western edge of the Altai Mountains), who were

4 *The collection of China and Foreign's History.Sun Peiliang—the trade road of Scythia, and the ten legends of victories in every battles in Asia*, in the compilation of China and Foreigner's History, volume 1.

5 Herodotus, *History*, translated by Wang Yizhu,Commercial Press, 1997, Beijing, P265–344 in the first volume.

named the Argippae. From here the way forward was not clear. Because of the high mountains, no one could cross them. In the mountains there was a kind of man with goat legs who slept 6 months in a year. At this time, the Issedones lived in a place to the east of the bald headed people. Further than them, we could only hear about. There has been mentioned a one eyed people and Gelipusi the guardian of the gold. Each place, as said earlier, was extremely cold, and 8 months of the year were in intolerably cold weather. Further people lived outside the north wind. Altay is transliteration in ancient Turkic. The Altai Mountains were named the Golden Mountains in history, which is a very old name. In Asia and Europe many places imported gold from the Altai Mountains, where gold was found and mined in early times, Gelipusi the guardian of the gold should be in the Altai area to the south of the Altai Mountains in today.

The Altai Mountains are located in the north of Xinjiang, in the northwest of China. The weather conditions should be similar to the northern and hyperborean places in ancient Chinese documents. They were the cold mountains and northern most areas referred to in *Shanhaijing, Huainan Zi, Songs of Chu.* So it was obvious that the Altai Mountains was extremely cold in the 7th century BC and covered with snow all the year round. According to today's weather, this is a little exaggeration, but undoubtedly they have a long and cold winter. In fact such weather conditions may have occurred earlier. It would have been during the remainder of the last ice age 10,000 years ago. The climate warmed gradually, which created good natural conditions for ancient people to invent skiing for hunting. From the Tang Dynasty, the climate in Altai Mountains changed. According to Chinese historical materials, the north area of the Altai Mountains was "snowy in the winter and hard to pass through"[6]. The southern mountains may be similar to today, snowy in the winter, making the appropriate conditions for the tradition of skiing to be passed on.

2. Skiing occurred in the late Paleolithic

Today we can see that nomad use very old style skis in the Altai area, and the skiing method is also unique. Perhaps we can deduce that the origin of skiing related to the early nomadic economy. But condition No.5, one of five basic natural conditions having

---

6 Cen Zhongmian, *History of Turki*, vol.2, China book bureau press, 1958,P724.

been put forward by Shan Zhaojian, is that it must be a place where human settlement occurred early on and skiing could become an actual need in local people's way of life. The former means humans lived and developed to certain stage. From ancient times to the present, the Altai Mountains have always been good for hunting. We could suppose that skiing should be closely connected with the hunting economy. Skiing might have originated in the late Paleolithic. During this time, in the Altai area the fauna changed and the style of the hunting economy developed rapidly. At that time hunting with skis became an important part of the inhabitants' livelihood.

According to ethnographic materials, it was clear that skiing was closely connected with hunting. When Russia scholar A.M.Zuolotalief researched the Tongus tribes (Ewenk), who were widespread in the north of Siberia,[7] he found that they hunted animals by skiing, which arose with their developing progress of material culture. In the legends of the Ewenks, their ancestors were hunters and moved by skis. In Asian ethnography there is a lot of material about modern skiing and hunting. For example, the Ewenk's skis were exhibited in the original Inner Mongolia museum. In the Sino-Russia year 2006, in the Russian folklore exhibition in the Peking Century Altar Museum, there were pictures of the Jieryak living in the lower part of Heilongjiang and Tartary holding skis, hunters from Yakut, Chukeqi, and Tongus in Siberia, with skis, as well as Ewenk skis exhibited that were used in the beginning of 20 century in east Siberia. Hezhe named skis"qiaerqik", similar to the Ewenk, and used them as hunting tools. Dawur called skis "kenguleng", and used boar's fur to cover them. Senlinwulangha, a branch of Mongolia, was introduced in *Shi-ji* by Lashite, that "they made a kind of special board called Cha Na, and stood on them; a strap was used as a rein (fastened on the front of the board), then they held staffs and poled with them, (sliding) on the snow like boats on the water. They hauled other connecting boards and put game on them"[8]. So it was obvious that skiing was for hunting to the Wuliangha

7 Translated and compiled by Ethnic Institute of China Social Science Academy, *Collection of Translation on Ethnic Hstory. M.Liewen.research on the origin of Tongus*, Science Press, 1959, P39–40.

8 *Culture History of the Northern Nation in Ancient China*, edited by Zhang Bibo, Dong Guoyao, Heilongjiang People's Press,1995, Haerbing(*Shi–ji,* by Lashite, book 1 of the first volume, Commercial Press,1982,P203).

of Mongolia. At the same time, when we investigated the skiing for the modern Mongolian and Kazakstan nomad, we found that they kept such traditions. So they could hunt in winter in the snowy mountains. They used horse legs skin with the fur to cover the ski bottoms.

Ethnography materials also showed that the speed of the original skis were very fast. Volume 6 of *Heilongjiang Records* said that "when it snowed heavily, people stood on wooden boards about 5 chi. long, and held long poles like what are used in boating, poling forward. By virtue of the snow, they could move fast and turn easily. *Damingyitongzhi* quoted *Shuyuzhouzhilu* in Yuan Dynasty, the ski was called a 'wooden horse', 'which was similar to a bow, and was tied to the feet for skiing. The speed was fast and both of them were only used on the ice and snow'".

According to historical materials, we found that in Sui-Tang Dynasty, inhabitants in the Altai Mountains areas lived by skiing and hunting. In the Tang Dynasty, the ski was called a "wooden horse", or "riding wood", and skiing was called "riding wooden horses". Both Jiegu living in the north of the Altai Mountains and the Baxini in the south of Baikal had the custom of hunting with wooden horses.

"People hunted animals by riding wood and run up and down in the mountains like they were flying"; "people were fond of hunting and they rode wooden horses for chasing prey in mountains like flying"; "In Sui dynasty, people heard that in the south of the Bei-hai of the Bei-Ting and south of the Jiegu there was a place 9000 li awayfrom Dunhuang where a group of people lived near the mountains, and were strong and good archers. The land there was covered with snow. These people used wood as horses and chased deer on the snow. The wood was like a shield raised at the front end and was covered with fur on the bottom. On the mountains people slid down by standing on them, moving very fast like running deer. When on the flat land, they poled the land on them like boating, and when climbing the mountains the pole held them." Besides these, we could find similar records[9], both in *Tong-zhi•Bosini* and *Wenxian-Tongkao•Bosini* In *Xin Tang-shu•Huigu zhuan*, the author described the skiing movements of three Turkic tribes: "they walked by riding wooden horses on ice and stood on boards. The speed was fast". According to uses, it was obvious that skiing was

9 Cen Zhongmian, *the History of Turki*(the last volume),China book Bureau Press, 1958, P728, 760.

adapted for the hunting economy in snow. The hunted prey was mainly deer.

Herodotus recorded the relative habitats of Scythia and the eastern people, as well as their economic conditions. Scythia was divided to agricultural Scythia and nomadic Scythia, while Yierka, Thyssagetae, and Lyrcae belonged to hunters, and bald people who lived on fruit. In the paper, the hunters all hunted on horseback. Besides the limitations of some natural conditions, hunting with horses should be more advance than hunting using skis. In other words, the former was a little later than the latter. At the same time, he also recorded a kind of human with goat legs, but he didn't discuss their lifestyles. As to a human with goat legs, G.Rawlingson explained that the man living in the mountains runs fast like a goat[10]. When Shan Zhaojian referred to it, he quoted Japanese historian Bai Niaokuji's words, who said that "people living in Altai area had goat's horns, running on the snow in winter, and they were used as skiing tools to walk fast like goats in valley. It may be the earliest documentation of skiing". The explanation was reasonable[11]. In winter, seeing from a distance, skiers sliding on the hills was interesting, because they, liked goats, bounced up and down. The inhabitants should be a skiing and hunting people. In *Lubulukdongxingji*, the author recorded a group of shepherds named the Qierqsi, as well as the Wulianghai, who wrapped burnished bones under the shoes, which could increase their speed[12].

Shanhaijing•Haineijing completed in the Warring States, recorded that"the people of Dingling country had knee-high fur on their legs and horse-hooves, and were good at walking". According to *Shihanshenwu*, Guo pu noted that "the horse was driven by itself and ran 300 li a day". In *Sanguo-zhi•Wei-zhi•Wuwan-Xianbei-Dongyi-zhuan* by Ke An, Pei Song according to *Wei-lue* noted that "the elder Wu Sun said in the north of the Dingling was the Majing country, where they had knee-high fur on their legs, horse legs and hooves. They walked fast like a horse but didn't ride them."[13] Both in *Shi-*

10 G.Rawlingson, the translated version of *History* by Herodotus, London, 1862,vol.3, note7 in P18, P115.

11 Shan Zhaojian, the technical consultant of Chinese Ski Association:*the Resplendent Skiing Culture in Altay —Altay is or one of the birthplaces of skiing*, on the internet of the Chinese Ski Association.

12 *Lubulukdongxingji*, China book Bureau Press, 1985, P279.

13 *Shan Haijing*, corrected by Yuan Ke, Chendu Bashu Press, 1996, P527.

ji•Hun-zhuan and *Han-shu•Sun Wu-zhuan* the Dingling had different writers describe their character. The homeland of the Dingling changed gradually in history. *Haineijing* recorded "Dingling country" was located on the "inner North Sea". We didn't confirm that this was identical with the North Sea (Baikal today) referred in *Shi-ji* and *Han-shu*, but it was near. In the Han-Wei Dynasty, the Dingling lived to the north of Hun and Kang-chu from west of Baikal to Barkshen[14]. Knee-high fur on their legs, being good at walking and running 300 li a day were the description of skiing, skiing movements and speed. In the development of history, the Dingling may have kept the tradition of skiing and hunting in the mountain areas. "Horse-hoof walking movement" may be connected to the skis wrapped in the fur of horse legs used today by the Altai inhabitants.

Both in modern and historical ethnography, we can see that skiing is closely related to the hunting economy. Skiing was a particularly effective tool that developed out of the hunting economy. It is clear that hunting is a very ancient method of subsistence. Because of the limitations of the natural conditions in the Quaternary period of the whole Paleolithic, inhabitants in Altai Mountains all lived in a hunting economy. In the Quaternary, the environment of the area was dominated by the ice age. In Eming county of Tachen, the west mountain areas of Junggar Basin, and the front of the Altai Mountains, mammoth fossiles from the ice age have been discovered, as well as in Yili. In fact, in the middle and late of the Quaternary period, they had been found in many places in north Asia, even in Tajikstan in central Asia. At the beginning of the Holocene, the mammoth in the late Paleolithic became extinct in the Altai Mountains. Then, deer, wild horses, yak and gazelle from the Baikal region migrated to live in the area. This period lasted until about 15000 years ago, when the places then met the five factors provided by Shan Zhaojian. In the later period of the hunting economy, with the changes in game species, inhabitants of the Altai Mountains invented skiing, so that today people can find the amazing pictures depicting the actions of skiing and hunting.

3. The picture of skiing and hunting in the rock cave of Dundebulak

The cave art of Dundebulak located on the upper part of Dundebulak valley, about

14 Duan Lianqin, *Dingling, Gaoche and Tiele*, Shanghai People Press, 1988.

4 kilometers northeast of Handegate Mongolian autonomous town in Altai city (fig.1). Four caves have rock art. No.1 and 2 are in the east of the valley, and No.3 and 4 are on the opposite side. They are in scattered locations but not too far apart. The rock caves were formed by the erosion of rain and wind. They are small and shallow, and the three walls and ceiling are all uneven. They could have been temporary places of shelter for hunters.

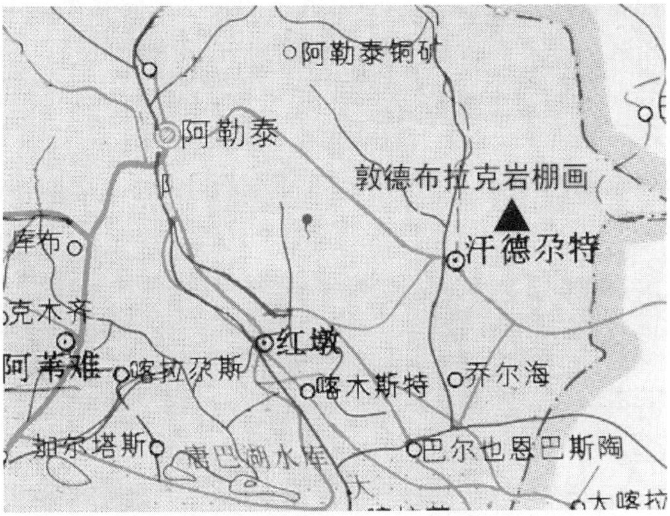

Fig.1 sketch map of rock cave art of Dundebulak

As to the content, the four caves of Dundebulak mainly reflect hunting scenes, especially encircling hunts. The picture in the No.4 cave is clear (fig.2). The cave is on the west side of river, higher than others. Its opening faces to south, and is 4.9m wide, 1.4m high and 2.7m deep. The rock paintings are on the western wall and two big animals, a wild bull and a deer are in the center, with some hunters on two sides. The animals are line drawn, with bodies that are big and strong. The deer is a little higher than the bull, and they are back to back. The deer's head faces to the north while the bull's head to the south. They somewhat overlap. The back legs of the deer are on the shoulders of the bull. There is a javelin painted through the fore neck and buttocks of

15 "Chapter one, the Environment of Nature"and "Volume 1 of the Mid-Asia Civilization"by V.M.Masong, published by China Foreign Translation Publishing House, UNESCO, in 2002.

the deer, and the fore neck and scruff of the bull. The human figures on the two sides are smaller and drawn simply. On the left side, 4 people stand in a line and on the right side 3 people are recognizable. It is obviously a picture depicting hunting. The picture depicting skiing and hunting lies on the No.1 cave(fig.3). The opening of it is 3.5m wide, 0.8m high and 1.7m deep. Three curving walls and the ceiling all have rock paintings. Besides a few and obscured pictures on the western wall, the rest are all clear and complicated in design. Generally, they reflect a hunting motif. The pictures include animal and human figures, such as wild bulls and horses. Near the entrance, there is a wild bull with double horns forward, a thick neck, long mouth, and short legs. Its body is obviously bigger than the others. The wild horses mane's bristle, some run and some walk. In the cave, there are also human face lines, short lines, three-line patterns (some seem to be hand prints) and a few simple signal patterns.

Fig.2 No.4 rock shack, round hunting

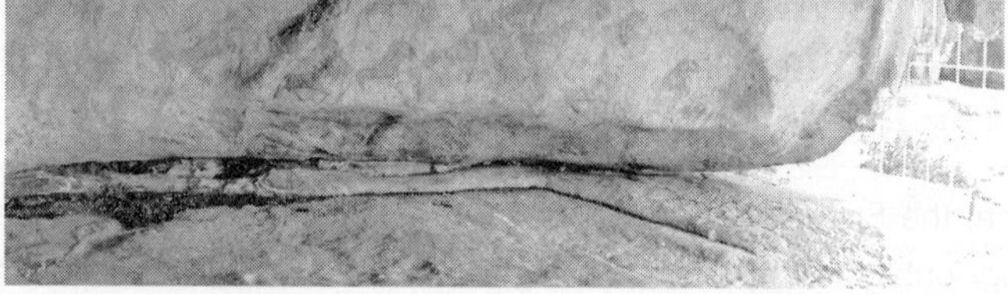

Fig.3 rock painting on the east wall of No.1 cave, skiing and hunting motif

There are 4 group pictures of human figures in the No.1 cave:

Group 1, is a hunting picture in the front wall with a hunter holding a bow. The hunter stands straight with three short-line patterns on his head. His left arm stretches horizontally and holds a bow with arrow. The right arm bends at the waist (fig 4). The color is a bright red ocher and the figure is somewhat stiff.

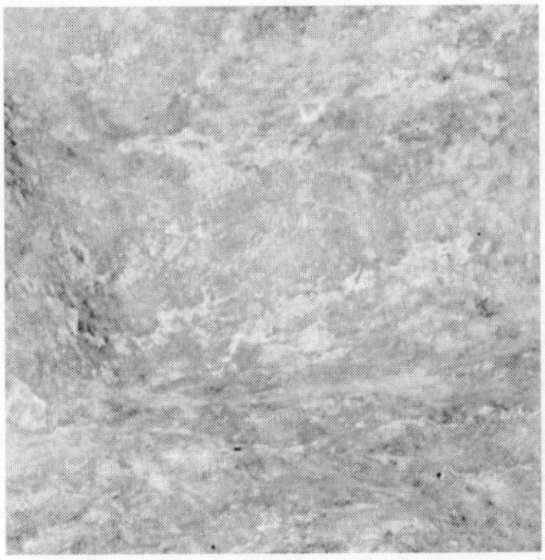

Fig.4 rock painting of a human figure in Group 1 of the No.1 cave

Group 2 has two dancing people on the eastern wall (the upper group), and one is short while the other is tall. Both their heads are round and feet face to right like they are walking forward. The taller one is on the right, with a long neck and a left arm that bends to waist, while the right arm bends to the neck. The shorter is on the left, with a short neck, a long body and short legs. The body looks likes a triangle with broad shoulders and a slender waist (fig.5). The ochre of the rock painting is a little lighter.

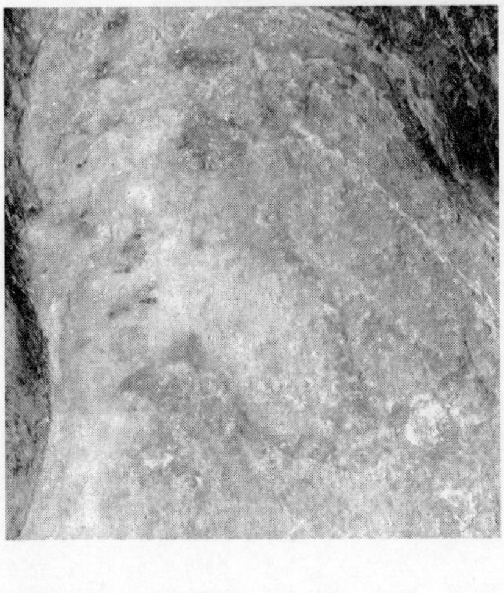

Fig.5 rock art of human in Group 2 of No.1 rock shack

Group 3 is also on the eastern wall under Group 2(the lower group). There are 10 people. Six of them are clear, standing in line and similar to each other. The heads are divided into round and non-round, and the latter resembles an animal's. These men have broad upper limbs, slender legs, with bending body and knees, and walk cautiously and slowly. All the pictures may show a scene of preparation for hunting. The heads pretending to be animals' should be hunting masks in order to confuse the animals. The shapes of headwear are somewhat like a sheep or deer's horn (fig.6).

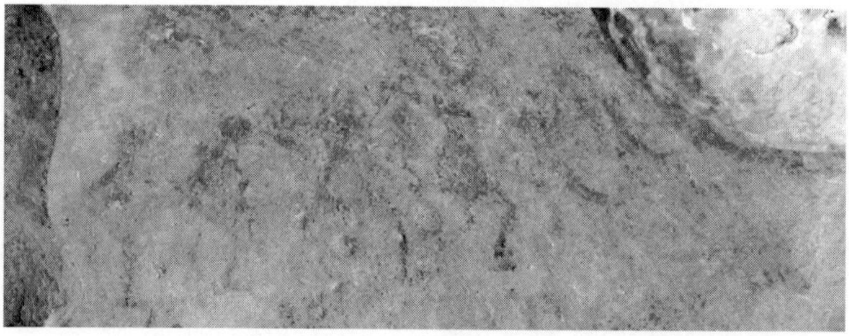

Fig.6 rock art of human figures in Group 3 of the No.1 cave

Group 4 is on the lower part of the front wall, and follows animals such as a bull and horse. The picture is obscure except for four people. The left one is a painted upper body, and holds a long stick in the right hand for throwing (fig.7).

Fig.7 rock art of human figures in Group 4 of the No.1 cave

The human figures in Group 3 and 4 are deep red ocher.

Shan Zhaojian thought the human figures in Group 3 of the No.1 cave in Dundebulak were skiers.

He said that, "in recent years, I found some new discoveries in my investigation on this spot in the Altai area." On the top of an ancient colorful rock cave, he found many animal figure and 'skier' figure' images. The pictures of people standing on skis and holding a single pole are very vivid." I agree with him. Although we are not experts in skiing, and "holding a single pole", and "standing on skis" are hard to identify, the act of bending the legs to ski is easily recognizable. At the same time, under the latter people's feet, we found short skis, on which Shan Zhaojian and other skiing experts came to an agreement and thought they were very clear.

On the cave paintings in Dundebulak, people used different color shades that were divided into red ocher and deep red ocher. Pigments should be red iron ore (ocher), which has a steady chemical property, so it could be kept for a long time. Animals on the eastern wall and the human figures in Group 3 were painted in deep red ocher, and the hunters holding bows in Group 1 on the middle of the front wall were in red ocher. There were some changes in the style of the painting, displaying the different stages of the art's creation. Generally speaking, the human figures of Group 3 in the No.1 cave belong to the early works, and the date of the painting is no later than 10000 year BC.

On the research of rock art history, rock paintings with masked hunters had occurred in the Paleolithic, such as the rock art in Zhalawutesayi of Kugetang in the south of Uzbekstan. At the same time, we compared early animal and human figures in the No.1 cave of Dundebulak with the cave art of Lasite and Norksi in France and Altamila in Spain, and found some similarities. For example, they drew wild animals and motifs that were mainly about hunting. Painted animals were clumsy and realistic in the artistic style. So it was found that we dated the cave paintings of Dundebulak in the late Paleolithic 10000 years ago. It meant that before 10000 years ago, inhabitants in the Altai Mountains had invented skis and entered into a skiing and hunting economy. It would have been a revolution in productive tools, as well as an economic revolution in the late Paleolithic.

4. Research on the Origin of Skiing

According to folklore material, we can find many records of tools related to skiing activity, objects such as skiing shoes of the Eskimo being found both in Europe and America, which illustrates that these occurred early and were kept a long time in some group'sculture and cultural uses. In archeological materials, we also found a few. In the bone tools culture of the late sub-stone age (the end of Paleolithic), skis were found in the far-northern areas (fig.8), and appeared to be tools used on snow and drawn by a kind of power[16]. In the Luositokaf No.2 ceremony, located in the Omusikzhou area along the Erqisi River in the east of Russia, a bronze knife (sword) was unearthed, where it was placed in the ground near the head of a burial[17].

Fig. 8 the remains of a wooden ski by one group for hunting

The knife's body was heavy and the handle's section displayed a flat oval shape, decorated with floating lines. The lower half of the section had an I-shape and the shape of skier drawn by a horse was carved on the head of knife. The skier was near the horse and pulled by reins. According to the shape of human, it is maybe a male, with a broad face, and the characteristics of eyes, nose, ears and headwear are recognizable. In addition, he has prominent cheekbones, raised outer corners of the eyes and a flat face. B.H.Maqiushenk thought he belonged to the Mongolian ethnic group. Looking from the back, his head is small and round and he is wearing a crown. The body is tightly wrapped in thick coats and we can feel the scapula under the coats. He is bending; hands stretched forward, thighs apart, and right hand pulling the reins. His facial features are worn off, because of being attached to a belt. The left hand bends slightly and is raised a little. The man stands on a short ski that is raised in the front.

---

16 *World History of Stone Age*(Japanese, vol.1), by O. Miken, translated by Feng Gangzheng

17 [Russian]*Culture Phenomenon of Materllurgy in the North of Ancient Asia-Europe*, E.H.Qierneihe、C.B.Kuzimineihe, Science Press, Moscow, 1989

We obviously can feel that the man is nervous as he reins in the horse. The attitude of the horse in the sculpture is just the opposite. It stands quietly with a big head and a bristling mane. Seeing from the left side, the mane resembles a horizontal pole. The horse's hooves are simple. The whole knife is 295mm long. It belongs to the Saiyima-Turnobing culture, 14-13th century BC. It is a very important archeological artifact (fig.9).

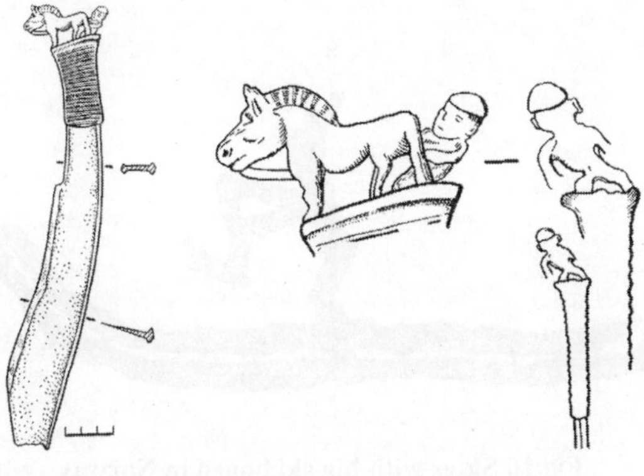

Fig.9 a bronze knife excavated in Rostov, Russia

Skiing should be closely connected with the tools associated with activities on snow, or, while being quite different, they may develop from some type of snow related tool. We can't discount some snow tools that are only associated with transportation of goods on snow or to facilitate walking, but skiing is more connected with the hunting economy. So it is important to research the origins of skiing. We have found records of skiing in documents from the 5th century BC. Generally speaking, the historical literature is more recent than the archeological discoveries, so we use archeological materials to date the origin of skiing. The original skis were made of wood and fur, which decomposed easily. So in archeological excavations, it has been hard to find remains. Because of this it is difficult to carry out a scientific discussion on the origins of skiing. At present, we have not defined when and where such a unique system of movement as skiing originated, but with the discoveries of archeological material, humanity's understanding will gradually increase.

Over a long period of archeological activities, people have found a few artifacts related to skiing. Accordingly, people have formed different opinions on the birthplace of skiing, which has gradually changed with the new discoveries. At present, one opinion is that the origin of skiing occurred in Northern Europe because rock art from about 3500 BC was found on a small island to the north of Norway. It depicts a man wearing a pair of large skis and skiing. Pictured in this image, a man stands on the skis and slides forward using a stick. The stance is quite standard: The body leans forward, with legs bent at the knees. The figure looks like he is wearing a suite and a hat with rabbit ears (fig.10).

Fig 10 Skier with big ski board in Norway

In 1992, a ski dated to be 4500 years old was discovered in Namutlan, Sweden and collected in Jiyujiaden Museum. The ancient Roman poet Virgil had also referred to skiers in Northern Europe in the narrative poem the *Aenied* 2000 years ago. In 1200, Sverre, the king of Norway, dispatched spies wearing skis in the battle. Six years later, a most dramatic event happened in Norwegian history: In order to avoid the violent civil war, two close guards carried away the baby king Haakon•Haakonson quietly by skis[18].

Interestingly, in 1960s, remains of skis made 8000 years ago were found in the peat swampland in Vis near the Urals in the northwest of Russia. They were bent and were equipped with "brakes" carved in the shape of a moose's head. The ski was quite advanced, and inhabitants could slide quickly with it (fig.11). It showed that skiing must not of originated in Northern Europe, and that the date of origin should be earlier

18 (Britain) Peter•James, Nike•Suo, *Century Ancient Civilization–Sledge and Ice Shoes*, World Knowledge Press, P77–79.

than 8000 years ago[19]. Considering this, people have to consider that skiing may have originated in the Altai Mountains in Asia.

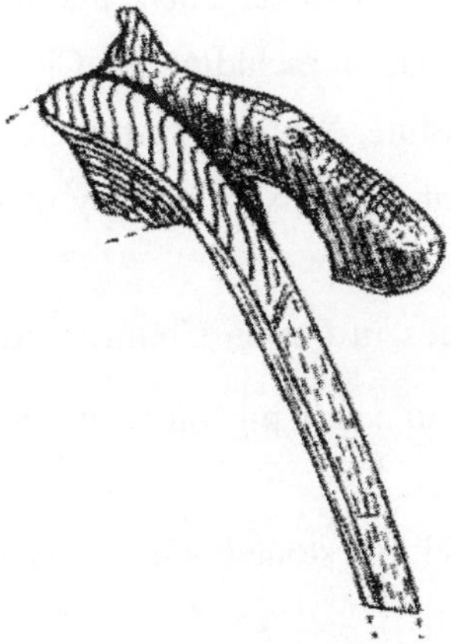

Fig.11 a ski was found in Vis in the northeast of Russia

People holding the opinion that skiing originated in the north of Asia thought that inhabitants living to the west of Siberia (from Baikal to the Altai Mountains) were the earliest people to use skis instead of walking. With the migrations of humans, skiing spread eastward to Alaska and Japan, and west and northwest to the Scandinavian peninsula(Norway and Sweden), and to Central Europe[21]. Shan Zhaojian, Liu Yongnian, Zhang Deshan and Wang Shian made further studies and thought the Xinjiang Altai area was the birthplace of skiing. They also quoted Japanese historian Bai Niaokuji's achievements. He thought "in volume. IV of The *Histories*, the Greek historian Herodotus had pointed out that people living in the Altai area had goat horns,

19 (Germany)Lipusi, *Origin of Material–Chapter 7 transportation on land and water,* translated by Wang Ningsheng,Dunhuang Literature Press,2000, P178–179. http://www.out99.com, the History of Skiing; *Olympic encyclopaedia*, China Encyclopaedia Press, 2000.

20 (Germany)lipusi, Origim of Material–the History of Sking;Olympic encyclopaedia, China Encylopaedia press, 2000

21 Zhang Yuqi, *the Textbook of Skiing Sport·Chapter 1 History of Skiing Sport,* pre–Soviet Russia,1980

and run on snow in winter. The local people had a custom of using skis in order to move fast like goats in the valley, which may be the earliest written record on skiing[22]." In the late Paleolithic, there were people living in the Altai area. Zheng Jie of the local Relics Bureau told me that in September 2004, a series of Paleolithic remains were found by a cooperative investigation including the China Academy of paleo vertebrate and paleo anthropological institute, Xinjiang Institute of Cultural and Historical Relics and Archaeology, the American Arizona University of Anthropology department, and the Russia Far-east Academy.

① They found two places in Fuyun County and collected two or three stone blades: one is a stone core found near a pigeon farm; the other is in a stone blade found by a cement plant near Erqisi;

② They collected a Paleolithic stone blade in Xiaodonggou in the Lasit village of Altai city;

③ They collected two Paleolithic stone blades in Qicai-wan of the Yadan landform in Burjin County;

④ They collected several stone tools in Qinghei County. Many Paleolithic remains were discovered in the Altai hilly area and belonged to the late Paleolithic 10000—3000 years ago. At the same time, they found a lot of stone tools in the Paleolithic camel stones sites in the front of the Altai Mountains, Hebuksair Mongolia autonomous county and Shentologa town in the western mountain area of Junggar. The stones were mainly black shale. The tools consisted of points, scrapers, and many blades, especially Levallois Stone blades popular in Europe. They deduced that the sites were from the middle and late Paleolithic, 50000 years ago[23].

The cave art of Dundebulak should have been carved in the late Paleolithic. The skiing and hunting reflected their hunting economy, belief and attachment to skiing and hunting, and the need to attain prey. This proved that 10000—20000 years ago the Altai area entered into a skiing and hunting economy. These are the earliest archeological

22 The Original Place of World Skiing Sport, edited by Li Hongtao, on China Broadcast Net.

23 *The Decennium of Xinjiang Archeology, The Culture and Heritage of China(the first period* 2007), Xinjiang Institute of Cultural and Historical Relics and Archaeology

materials on skiing and hunting as far as we know and provide credible archeological evidence to prove that Altai area was the birthplace of skiing.

5. Conclusion

We started with a simple view of skiing, feeling it was a type of sport purely for entertainment and health, as well as for competition. Skiing brought health, happiness, and a feeling of well being to people. But through the course of collecting materials, we found the question was not so simple. Skiing was closely connected with the development of human productivity, and an important milestone in human society.

In the middle and late Paleolithic, the Altai area was inhabited by ancient humans, as evidenced by stone tools collected from some sites mentioned earlier. Although we haven't found scholars who have researched the different periods of Paleolithic culture, according to some basic materials there were at least two stages: the middle Paleolithic Age and the late Paleolithic Period. We could presume that the ancient stegodon and mammoth discovered in the Quaternary in Xinjiang belonged to the period from 200000 to 50000 BP. Entering the Quaternary, the climate changed rapidly, and was sometimes cold, and sometimes warm. When it was cold, the ice sheets in the two polar regions extended, and both sea and land were covered by ice and snow. In the mountains, ice and snow compacted along landforms, creating glaciers. The Mammoth became extinct. They had lived in a cold climate and belong to the Proboscidea order Mammuthus genus, existing from the middle Pleistocene to the beginning of the Holocene (15000 BP). Many scholars that have studied the Altai glaciers believe that in the middle Pleistocene, there was a period named the Kumu ice age and in the late Holocene there were two periods: the Daqinghe ice age and Kalasi ice age[24]. In these different glacial periods the bottom of valley had different elevations. Generally speaking, in archeological periodicity, the middle Pleistocene corresponds to the early Paleolithic (1000000—200000 BP), and the late Pleistocene belongs to the middle

24 Li Peiji, *Glacial relics of the Quaternary in Altai mountain areas of Xinjiang*, collected in selections of papers on Geology and Glacier in the Quaternary of Xinjiang, Xinjiang People Press, 1981, P145–156.

(200000—50000 BP) and late (50000—15000 BP) Paleolithic. We surmised that in the middle Paleolithic, early Homo sapiens lived in the northwest of Jungger Basin and were active in the in flatter areas. They hunted mammoths with stone javelins, living through a difficult period in the middle Paleolithic[25]. Then in the late Paleolithic, that was 20000 BP, mammoth gradually became extinct. Deer, bull and horses became the preferred prey of the ancient Homo sapiens. Inhabitants began to enter the mountain areas. It was in that time that hunting with skis was invented. As we have said before, the quarry of hunters with skis was mainly deer. Wild horse, wild bull and deer were the major animals in the cave art of Dundebulak in Altai city. These kinds of animals are all suited to hunting with skis. On a picture by Huang Qing Gong Zhi Tu(the Duty Tribute Picture of Qing Dynasty)(fig 12), we can see paintings of seven people with

Fig12.Hunter with wooden horse depicted in the Duty Tribute Picture of Qing Dynasty

25 There was a field of camp site in Yanjiagang of Harbin. It is located on the second platform of the right bank of Song huajiang to 25 kilometers northwest of the city. Besides several stone tools, there are many fossils of mammoths and rhinoceros, two curving circles piled with two or three hundred kinds of animal stones were cleaned out. The size was appropriate for a dwelling. The distance between them was 40 meters. The remains of ash were left in the circles. So excavators thought it was a kind of settlement like a "hut" and made by ancient hunters in the field. At that time, hunters brought prey back then killed, dismembered, roasted, and ate them. The bones left were used to build the hut for protection from the cold wind. Dating of the site was about 20000 years ago. We could deduce that the original people living in the Harbin area to the Northeast had left the dark and wet caves to live in the field.

different family names riding wooden horses to the hunt[26]. Considering it, stone arrows were used at that time, and people had mastered their skills with the bow. Inhabitants near Altai City use a very old style of skis, which "are skis covered with fur", and similar to those recorded in the Tang dynasty's documents: they resembled a shield with a raised head, and the bottoms were covered with fur. Such ancient skis were more archaic than the remains of 8000 years ago found in Vis in the Urals of Russia. The ancient skis handed down until today not only showed that the history of skiing is very old, but also reflect that the Altai area was quite close and associated with the development of the regional economy. At present, besides the Paleolithic sites, the archeological discoveries of the Altai area include Neolithic sites, represented by microlithic tools discovered mostly in Habahe County along the Erqisi. At this time, the inhabitants lived and subsisted along the river bank, where the terrain sloped gently and they developed a fishing economy. Naturally, they kept the custom of hunting with skis. With the discovery of horse harness in the 8-7th century AD, inhabitants in the Altai area begun to ride horses and gradually entered the nomadic economy. The hunting economy was obviously an auxiliary subsistence method. Although in the Altai area a regional economy gradually developed, the normal conditions of heavy winter snow in the mountain areas hasn't changed. Instead of walking in the winter, skis were not only convenient, but also efficient. So they were popular with the local people and their use was maintained for a long time. They hunted deer by lassoing them. But whether inhabitants in late Paleolithic used such methods needs further archeological research.

So far, I have a lot of theories. To begin with, skiing might have originated for the convenience of people walking in snow. *Bei-shi•Shiwei-zhuan* recorded that "the ground was covered with snow, and people were afraid of falling into holes and walked with wood". At the same time, the origin of skiing was closely connected with using skis for hunting, which was the foundation. Hunting was a group subsistence activity. In the development of skiing history, it was an accident that it originated in the Altay, but also a necessity. We deduce that the Altay is the earliest birthplace of skiing only in terms of present archeological materials. As to its transmission, we are unclear. The

26 *Cultural History of Northern Nations in Ancient China*, cultural volume, edited by Bi Bo, Dong Guoyao, Heilongjiang People Press, P594.

long history of skiing and hunting in the Altai area that has been passed down reflects the transmission of the regional economy and culture.

(Note: This article was the special text of a statement at the press Conference of "Altay of Xinjiang, China is the birthplace for human skiing" on Dec.15 2006 in Beijing, which was originally collected in the *compilation for the press conference of Altay of Xinjiang, China is the birthplace for human skiing*. The conference was jointly issued by Xinjiang Uighur Autonomous Region Museum and Northwest University and sponsored by Xinjiang Altay People's Government and China Skiing Association. For this publication, the article was amended further.)

Some Understandings of the Dundebulake[1] Rock Paintings in Altay of Xinjiang

By Wang Jianxin, archaeologist and professor from the Culture Heritage Protection and Archaeological Research Center of China Northwest University

1. Rock painting and rock carving

The Dundebulake rock paintings (pictographs), which are different from the petroglyphs (Petroglyphs) in the north of Xinjiang or China, were painted with several kinds of pigments. The petroglyphs found in the steppe that represents the ancient nomadic culture were widely distributed in the area between Daxing'anling Mountains and Tianshan Mountains, and were also found in some northern Asian or middle Asian regions, such as Siberia, Mongolia, Kazakhstan, Uzbekistan. The pictographs were prevalent in Europe and India during the late Paleolithic Age, but rarely spread to China. For example, as in the pictographs found in the caves and rock shelters of the Paleolithic Age at Huashan, Guangxi and in the mountain areas of the Altai.

The earliest pictographs found in the caves of Western Europe, especially in France and Spain, are generally considered to be sites of 30,000 years ago. The painted animal figure•12 3es found in the Altamira cave, Santander Province, Spain, include bison, horses, male boars and deer, and are as big as the original animals.

In India, the pictographs were distributed from the Himalaya Mountains to the state of Kerala, particularly in the Bhimbhetka caves of Madhya Pradesh[2]. In these mountain areas, hundreds of caves contain over 10,000 pictographs which were continuously painted over a period of 20,000 years.

The cave pictographs of the Altai are similar to the Paleolithic pictographs in the west of the Euro-Asian continent. During the last Ice Age (30,000—10,000 years ago), there was a large migration of humans from the west to the east on this continent, which possibly is the source of the pictographs of Altai.

2. The dating of Dundebulake pictographs

The pictographs of the Altai usually represent hunting activities, but differ from the petroglyphs associated with nomadic life. In the steppes of north China, the appearance of nomadism was not earlier than at most 3,000 years ago. Animal husbandry, however, arose much earlier, and the hunting economy should be the most ancient. Therefore, in the north of China, the pictographs are generally more ancient than the petroglyphs symboling the nomadic culture, even though they are smaller in quantity.

Fig.1 Bhimbhetka pictographs, Madhya Pradesh, India

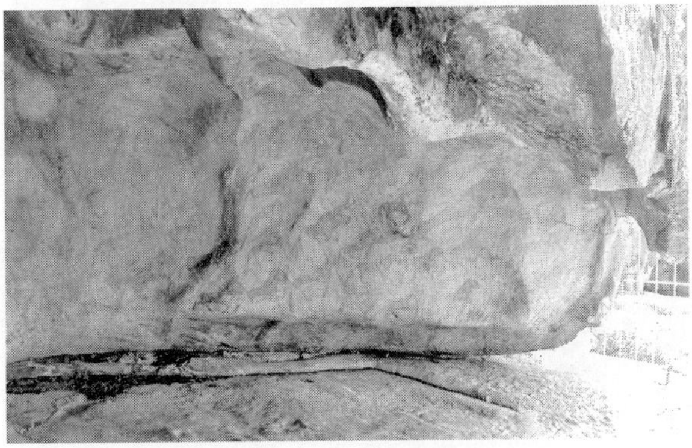

Fig.2 Dundebulake pictographs

In the late Paleolithic Age (10,000 years ago), the techniques of building and making tents had not yet been invented. For this reason, in the last Ice Age, the cave dwellings prevailed on the Euro-Asian continent. The pictographs of Dundebulake were painted under a rock shelter; the location proving that these remains must relate to the cave dwelling period.

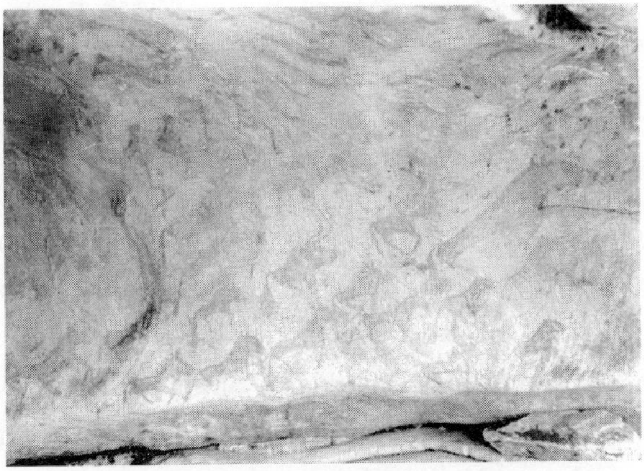

Fig.3 Dundebulake pictographs

Fig.4 Bhimbhetka pictographs, Madhya Pradesh, India

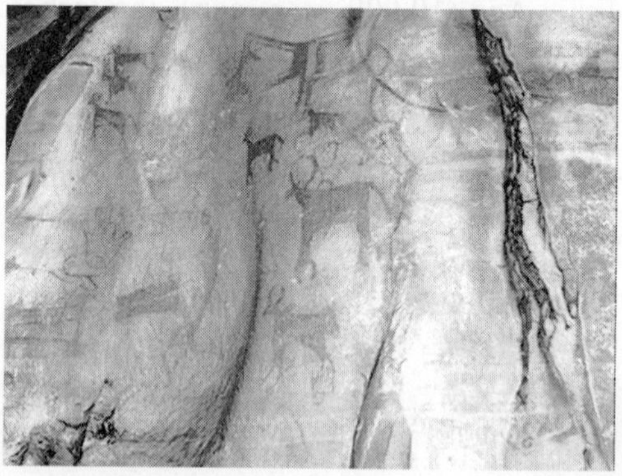

Fig.5 Bhimbhetka pictographs, Madhya Pradesh, India

The figures on the same surface of each rock were not always painted in the same era. This viewpoint has been proven by plenty of new discoveries. From the styles, colors and content, it is obvious that the Dundebulake pictographs are not contemporary. The figures of bison, kiangs and wild horses, which are darker, silhouette-styled and similar to the West European images, must be more ancient than the human figures which are brighter and sketch-styled.

The human figures of Dundebulake which closely resemble the late Bhimbhetka pictographs in styles and colors are also similar to the Tangbale pictographs of Fuyun County, Xinjiang.

Although the Dundebulake pictographs are not contemporary, they are still more ancient than the nomadic petroglyphs. From the styles, contents and locations, they are almost the same as the late Paleolithic pictographs in Europe and India. Therefore, the Dundebulake pictographs can be confirmed as late Paleolithic remains of over 10,000 years ago. On both sides of the Altai Mountains many remains of this kind were found which can prove our deduction.

The dating of the Dundebulake pictographs needs further study including the comparisons of styles and the dating of pigments.

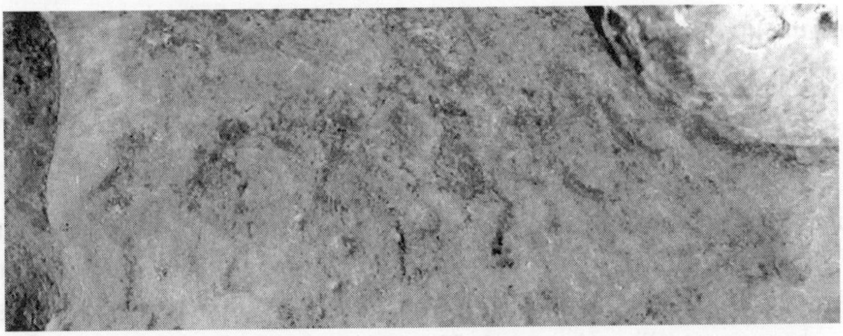

Fig.6 the ski figures of Dundebulake pictographs

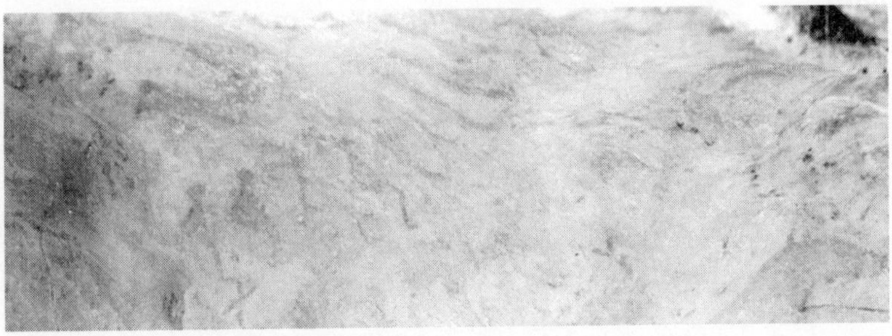

Fig.7 the ski figures of Dundebulake pictographs

3. The Dundebulake pictographs and the origin of skiing

In the Dundebulake pictographs, there are short horizontal lines which look like skis painted under some of the human figures. Moreover, with waists, elbows and knees are bent, and the images seem to be a real scene of skiing. (See fig.6 and fig.7)

From the known archeological materials about skiing, this sport arose over 4,000 years ago in Europe, and over 8,000 years ago in Russia. Therefore, the skiing figures of Dundebulake, dating more than 10,000 years ago must be the most ancient ones in the world.

These painted skiing figures represent the real life of the ancient people; furthermore, the mountain areas of Altai had the natural conditions for the appearance of skiing. Therefore, according to the present archeological materials, the Altai Mountains can be considered as the most ancient place of the origin of for this sport.

In the mountain areas of the Altai, the skiing sport possibly arose in the southern piedmont, because it is a winter sport. The local nomads could live in the north of the mountains in summer, but in winter they had to return to the southern side to find a warm area. This is a common mode of the nomadic life. For the hunting people, this is also a natural selection of the adaptation to the environment.

(Note: Part of this chapter was used as the speech at the press conference held by Altay municipal government and Chinese Skiing Association at the Great Hall of the People in Beijing on Dec. 15th, 2006 when the museum of Xinjiang Autonomous region and China Northwestern University officially released the Altay Declaration. There are some modifications for the chapter in this book)

Relevant Evidence for the Activity of Ancient Humans in Altay Prefecture

By Liu Guofang, editor-in-chief of Western China Research Magazine of Xinjiang Academy of Social Science

(2006.01)

1. Assumptions of the origin of modern people

There are two theories about the origin of modern humans in academic circles. Most scientists are in favor of Out-of-Africa Theory: modern humans arose in one place—Africa while the minority of scientists hold the theory of Multiregional Model which contends that modern humans originate from Asia, Europe and Africa.

Out-of-Africa Theory was put forward by American scientists Wilson and Valais who carried out experiments in two labs in 1987 and examined the DNA in cell mitochondrium to reach the assumption that the ancestors of modern humans could be traced back to a woman called Eve living 150 thousand years ago. The descendants of Eve moved from Africa to other continents and were the forefathers of modern humans. As far as the Dawn Man on other continents being earlier than the "Eve" is concerned, scientists explain that the Dawn Man on other continents died because of cold climatic conditions or was completely conquered by the descendants of Eve.

On March 7th, 2005, the Science Magazine issued an analysis by three researchers from Cambridge University who studied the area that modern humans moved from in Africa to other continents of the world and their relevant genes. It was found that the closer Africans are to Ethopia, the smaller their genetic diffrences. On the path that modern humans took out of Africa to the other continents, we don't find a lot of differentiation of genes that split off and the characteristics of gene variation are not obvious. This analysis further proved the Out-of-Africa Theory.

However, when and how did the descendants of Eve move from Africa to other parts of the world? By traditional theory, it was assumed that pre-modern humans maybe first migrated to the Central Asia and Mid-east, but by the investigation on the DNA sequence of them, they probably moved out of Africa along the coastline of Indian Ocean. The departure time form Africa scientists believed was 195 thousand years ago, earlier than what we previously assumed. By genetics, scientists once predicted that Homo sapiens (modern humans) could originate about 200 thousand years ago and this new discovery proved consistent with the genetical records. It makes scientists in support of Out-of-Africa Model more convinced that pre-modern humans had enough time to fully develop their cultural attributes and dispersed into other portions of the Old World.

Scientists from such countries as India, England, Italy, Malaysia and Germany also reached the similar conclusion that the group of central Asian is the oldest in Europe-Asian Continents, who have the highest genetic diversity and have been regarded as the ancestor of Siberians, Americans and Europeans. After the group of central Asia moved to Siberia, one branch of them migrated to America and another moved to Europe. The modern Europeans are formed by descendents living in the late Paleolithic Age (about 45, 000 years ago) and early Neolithic period (about 10,000 years ago). Therefore, human beings have lived in Altay and other parts of Siberia for a long time.

2. Proof of early human activities in the Altay Mountain areas

(1) the colored rock art in Caves

After unremitting efforts for years, the archaeologists have discovered at least 10 locations of colored pictographs 3 in Altay which depicts the traces of early human activities.

Fig 1. Aketasi Pictographs:

Location: Found in caves built on granite massifs, Balibayi Village of Altay city (25 km away from the city center)

Cave Entrance: Half round, 13m long, 1m high and 1—4m deep

Description: ember-color female genital system like a ling thin spin, 16cm long and 7cm wide in the middle part, companied by four dancers with their hands extending overhead and legs straddled, and 40 drawing lines, a 16cm-tall dancer (see fig below)

Fig 2. Tangbaletasi Pictographs:

Location: found in caves built on granite 25m aboveground level, Tangbaletasi hamlet in Kalabulegen Village of Fuyun County

Cave Entrance: 20m wide, 11.15m high and 11.18m deep

Description: ember-color paintings with complex indications. Two persons with a 25cm-heighted pointed hat, one is 72cm high, 63cm wide and another 170cm high, 102cm wide; 22 parallel lines over their upper face; a pair of eyebrow-shaped lines under those parallel lines and 3 eye-shaped images under the pair;(see fig below)

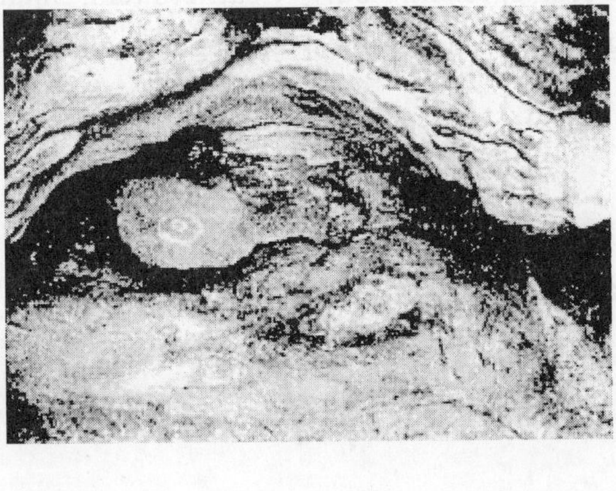

Fig 3 shows pictographs found in a cave that is 60m away from the cave of Tangbaletasi Pictographs.

Cave Entrance: 4.9m wide, 3.2m high and 4m deep.

Description: 32 color figures, one with a arrow in hand and others dancing.

Shaerbulake Caves with Color Paintings (Fig4-8):

Located mainly in Duogategou of Kalatuobei Farming Hamlet in Shaerbulake Village;

Description: peculiar form and varying spaces, some are as big as a palace and some are as small as a honeycomb; massifs found on both sides are surrounded by grass. The image of the pictographs found in these caves depends largely on its surroundings. There are totally 7 caves:

Fig 4

Cave Entrance: 1.6m wide and 1m high

Description: one side has 3 persons (height: 27cm, 30cm and 23cm respectively; arms flagging and legs spreading out), 4 cattle(34cm, 30cm,31cm and 29cm respectively, moving forward) and 1 vertical drawing sign, all are in ember.

Fig 5:

Cave Entrance: a little bigger than pictographs depicted in fig 4.

Description: The figures and triangle images drawn by dots or ember lines; on the top are two lines of geometrical model of human body, under which there are two straight lines and arc-shaped lines; these three groups of acute triangles are in the form of dancers.

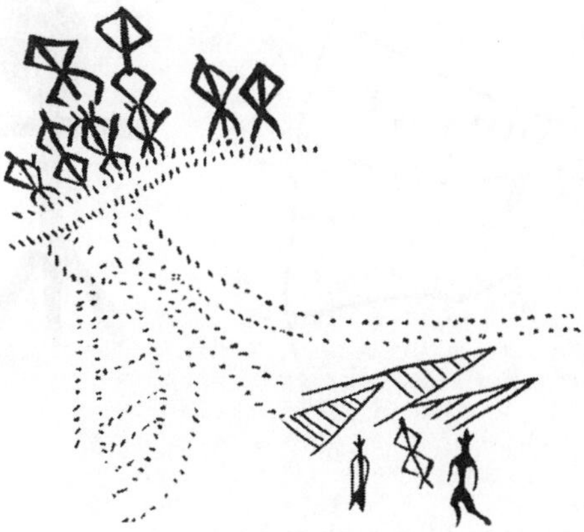

Fig 6

Cave Entrance: 1.7m wide, 1.5m high and 1.3 deep.

Description: 23cm-long ember cow at the bottom left side, surrounding the cow, there are some 33cm-high strong ember persons with their arms flagging and legs spreading out. Those lines, dots and arc-figures give viewers a sense of mystery.

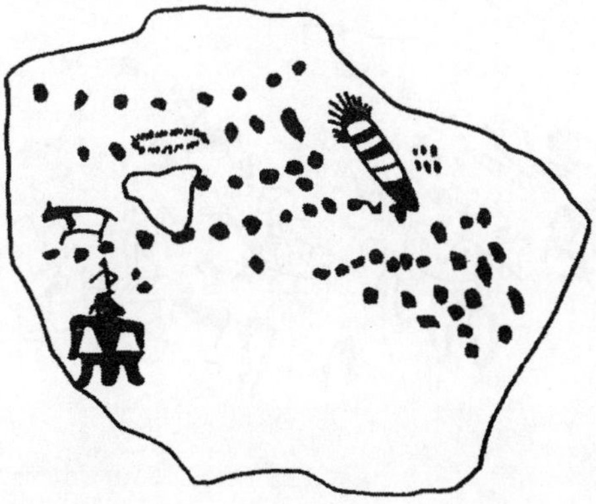

Fig 7

Cave Entrance: 1m wide, 1m deep and 0.5m high

Description: 126cm tall ember figure and 242cm long ember cattle with only half left.

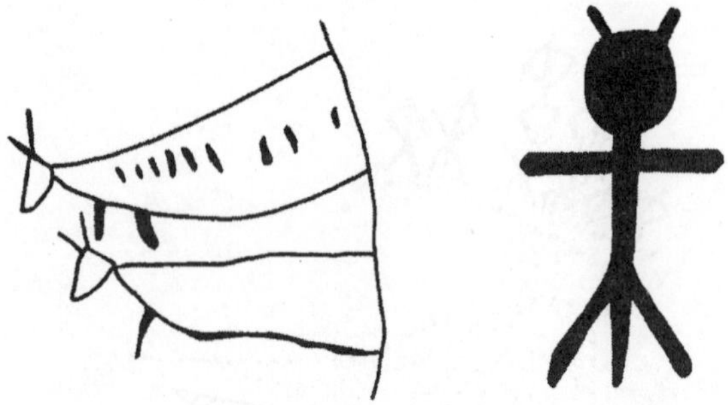

Fig 8

Cave Entrance: 8m wide, 2.8m high and 4.5m deep

Description: with an area of $2.5\times4.5m^2$, showing cattle, horse and persons as well as the hand and foot prints; These persons with big shields are hunters for these animals.

Similar color paintings were also found in caves located in Baerye'enbasitao in Altay and Sangmuershengbulake in Buerjin County. But these paintings were so poorly reserved that we could not recognize those figures clearly. Besides, similar color paintings were also found in Mount Tianshan and Kunlun Mountains.

All these color pictographs can be divided into three categories: First is the Vulvae Worship like Aketasi Pictographs and Fuyuntangbaletasi Pictographs in Altay. Second is the Skiing Hunters. Third is about the primitive witchcraft showed by the seven locations of pictographs found in Duogategou.

The Vulvae Worship reflects the idea of human desire for self-reproduction and tells the history of human evolvement from ignorance to civilization. It indicates that humans mainly struggle for living and reproduction as they WALKED out of the animal world. In ancient times, with low productivity capacity and severe living conditions, primitive humans were prone to be attacked by natural disaster, wild animals and various diseases making the birth rate low and casualty rate high. Therefore, primitive humans were more eager to give birth to babies than got sustained. Under these circumstances, our ancestors were motivated to spend much time and energy drawing and carving those paintings. "The Vulvae Worship is a culture, a culture of primitive humans and even the major spiritual culture of pre-historic humans" by Zhao Guohua in the book "Theory of the Vulvae Worship Culture" (page 389, published by China Social Sciences Press in 1990).

Collecting and hunting were the major means of living for primitive humans in Paleolithic Period and there were a big difference compared with the Neolithic Period. Group hunting was the major means of acquiring the living materials since the productivity force was relatively low in primitive times. The targets of group hunters were large and meaty herbivores like horse and cattle which were gentle and easily caught. The color pictographs in Paleolithic Period found in European countries like France and Spain over a century were believed depicting group hunting. However, In Altay, the color pictographs were created later than expected and most of them contained some abstract figures.

In group hunting paintings found the bow and arrow which was part of Paleolithic Culture. ("Xinjiang Pictographs" by Su Beihai, page 407, published by Xinjiang Art and film Press in 1993).

The invention and application of the arrow marks the beginning of Neolithic

Period. In mountainous areas of Altay, 80 pictographs cites were found, and most of them were about hunting. But it seemed that they did not know how to use the arrows and the only thing they knew seems to cooperate and shot it out at the animals, so they had not entered the Neolithic Period.

Through the investigation and analysis of those color paintings, experts contend that they belong to the remains of pictographs in the Old Stone Age which dates back to nearly 10 thousand years ago. ("The Paleolithic Color Paintings in Caves of Altay" and "Archaeology and Cultural Relics" by Wang Binghua, the 3rd version in 2002)

(2) Heritages of early humans in Altay and its surrounding areas

To testify those color paintings found in Altay were made in late Paleolithic Period ten thousand years ago, we have discovered some heritage cites of Paleolithic humans. Until now, Paleolithic heritage cites have been found in Altay region and its mountainous areas which turn out to be a place rich in heritages of humans. For details, see also the thesis paper by Mr. Wang Bo. Some Russian scholars also said that Altay Mountainous Region was one of the centers for the immigration of humans from the North of Asian Continent to the South of it(A Study of History by the Siberian Branch Institute of the Soviet Union Academy of Science by A•Ê•Aokeladenikefu, record the Selected Works of Soviet Archaeology, page 8-12, Published by Cultural Relics Press in 1980). Some archaeologists from the state of Mongolia also found some ember pictographs which were described as similar to those found in Altay of Xinjiang. As for the pictographs found in Huoyitecaike'er River valley in khovd province in Mongolia, Russian archaeologist Aokeladenikefu regarded them as "a wonderful heritage that is on par with the Paleolithic Cave Art in France and Spanish(quoted from " Xinjiang Pictographs" by Su Beihai, page408, published by Xinjiang Art and Film Press in 1993).

3. Linguistic Proofs

Linguists' research shows that many local dialects across Asian and European Continent belong to the Altaic language family which includes the three branches like Turkish, Mongolian, Tungus. They are distribated in china, Mongolian, Iran, Tuskcy, Soriet Clnion and some Europeen Countrics. The three branches are agglutinating languages and share common features in morphology or word formation. Although it has not been testified as to whether the four branches are of the some origin, the similarity is the result of relocation and overlapping of population.

Based on those analyses, we have reason to believe that humans have begun to live in Altay since the late Paleolithic Period ten thousand years ago.

(Note1: some major ideas and pictures in this chapter are selected from "The Paleolithic Color Paintings in Caves of Altay" and "Archaeology and Cultural Relics" and "Archaeology and Cultural Relics" by Wang Binghua, the 3rd version in 2002)

(Note 2: Part of this chapter was used as the speech at the press conference held by Altay municipal government and Chinese Skiing Association at the Great Hall of the People in Beijing on Dec. 15th, 2006 when the museum of Xinjiang Autonomous region and China Northwestern University officially released the Altay Declaration. There are some modifications for the chapter in this book, and some pictures are also added)

"Skier and Hunters' Ditty", a Traditional Song Handed Down in Altay Prefecture

Vice Township Principal of Handegate Village, Altay, Secretary of Altay Art Troupe Written by Ni Yongmei

Within the mighty and high Mountains,
With bow and arrow made of willow trees carried on his back,
Inclined ski stick is pushed with both hands,
Skis made of the red pine tree and tied to the feet,
Gliding among the pine forest rapidly,
The one who pulls the sheepskin sled on the back,
He is the brave, skillful and wise hunter.
Look at that hunter!
He can run as fast as the antelope in the grand and mighty Mountains,
Traveling to and fro among the pine forest,
It's not possible to catch him,
That hunter is an excellent archer,
Shooting prey one after another,
And the preys are deer and elk.
Inclined ski stick is pushed!

Snow rolls into small balls,
And the balls, rolling and rolling,
Become a much bigger one,
It seems to be racing with the hunter,
Rolling and chasing the hunter,
While the hunter strides on fur covered skis
The snowballs fall behind such a great distance.

Senior artists in Altay are singing the Skier and Hunters' Ditty

(Note 1: "Skier and Hunters' Ditty" is a part of Urtin Duu which is an ancient Mongolian oral ballad in Wulianghai, Altay with a long history. In Mongolian, Urtin Duu means "an eternal song". It has not only long melody, but also a long history. Mongolian Urtin Duu is a kind of oral tradition inherited from the ancients. "Ancient Skier and Hunters' Ditty" originated in Handegate Village in Altay, but nobody can say the exact time that it first began. It can be sure that "Hunter's Urtin Duu" formed gradually when Altay people's ancestors hunted in the mountains and grazed in vast grasslands.

(Note 2: "Skier and Hunters'Ditty" is found and provided by Ms Ni Yongmei, who is a Mongolian and was the former Vice Township Principal of Handegate Village and is the Party Branch Secretary of Altay Art Troupe. In addition, she is enthusiastic in researching and promoting Mongolian cultural heritage and has some notable achievements.)

Specifications for the Ancient Fur Covered Skis and other Supporting Accessories in Current Times

By Shan Zhaojian, a technical consultant of the China Skiing Association, Shi Faqiang, director of the Tourism Administration of Altay Prefecture of Xinjiang Uygur Autonomous Region and Li Hui, Professional technician of the Altay Culture and Sports Bureau of the Xinjiang Uygur Autonomous Region.

(From left to right: Shan Zhaojian, Shi Faqiang and Li Hui)

The age-old skiing equipment of the Altay has developed into a very wide range of individual parts nowadays, including the ancient fur skis and the wooden ski pole, ordinary cotton shoes and leather rope serving the function of a binding. Additionally there is the Altay traditional goat hide bag (sled) and the Altay traditional bow & arrow and components.

Up until now, there has been no answer for the questions: When was this age-old skiing equipment developed and how did they evolve into current state. Local farmers and herdsmen have only told us that their ancestors have long been using this gear in their daily life, for skiing and hunting.

In order to maintain the unique features of the Altay traditional skis and equipment in its ancient style, originality and practicality, as well as to preserve the historical tradition of this ancient hunting by skiing, we have recorded the following descriptions about the original state of this equipment, based on a wide investigation and comprehensive measurements. As follows we have prepared the Specifications for the Traditional Fur Ski and Other Supporting equipment in current times.

1. Altay traditional fur ski

This kind of ski is a typical and practical one, most suitable for using on "curd", preventing the skier from sinking, and allowing its user to walk and slide on snow. It is widely used as a walking and hunting tool, suitable for using in various terrain and snow conditions other complex conditions. Its overall features are as follows:

(1) Skis are used in a pair, usually made of white pine or red pine, and covered on their base with fur from horse legs. This used to be made of deerskin. The horsehair lays pointing in a backward direction. In this direction when sliding it will increase skiing speed, whereas, the horse hair in its converse direction when wh pushing backwards and going up a slope it will prevent the ski from sliding backwards. Now, in order to make it easy to make a ski, ordinary shoe tacks are used to attach the fur hide on to the board, whereas, with no nails available in ancient times, the horse fur was wrapped on to the board by lacing with leather rope or being stuck using the leather rope glue.

(2) The structure of ski is very simple, and is made according to its user's actual requirements. It may have quite different external dimensions, usually having a length of 180–220 cm, but some may be longer (up to 250cm) so as to cater to the use of a taller user.

The ski board is wide, usually in the shape of narrow in front but wide in rear part. The width of its rear end is about 12–18cm, but getting gradually narrow from its front end, the width of its most front end is about 9–14cm, and the width at its middle part is about 12–16cm, the total breadth of the front end, middle part and rear end of a ski should be greater than 35cm. Both sides of ski are in straight shape without any radian, the thickness of a ski at its middle part is about 2–3.5cm, the front end and rear end are a little thinner than its middle part. A ski body is not in a flat structure, the height of the top of the transverse section of a ski middle part is about 2–3cm, both sides have a height of about 1–1.5cm, the top surface of the transverse section of the front and rear part is in arc-shaped. Some skis have a strip on their top surface in their shoe treads in their front and rear ends to reinforce the strength of the skis, the height of the turning up part on the front end is about 10–15cm and the length of the turning up part is about 25–35cm. The upwards angle of the turning up part is about 30 degree or even greater.

At present, the fur skis used in Kanasi and Hemu of Altay Prefecture are obviously longer and wider than those used at Hande Gate Village and Lasite Village of Altay Prefecture for the snowfall is heavier than the later places, but the proportion between their front part and rear part is also small.

(3) The underside of a ski body has no radian, and the whole board body is very strong, so there is almost no elasticity for the ski.

(4) There are 4 vertical holes with about 1cm diameter on the middle part of a ski body so as to let a hide rope go through them to bind skiing shoe, and the separation between each hole is about 6–8cm. A groove is cut between two holes on the underside in longitudinal direction of a ski board, and a hide rope can be gone through from front or back and the ski surface should be flat. The holes at the most front row should have a separation of about 80–110cm from the rear end of a ski.

(5) Nowadays, no metal element is allowed to be used (such as quoits, iron fixture etc.), except the anti-skid pad for fixing board bottom and the top surface of a fur ski with ordinary shoe tack.

2. Skiing shoes and fixing method for Altay age-old fur ski

The skiing shoes for Altay age-old fur ski are not special made shoes but are ordinary cotton shoes.

There is no fixing device for Altay age-old fur ski, the skiing shoe is entirely bound on the middle part of a ski with a hide rope, but the cotton shoe heel can be raised so as to make forward ski easier. Taking the position of the retainer (at sole) as the base point, the front part of a ski is 15–20cm longer than its back part, but the weight of the front part is a little lighter than its back part. The width and thickness of the hide rope for binding are about 1–2cm and 1cm respectively. If a longer hide rope is required, a hole may be cut on a hide rope with a knife for going through or used a thinner hide rope for sewing connection.

A piece of thin rubber pad is to be fixed at a shoe tread so at to prevent the twisting of a shoe on ski.

3. Altay ancient sliding ski pole with single rod

Altay ancient sliding ski pole with single rod is a piece of wood pole, usually made of willow, pine or birch etc. It may have various lengths and thicknesses, usually having a length about 190–230cm and usually longer than its ski, and it may be longer for a good function, and its diameter will be about 3–4cm. A ski pole has a wide use, mainly for keeping balance, accelerating and skiing downhill, and supporting a skier body backward when turning at a down slope. It was used to be a tool for hunting in ancient time.

4. Altay ancient bow and arrow

Current Altay ancient bow & arrow is composed of bow, cord, shaft, arrowhead, quiver and target etc. Nowadays prevailing bow & arrow is no longer the ancient ones for hunting, and the ancient bow & arrow is usually a small one. But, the current bow & arrow is usually quite large, mainly for the purpose of celebration occasions & holidays and performance & competitions at a certain occasions. Now the ancient bow & arrow has evolved into the equipments for recreation, sport & game etc. The distance for arrow-shooting is about 20–30m. The description for current using bow & arrow is as follows:

(1) Bow: A bow is usually about 2.1–2.5 m long, made of red pine or willow etc. The both ends of a bow are in flat-square shape with an area about 6cm×2cm, and its middle part is in a round shape with a diameter about 5cm.

(2) Cord: The length of a cord depends on its bow, usually having a length about 2m and made of hide rope. The diameter of a cord is about 0.5cm.

(3) Shaft: The length of a shaft is about 1.1–1.2m, usually made of birch or willow etc and having a diameter about 1.5cm. The end of a shaft is attached with some fowl

feathers.

(4) Arrowhead: Its length is about 6cm, usually made of hard materials such as animal horns and birch burl etc. An arrowhead is in ball shape, large front end and small back part, having diameters about 5cm and 3cm respectively.

(5) Quiver: It is used to carry arrows, usually made of leather by sewing and at least packing 3 arrows.

(6) Target: There are many kinds of targets, some are made of spread hide, and some are made of hide rope in a ball shape and putting on ground.

5. Requirements of equipment for traditional skiing competitions

(1) Standard Altay traditional skiing equipment should be used for a competition and the original shapes of Altay traditional skis and equipment should be maintained, and it will be absolutely prohibited to be replace these with modern skiing equipment. Alteration to Altay traditional skiing equipment is not allowed, such as shortening, narrowing, or thinning a ski, shortening or thinning a ski pole, reducing the area of horse fur on the ski base, or using a rope to replace leather rope, or shortening a bow etc.

(2) The minimum length of a ski for competition should be 10cm longer than its user's height, the middle width of the ski should be greater than 12cm, its front width should be greater than 10cm and the width of its back part should be greater than 13cm, and the total of the front, middle and back part widths of the ski should be greater than 35cm.

In order to prevent the skiing shoe from twisting on a ski, an anti-sliding pad is allowed to be used on a ski. Iron tack and quoits are not allowed to be used when making a ski. In order to prevent the infiltration of melting snow, only colorless paint can be painted on a ski.

(3) The ski pole for competition should be 10cm longer than the skis used.

(4) When competing, it is not allowed to replace a skiing shoe with modern specialized skiing shoe.

(5) The hide rope for the shoe binding should not be fixed on a ski with iron tacks or quoits, but the shoe binding should be made by going through the 4 holes in the ski.

(6) The hide bag (sled) pulled along during a competition should be made of the fur hide of an adult goat, and should be sewed and bound with hide rope, and the pulling rope should be made of hide and the load should be the same required weight.

(7) Everyday clothes with dark color should be used as costume for a competition.

(8) Requirements of bow & arrow for competition:

1) The requirements of the Specifications for the traditional Fur Ski and Other Supporting Accessories in current times should be completely met in a competition. The bow & arrow and shaft for competition may be carried about or may be put in an archery range.

2) The length of bow should be greater than 2.1m. The length of shaft should be greater than 1.1m. The arrow-shooting distance is 20–30m. The target should be a vertical one, with an area about 1m×1m, better made of top quality hide. The center of arrow target should be about 1m off the ground.

(9) If any skiing equipment is damaged, it can be repaired with some articles (such as iron wire, nail, sheet iron etc.), and the repaired skiing equipment may be used for a competition, but no advantage is allowed from the repair for a competition.

(10) If any older fur ski (without any metal parts) is used in the competition, it should be encouraged.

3 photos are attached

Ancient skis in Altay prefecture

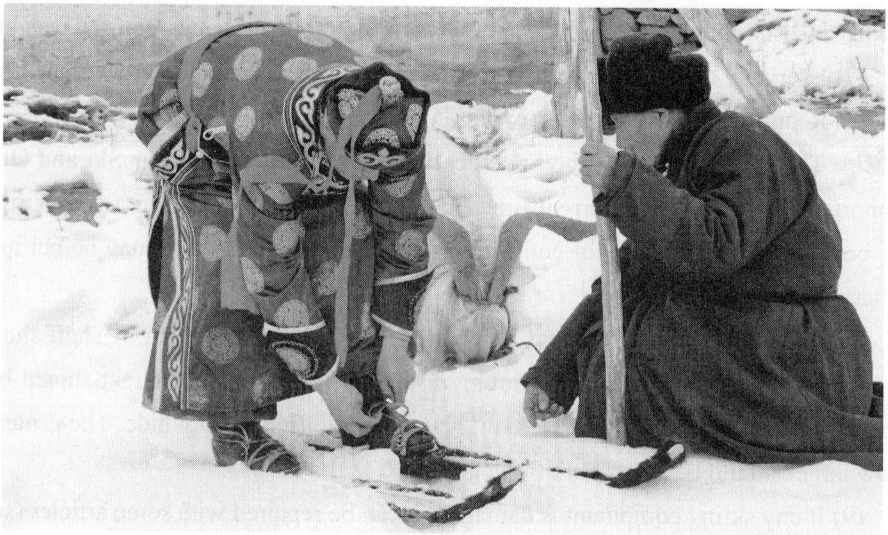

Article skins fixer tied to the ordinary cotton-padded shoes

Ancient bow and arrow of Altay Prefecture

The participants in race are hauling their Altay-type goat fur sleds

Farmers and herdsmen of the Altay are participating in a competition with their handmade traditional fur skis

Documentary Film "*The Timeless Skiers of the Altay*" Introduction

By Nils Larsen, a U.S. ski cultural and historical ski researcher

INTRO

In 2004 I saw an image taken the previous year of a skier from the Altay range in Central Asia. Along with the image, there were stories of a ski tradition I thought long extinct. I was hooked.

HISTORY

The ski is prehistoric, and probably dates back 8000 to 10,000 years.

While most people consider Scandinavia to be the birth place of skiing, in 1890 the famous Norwegian skier and explorer Fridtj of Nansen wrote that skiing may have originated far to the east.

The map he published shows all the root words for skis flowing like veins out of the heart of Central Asia.

There are still lots of debate on the skis origin, but there's no debate that skis have been used in Central and Northern Asia for thousands of years.

I've found a number of references to skiing in Asia. One in particular that caught my attention was the earliest written account of skiing. It's from the Han Dynasty in China, written around 200 BC. (show quote on screen).

"The people of the Dingling nationality living in the Altai Mountains of NW China sped like goats

in the valleys and on the flatlands, wearing the horns of a goat-a kind of knee-high fur boot under

which is a wooden board with a hoof-shaped front tip"

In later accounts skis are written of as "wooden horses".

quote 1

"they are in the habit of running over ice

on the so-called wooden horses that they put on their feet"

from the T'ang Dynasty, circa 600-900 AD

describing the wooden horse turks

quote 2

"in hunting they make use of a foot covering called a wooden horse.

It is similar to a sled but the head is high."

Huan-Ju Ki writing around 980 AD

Describing the Bashmil SW of Lake Baika

When you think of this time and place, when the horse was the ultimate means of extending the speed and range of human travel, it's really a true testament to the power of skis.

All this history just added to my interest in the area, but I couldn't find modern descriptions or even a mention of skis in the Altai region.

INTRODUCTION

The Altai Mountains sit at the junction of China Kazakhstan Russia and Mongolia, the very center of Asia

And in March 2005 Dave Waag, Naheed Henderson, and myself……

Arrived in Chunkor, a small town on the edge of the Altai in the northern corner of XinJiang Province.

Chunkor's a great little town that sits at the end of the plowed road and its the borderland between machine power and horse power.

Along with the three of us that March was our translator, Ayhen, our laison Siduk, ……and some horsemen from Chunkor.

I thought we could get enough images and information on that first trip, but I found the story deeper and richer then I imagined.

So I returned the next January with John Seibert, Akbar, Doni, and Nurbek and again in January 2007 with Ayhen and Doni.

Though I'm still missing a few pieces, here's the story

CHANA

During the winter, the locals here mostly travel on horse drawn sleds, called Chana and we'd often cover 40 to 50 kms in a long day

Traveling on horse drawn sleds

We usually walked behind the sleds going uphill and on the colder days we'd often walk or trot alongside to just to stay warm.

These horses are amazingly tough.

On the January trips we would travel travel 12 hours at-20 or 30 and these horses would have these long icicles hanging from their noses and they'd be white with frost and frozen sweat.

The trails are kept packed by constant use but during times of heavy snow the chanas, and even a horse and rider, can get snowbound.

KANAS, diverge to culture, lifestyle

It's a couple of long days by Chana to get to Kanas Lake, and there's a town near its outlet that we use as a base for exploring the area

Our inspection team in Kanas of Altay prefecture

The houses are all log, and most of them have at least one Chana parked out front, often with a horse in harness, or one tied to a post. It kind of feels like the old west.

But not quite, the people here are a mix of Kazakhs, Tuwas, and Mongols,

All part of a Central Asian nomadic horse culture that dates back thousands of years.

These three ethnic groups all speak their own language, but the common language in the region is Kazakh

It took a few hours to track down our first skiers in Kanas, and the following morning Aukquoan took us skiing on the edge of town.

Aukquoan and his friend were the first Altai skiers I had seen and it was incredible to watch them.

They all ski with a single pole, called a Tiak, which is used for a rudder and for balance, kind of like a 3 point stance.

And their skis……they're made from spruce wood and have skins for climbing permanently attached to the bases. The bindings are rawhide and have less support then a pair of Tevas.

Mr. Nils Larsen and his friends in Altay Prefecture

Within about ten minutes we had a small crowd gathered to watch as we took turns skiing down the hill.

They seemed as curious about our gear as we were about theirs, and like skiers everywhere, we soon had a lively discussion about skis

Aukquoan's friend summed up our skis with the opinion that they were "too short, too soft, too narrow and the tips are just too flat for the deep snow of the Altai"

We all laughed, but in the 3 years of skiing here since that day, I think he's right.

Later that trip we skied with Auding, a Kazakh, who that first winter was living in a herders cabin high above town on a mountain called Boldwadie.

We stayed a few days up there with him and his friends

The first day we swapped skis with them

And we did some tours into the surrounding mountains,

We saw some of our best local skiing on Boldwadie and we spent our evenings in the small cabin under the watchful eye of Auding's pet goat

Zureks

During each visit to Kanas I stayed with Zurek, the local headman and his wife Gomi.

Their place was great for meeting the locals. People were always stopping by, with a question or grievance, or for cup of tea or a shot of the local alcohol.

Their house was large by local standards, full of kids from the hills who would board in town so they could go to the small primary school in the village.

Like most kids we met in the region, they're curiosity quickly overcame their shyness

Erdish

On that first ski day in Kanas we met Yeardish. He was from the area and knew a lot about the local history.

He invited us to come by later for an interview.

He lived in a small log house with his wife, children and grandchildren, a true patriarch.

Yeardish told us people had always skied here.

He described skis as an essential tool for travel in big winters and he told us about their use in hunting.

He told how they basically ran down animals in deep snow, elk, deer, wolves-in fact winter was the preferred season for hunting because skis gave them such an advantage.

I saw Yeardish often on my visits and he had a wealth of information and showed a keen interest in what I was doing.

He was also was a excellent Tsoor player, a traditional flute of the area that is played using an overtone technique, like throat singing

Sadly, on my last trip, I heard from a passing horseman of his death just 2 days before my arrival.

Tubek

Kanas Lake is long, deep and narrow and it has a thick layer of ice all winter that turns it into a road for horses and chana.

We use it to get to Tubek, a small settlement about 12 km up the lake.

Tubek sits on a south facing bench above Kanas Lake.

It's a small community of only about 8 to 10 houses.

Traditionally, they spend their winters here feeding their stock the hay they cut by hand and hunting and trapping in the mountains.

There are endless chores revolving around maintaining their life here and whether it's making rope out of rawhide, or cutting wood for heat, all work is powered by either human or animal.

We've gone to Tubek on every trip and have always stayed with Gessir and Chuken.

Gessir is a skier, along with the other men here.

In fact some of them have 2 or 3 pairs of skis and they go back into the mountains for weeks at a time.

Make Skis

On our first trip, Gessir agreed to make a pair of skis for us so we could document the construction.

Over the course of a few days he basically whittled the skis out of a Samersun, what we would call Spruce.

Gessir did most of the work with an axe, the all purpose tool of the area, and he used it with incredible skill.

Middle break making skis

The skis had to cure before finishing, normally a process of several weeks.

We could only let them dry for a few says, which we spent visiting with people in Tubek, and enjoying our stay.

All cultures here have a rich musical history, which remains a big part of local life.

Putusen was the oldest person in Tubek, and played the Urgul, the Horsehead fiddle.

This ancient 2 stringed fiddle is the origin of our violins and our cellos, of our fiddle and our base; it's the origin of all our bowed instruments.

Gessir and his family enjoyed music too, and our evenings were always full of singing, talk, and Gessir's untunable guitar

After a few days Gessir decided the skis were dry enough to continue.

The bindings are made of rawhide.

The final step is the skins for the base, which have been soaking in hot water so they'll dry tight on the skis.

The skins used are from the legs of a horse, and the universal preference here seems to be the longer and finer hair of the winter coat

After ski making

When we arrive on our first trip to the Altai in late March and early April, there wasn't much skiing going on.

All the skiers told us that they did most of their skiing in December thru February.

In part this was because calving season was in full swing.

This is a critical time for locals, whose animals provide a lot of their food as well as part of their shelter, clothing, tools and nowadays, money.

In Tubek, Gessir and Chuken had 5 new calves, kept in the house and out of the below zero [F] temperatures except for feeding time with their mothers.

But there was another reason that skiing tapered off this time of year.

These mountains may look like they have great skiing but by March the snow is transformed by months of -30[F] and -40[F] degree temperatures into a deep unconsolidated snowpack, where one's skis go right to the ground and sun exposed faces develop breakable crusts.

We did some touring out of Tubek and found the snow to be the worst any of us had ever skied.

After a few days of this, a wide long and stiff ski with a really tall tip, started to seemed like good idea.

The conditions were also some of the most dangerous for avalanches, known as Kush Kun locally. There had been a young man on skis killed by one the previous year just up the lake.

A big part of coming back in January was to be able to ski more with the locals, and though the snowpack was thin even by Altai standards I found at least some skiers that were willing to strap on their skis and head out.

Bater

Bater was 14 when I met him.

We had come to see him after hearing about some good skiers 1/2 days travel back from Kanas on the road in.

His family lived in a small cabin on a bench above Kanas River in a place called Ashabaloch.

Bater was the youngest in a large family and like other people in the region; he lived with various siblings and their kids, as well his parents and grandmother.

At around 95, she is one of the oldest people I've met in the Altai.

Bayan, Bater's father had skied a lot when he was young and he had started Bater skiing at age 7, quite young for the area.

Bater was painfully shy with us, until we got outside and on our skis

Bati, Bater's older brother joined us that morning on the hill behind their house and there was a solid and supportable crust from the night's cold.

Bater and Bati were both comfortable on skis and soon they were trying ours.

Because their skis are always used with the skins on, they are slower gliding then our plastic based skis.

So when we asked if they wanted to try our skis without skins they both said yes.

Bati went first and he had a quite the wild ride.

I thought the young and shy Bater might reconsider but……he was really keen to try it.

Bater loved the skis and he wanted to try turning like we did.

So Naheed showed him some basics on snowplow and edging.

After skiing for a while behind the house, Bater said he would take us for a tour farther up the mountain

On the ski back to the house, Bater used Naheed's ski again

Bater had never skied on a fast glidding ski, used edges, or a ski with sidecut, all this was new to him.

His quickness and balance was remarkable and this shy kid seemed pretty much fearless with any skis on his feet.

I've seen Bater and his family and gotten out for a ski with him on every trip.

But this last year Bater's father, Bayan, had died, so Bater has taken on a lot more work around the place.

Despite this, I was happy to still see lots of fresh ski tracks up behind his house and he's as keen to ski as ever.

Travel to Hkom

On my second and third trip we went to Hkom

The journey between Hkom and Kanas takes about 2 days and a lot of it is on an old trail following the Kanas and Hkom Rivers.

It's a beautiful route but the first time on it we encountered some big ice flows from seeps above the river.

The horses are shod with cleated shoes-they're effective in the snow but their useless on ice.

In these conditions, things would quickly shift from humorous to hazardous.

The 2nd time on the route the ice was minimal and we made good time.

It is common to see the horses trapped in the heavy snow

Hkom

Hkom (Hemu) itself sits in a deep valley along the Hkom River and it's the biggest town in this mountain region.

I've stayed with Bearkhan on both visits here, a widow with 3 children who runs a small guesthouse to get by.

Hkom is a relatively new town. It's mostly log houses and it was built by the government to bring people in from the mountains.

The town is growing due to summer tourism on the recently built road.

In the winter that road closes and Hkom becomes a full on horse town again.

I had been told there were lots of skiers in the area and every morning we'd take chanas out into the country around Hkom looking for skiers we had heard about.

The area is rugged and wild.

Big Mountains rear up from the valley floor and the Hkom River flows down from the borderlands with Mongolia.

My two trips here have been very dry years, but normally this area gets lots of snow, supposedly the most in the Chinese Altai.

Altai skiers in winter of Altay prefecture

It's perfect for the ski culture I'm looking for.

But the skiers are elusive

On the first trip to Hkom we hear of Tentuk, an older skier who is said to still ski a lot, going out for long periods with his sons hunting and trapping to the north.

He's gone, perhaps hunting, but his son goes out for a short ski with us.

My 2nd trip I find Tentuk at home.

He's a small man, in his 60s and still strong.

Tentuk has kind eyes that are failing him now, from a life out in the sun and the snow and in the small smithy next to his house.

He goes skiing with me but he says his skiing days are done.

I also met Kurhat, another older skier living not far from Tuntek.

He was rebending his ski tips when I arrived.

As we were leaving, Kurhat pointed to a prominent mountain nearby and casually mentioned that he had skied down it many times when he was younger.

Chokue

Chokue lived on the other side of the river from Hkom and like some others in the area; he initially wouldn't talk much about skiing.

I knew there was skiing going on but I could sense there was a general caution in discussing it.

I suspect this is because all hunting in the province is now illegal and skiing in the Altai is mostly about hunting.

In time, Chokue did talk to us.

As it turns out he is probably the most well known skier in these mountains.

His stories were incredible.

He told us he uses to ski from Hkom to Chunkor in 2 days pulling his skin sled, that's close to 100 kms through mountains in deep unconsolidated snow.

Chokue (middle) and his "snow friends"

Later, I asked skiers from Kanas to Khom about Chokue, they all agreed that he was the strongest skier. "He never tired", they told me.

Chokue showed us his skis and skin sled, called a *suderga*, in which he would haul as much as 50kgs.

His nephew Tursen skied them for us in back of the house

Now around 80, Chokue keeps busy with projects around his place-he's an excellent wood worker-just finishing this chana for a family in Hkom.

He tells me he's just a simple goat herder, an understatement beyond measure.

As I was leaving I noticed a new pair of skis he was making drying in the eve of his shed.

Conclusion Hkom

On my last trip, the snow pack was the thinnest they'd had in memory. "car̃ jock" "no snow" I heard again and again.

Most skiers I'd met in Hkom area were old, their skiing days behind them.

I felt like skiing here, the snowiest place in the Altai, was dying.

Then, near the end of my stay, I heard about some young Tuwa skiers 1/2 days chana away toward Mongolia, in Boydie.

Tursen

We asked directions as we went from passing chanas or horsemen, and we finally found the place, tucked in a small valley, at the base of a mountain.

There were 3 young men here who had skied together since childhood.

Maman was 18, Ashatu 17, and Tursen, Chokue's nephew I'd met the previous year, was 18.

The skilful Altay skiers

Tursen's father was dead, and he lived with his sister and mother.

She was deaf and mute but raised these great kids in this remote spot, a strong woman in so many ways.

She fed us hot milk tea and horsemeat dumplings and they agreed to ski with me for the day.

After Skiing

Tursen, Maman, and Ashatu were without a doubt the best skiers I had found in the Altai.

Conclusion

This was a great end to the trip and left me with hope for the future of traditional skiing in the Altai.

From the start, I had wanted to document a hunt on skis.

This hasn't happened.

Caution on the part of locals to begin with gave way to a lack of snow on my later trips.

Their method-using the skis advantage to literally run down a large animal-must trace back to the earliest use of skis for hunting.

One of the passages I used in the introduction continues as follows……

Modern skiers in Altay

Perhaps the days of ski hunting in the Altai are over, and with it this ancient ski tradition will fade and disappear.

It's hard work, from the building, to the skiing, to the hunting……

and there's so many changes that support this particular path into the future.

But the Altai is a big and wild place spanning sensitive borderlands to 4 countries. Just maybe some of these remote communities will be able to adapt on their own terms to the tidal wave of the modern age that has swept away so much of humanity's diversity and history.

Appendix1

"Cave Paintings and Summer in the Altai"—Introduction

A friend sent me this article from People's Daily right after my second trip. I returned to China in July with my daughter Sondrea, we met with Ayhenand and Keyoumu in Urumqi and headed back to the Altay. We were able to meet the archeologist Wang Boand saw the cave paintings. It sits in the shallow cave in the foothills. The rock figure along the top is what is believed to be skiers. The paintings are indeed ancient but dating is extreme difficult and the size means further study.

The Dundebulake rock paintings in Altay city

The Buerjin County rock paintings

There is a wealth of petroglyphs in the area, many of which have never been documented. Just this year, some friends near Chunkor found this petroglyph, removed because this area is about to be flooded by a new dam project. We were also able to drive to Kanas and Hkom, both open to vehicles in the summer. The main road is paved, but one can still see lots of yurts in the age-old herding culture on the hills and mountains on the way end.

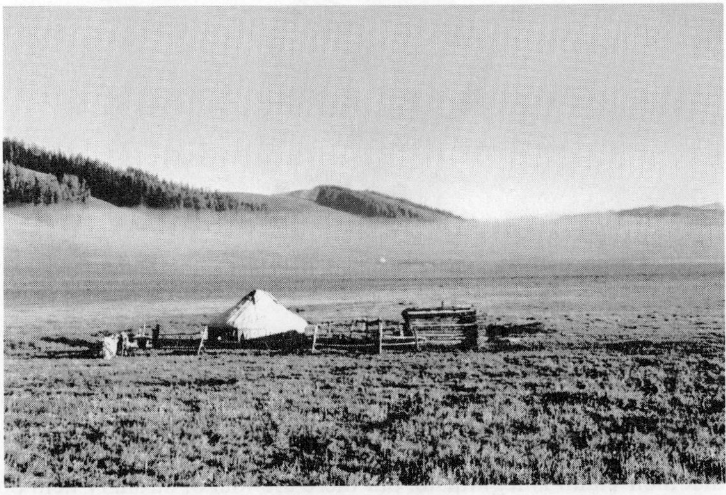

Tents in green land

The area around Hkom is especially beautiful, quite lush and thick with wild flowers. In Hkom, we stayed with Berdihan, and took a short horseback ride to see Chokue. There is now booming tourism business with recent inflow of Chinese coming to this area from the south. There are large resort complex under construction in the mountains and buses carry tourist to Kanas Lake and Hkom. One can easily see the speed of change is accelerating. In Kanas, we stay with Zurik and Yeardish, and then head back to Hkom and Du nei. Du nei's wife and daughters spent the summer milking and drying the milk for winter. We gathered in the yurt for a great meal. It is a beautiful spot, and sitting there among good friends, we seem far removed from the modern China that is sweeping across the land.

Appendix2

"2007 Altay Ski Festival"—Introduction

Leading ski historian in China, Shan Zhaojian, I met him in Beijing on my summer trip there in 2006. At that time, he invited me to the roots of ski festival in the city of Altay in January 2007.

Nils Larsen (left) and Shan Zhaojian, the chief editor of this book

Mr. Shan has organizes to promote the history of ski in China, and there is believe that ski may have started in the Altay Mountains of China. There are a lot of countries trying to claim the "birth of skiing" title and China is definitely one of these. There is a possibility that their claim is legitimate, but there are lots of strongly held positions on this subject in Europe and around the world.

The lion-dancing in the Altay Ski Festival

The festival was great, there is parade in town and ski race and demonstration at small ski hill just out of Altay city. There was a big turnout by locals and the event was heavily covered by the Chinese media. The local skiers, mostly among those in bazaars are bodies from nearby hill villages. They had a great time when in the races and demonstrations. This race was 12 kilometers and featured local skies in their least effective condition of ex-ski slope. Nevertheless, the skiers did well. At the end of the day, the best skiers were all from small villages into the mountains from Altay, called "Handegate", quite close to the cave paint that are believed to show an ancient skier. The next day, there were some additional demonstrations of sled-pulling and archery. There were also some races and schemes by modern skiers from the city of Altay. The whole of them was a strange mix of old and new but seems to be a common theme of China.

Mr. Nils Larsen and Mr. Shan Zhaojian are having a discussion

The Timeless Skiers of the Altay

By U.S. ski cultural and historical researcher
Nils Larsen (Early 2009)

Introduction

In February of 2004 I saw a slideshow. The presentation given by some friends documented their previous year's ski mountaineering trip into the Chinese region of the Altai Mountains in Central Asia. Among the images that drifted across the screen were a few of the people who lived there. The Altai men and their families were framed by mountains, rough-hewn log cabins, sturdy longhaired ponies, and their skis. The skis looked to be out of another time, clearly handmade; they were long and wide with steeply bent tips, their bottoms covered in animal skins. Along with these images there were a few sketchy details – that skis were still used for hunting and travel and that skiers still skied with a single pole. I was captivated by what I saw and heard, believing that this type and use of skis had disappeared from the world long ago. I dug around into what I could find on history of the area and of skiing's history in general. There wasn't much out there, but what I could find along with what I saw and heard from the slideshow pointed to the likelihood of a long tradition of ski use in the area. Within a few months of seeing these images I started planning for a trip to the region to document what was left of this apparently ancient tradition of skiing.

By mid March of 2005 we were on a plane and headed for Beijing. Our party consisted of Naheed Henderson, who had been on the earlier ski mountaineering trip and had good local knowledge of the area, Dave Waag, publisher of Off Piste Magazine and an accomplished still photographer, and me, video camera and notebooks in tow. From Beijing we flew to Urumqi, the capitol of Xingjiang province, and, after meeting up with our guide and translator we traveled north by minibus to Chunkor, a small town that sits in the foothills of the Altai at the end of the plowed road.

We had planned to stay a month in the mountains, assuming this would be enough time to uncover and document the traditional use of skis there. Over the course of this first trip it became clear that I was just scratching the surface of a tradition that perhaps dated back thousands of years and seemed in danger of disappearing before it was even documented. To really understand and accurately record the skiers of the Altai, I would need to come back. As of this writing I have traveled to the Altai five times, returning first in the end of December 2005 with John Seibert and then again in the summer of 2006, arriving in July with my daughter and meeting the Chinese ski historian Shan Zhaojian for the first time in Beijing. This was followed closely by a winter trip, this time with only a translator, in December of 2006. Following a year hiatus in which I completed the movie "Skiing in the Shadow Of Genghis Khan", I embarked on another winter trip, leaving in December of 2008. In the close to four months I have spent in the Altai, I have been able to learn about and record many aspects of the skiing and culture here. But there are still parts that remain elusive, and I know I will return. For now though, I know enough to knit together a good story, and share a bit about this special place and the people who live and ski in these beautiful and remote mountains.

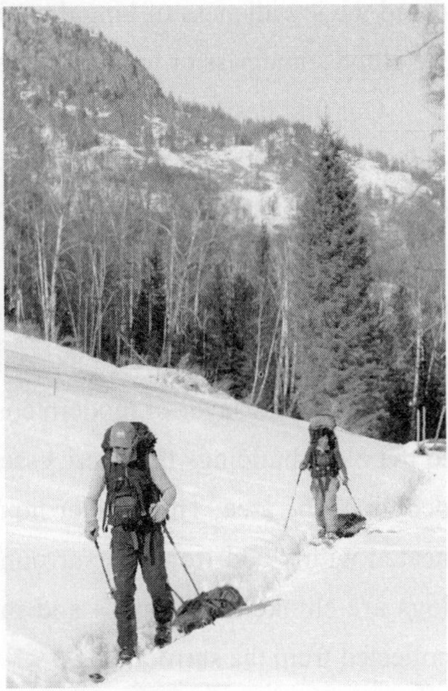
Nils and Naheed ski back into the Altai Mountains (by Dave Waag)

In Chunkor the mode and pace of travel changes, and when I arrive here I feel like the trip is finally getting started. The road into the mountains is not plowed, so we rent *chanas*, horse drawn sleds that are ubiquitous throughout the Altai in the winter. These sleds are rugged and practical; hauling way more weight and bulk then just a horse is able to. *Chana* travel is slow, on a good day we cover as much as 50 kilometers (31 miles). Despite this – and in part because of this - over time I have grown fond of traveling by *chana*. There is an easy rhythm to *chanas,* marked by the soft clop of the hooves in snow and the whistles and clicks of Done and Norbek – part of a constant dialogue between horses and horsemen. This pace allows time to think about where I am and to really look at my surroundings, a winter landscape that is harsh yet incredibly beautiful.

In winter the Altai is always cold, and riding in *chanas* is about getting the horse to do all the work of traveling. On paper this may sound good, but moving is the best way to stay warm in cold weather. At some point no amount of coats or layers of gloves will keep me warm and all of us walk or trot alongside the *chana* to get the blood moving and the body's heating system running at full steam. On really cold days I dread the icy idleness of long downhills and look forward to the warmth of exertion as we climb some pass or mountainside.

Our first destination, the town of Kanas at the outflow of Kanas Lake, is just over 100 kilometers from Chunkor, a *chana* ride of two long days. Kanas use to be a small settlement of about 50-75 log houses spread out around the outlet of the lake. Since the completion of the road in 2002 there has been a new and dramatic transformation to the area, with a lively summer tourist business of mostly Chinese, who travels in to admire the beauty of Kanas Lake and the surrounding mountains. The influx of tourists has added a new layer of modern construction to the area, one that sits in sharp contrast to the older buildings that were essentially the winter homes for the Kazakh and Tuwa people of the area. These older houses are all built of logs, generally two rooms and heated with wood from the surrounding forests. The roofs are also of wood, and the logs are chinked with moss and mud. For the most part, all building materials are collected from the surroundings.

The local economy has been based on raising horses, cows, goats, and sheep, with all the families measuring wealth in the size and health of their animal stocks that graze in the mountains in the summer and are fed nearby during the long and cold winters.

This leads to a semi nomadic lifestyle for most, with yurts being used during the summer months in the higher pastures and the log houses being the winter residences. In fact, the local inhabitants are part of the larger yurt culture that at one time spread from the western edge of Korea across Asia to the steppe country of the Ukraine. Though languages and cultural affinities are distinct, many of the customs, foods, and details of daily life are shared by all the people of this region.

Kanas Lake sits at about 1370 meters (4500 feet) and most of the winter settlements are below 1500 meters (5000 feet). Treeline is around 1800—2000 meters (6000—6500 feet) and the highest peaks are over 4200 meters (14,000 feet), creating a great deal of alpine terrain surrounding the forested valleys of the Altai. The forests are predominantly Larch, Spruce, and Birch, with some Pine and Popular mixed in. These forests can be quite dense on north slopes and in wetter areas, but are also interspersed with meadow and shrub, particularly on the southern dryer slopes. The region is quite close to the geographic center of Asia, the largest landmass on earth, and as such the Altai is as far from an ocean as one can get on the planet. Because of this distance from the warming influence of the oceans, the region is extremely cold in the winter, and has what is known as a continental snow pack. These tend to be relatively shallow in depth, which, when combined with the cold temperatures creates a loose and unconsolidated snow pack.

Along with raising livestock, hunting and trapping was traditionally an important supplement in the local economy, and was predominantly done in the winter. For trapping, winter is the obvious choice, as winter pelts are thicker and of much higher quality and value. Hunting, on the other hand, has been carried out in the winter for two reasons. First winter is a slow time, with feeding of livestock being the primary chore. In addition to having more free time, the snow is seen as an advantage in hunting all manner of larger game, but particularly the *boghur*. This is wholly due to skis. I have interviewed many older skiers in the Altai Mountains and they all tell essentially the same story. Skis allowed them to overtake animals in deep snow by pursuing the chosen prey in that animal's tracks, essentially running them down on skis.

There are a number of reasons why this ancient use of skis for hunting has continued in the Altai until recent times. First, the area's traditional customs have been protected by its remote location and difficulty to access, particularly in the winter. Along with this is the Chinese Altai's location in what is called the Altai Knot - the intersection of what is now four countries(China, Kazakhstan, Russia, and Mongolia), making it a very sensitive – and closed - border region until quite recently. This alone would not guarantee the continued use of hunting on skis, as witnessed by the apparent disappearance of the practice in adjacent regions of Russia and Mongolia. In addition, the local populations lack firearms, unlike the nearby Russian and Mongolian territories. Finally, there is a large demand for antlers in traditional Chinese medicine. Because of this *boghur* have been prized particularly when captured alive, as they were often held and their horns harvested for a period of years. Finally, the Chinese Altai is very rough country and difficult to travel through in the best of conditions. Large animals like *boghur* are much easier to transport over difficult terrain and through deep snow when they are walking under their own power rather than being dragged in a *suderga,* the goat or horse skin sleds used by skiers to haul loads and carry supplies. To protect the declining populations of wild animals, hunting is now illegal in the Chinese Altai (as well as the rest of the province), and this has greatly reduced the need and use of skis for this practice, making them, as a tool, much less important.

Though hunting has been the main focus of ski use, it's not the only reason skis are used in the Altai. Though dry, the mountains can get large snowfalls, with depths reaching several meters in some of the snowy areas, like Hkom. The normal mode of winter travel, horse or *chana*, proves inadequate as the horses, with or without *chanas*, will founder in the deeper snow. Skis are then considered the tool of choice to move around in the snow-bound landscape. In explaining the necessity of skis, a number of men have described to me how a people have, whether on horseback or traveling by *chana*, gotten stranded, and had to resort to killing the horse and making skis on the spot to get safely back to their homes or villages. This is almost a creation myth for skis in the Altai, and I have heard it in a number of vaiations with essentially the same theme. True or not, the Tuwas in particular consider skiing an integral part of their culture and feel (quite rightly) that they could not have survived in the mountains in winter without them. Though sometimes reluctant to discuss their use and place within their culture, it is fair to say they consider skis essential, and are far more likely to ski then the mountain dwelling Kazakhs of the area.

Altai skiers are almost universally male. I have seen one young Tuwa woman skiing and heard reports of others, but hunting is an exclusively male activity, and this seems to have has precluded any widespread use by women. Though there seems to be no cultural prohibitions to women skiing, it is extremely rare, and where found seems to be with theTuwa and not a Kazakh custom. Last year an elder Tuwa man told, "in big snow years we would have to put on skis just to get water." One could imagine in times gone by that women would need to ski in times of heavy snow just as much as men to complete the chores of feeding animals, hauling water, as well as general winter travel. [As a side note, I have seen no snowshoes in the area, which are limited to only walking through snow, though some men seem to know what they are. The attitude seems to be "why use snowshoes when you have skis?"

On my first trip to the Altai I stayed exclusively in the area around Kanas Lake. On all trips since I have also spent a good deal of time around the town of Hkom, a larger (in fact the largest) settlement in the Chinese Altai. The town sits in a deep valley along the Hkom River NE of Kanas about two days travel by *chana*. The area is considered the snowiest in the settled regions of the Chinese Altai, and consequently has a strong ski tradition. I was able to interview a number of elder men in Hkom who had been strong and active skiers in their day, using skis to hunt as well as to travel through the mountains. The most notable of these is Chokue, a Tuwa who, past 80 now, is still strong and active. He is considered to be the strongest skier in recent times by many the older skiers I talked with. Chokue's claims of traveling 50 kilometers a day pulling a loaded sled are hard to believe, especially with the deep loose snow conditions that are the rule here. But given his status in the area and the stories that surround the man, I tend to believe him. Chokue, along with many of the other Tuwa seemed initially cautious to discuss skiing, in part because hunting is illegal and they must talk cautiously about this subject. But there seems to be another deeper reason as well, and it has something to do with the Tuwas being members of a very small ethnic group dwarfed by much larger ones that surround them. They seem acutely aware of this and perhaps have a sense of fragility to their culture. There are stories of persecution by the Russians who used to live in the area in the not too distant past, and the Tuwa, to some degree, have a barrier up in defense of their culture. They are both proud and protective of those things they consider "Tuwa". Skiing definitely falls within this category. To their credit, many of them have warmed as I have returned again and again, and each visit brings new information and a sense that there is yet more to learn.

Skis and Technique

The skis vary in length and width by region but as a rule are 12—15 cm. in width under the foot and range in length from 200–250 cm. in length. Shaped straight from tail to foot platform, the skis then taper gradually inward towards the tip, so that the shovel of the ski is narrower then the waist. Except for the foot platform, there is generally a center ridge on the ski, which adds stiffness without bulk. The tips are bent with heat, either by sticking a green and shaped plank into the fire and using the moisture inherent in the tree, or by boiling the tips and then bending (or rebending)them. The preferred wood is Siberian Spruce, which has a good weight to strength ratio. The bindings (*jundeems*) are made from the rawhide of a cow, with the most common design forming an X that the shoe fits in, which is then is held in place by a leather strap around the heel. The final part of the skis is the skins on the bottom, with hair pointing back, allowing the skis to climb as well as slide. The skin is generally from legs of a horse and is always from the winter coat.

Local skiers and their skis near Kanas Lake (by Dave Waag)

I was able to document the building of skis, something done by the skier, as there is no designated "ski maker" in the region. The process starts with the selection and cutting of an appropriate tree, generally about 20—25 cm. in diameter. The tree is then split with wedges and an axe, and then, using the same axe, shaped into two planks. The ski maker will sometimes use a block plane to finish shaping and smoothing the skis. The green blanks are then heated in a fire or stove and the tips are bent to the desired amount and fixed in place with a wood block or brace. The skis are then left to season for a week or longer before final shaping and bindings are added. The bindings are attached through four vertical holes in the foot platform, the binding material being rawhide. A piece of rawhide is threaded through the holes and forms an X that the toe of the shoe fits in. There is a leather thong that wraps from one side of the X back around the heel to hold the foot in the binding. It's simple, light, adjustable, and easily repairable in the field with a knife. The sole of the ski is then cover with animal hide, the fur pointing back, allowing the ski to climb steeply up hills and glide smoothly down. The skin of choice is horse leg but I have also seen or heard of wild boar, *boghur*, and even otter. After the skin is soaked in hot water it's stretched over the ski and tacked into place. When dried, the skin shrinks and fits tight on the ski. Tradition has it that skis were once put on with rawhide lace over the top and wooden tacks made from hardwood. In one settlement, I was told a kind of grass was braided into a tough cord and used to keep skin on ski. A final innovation found on some of the modern Altai skis is the addition of a piece of flat rubber – generally cut off an old pair of rubber boots - added under the foot to prevent ice buildup. These Altai skis, built mainly with an axe, an auger, and the ubiquitous sheath knife carried by all men of the area, are simple and appear crude at first glance. In use, they are beautifully designed and adapted to the conditions and uses they are built for, in many ways outperforming the modern skis I have brought with me. The Altai skis are durable, with skiers routinely skiing over rocks, logs and brush without a thought, treatment our western skis simply cannot cope with. The Altai skis also excel in breaking trail through the deep cold snows common to the area. I have often struggled to keep up on my own modern skis, even while following in the track of local skiers. Altai skis do break on occasion and skiers often keep a roughed in spare in the house. Bindings also wear and break, but can be easily repaired in the field with a knife. The fur can wear out as well, but this too can be replaced when needed. I have also seen tips being rebent, as they will flatten with use over time. The rebinding is done by boiling the tips in a large pot until pliable again and then clamping until dry. Most importantly, the skis used in the Altai cost nothing more than labor and a box of tacks, and all the materials needed are readily at hand.

Altai skiers all ski with a single pole, called a *tiak*, which is generally about 2 meters in length. The wood is usually larch, used for its strength and straightness. The single pole, once used throughout the ski world, is eminently practical given the ski design and type of usage. The bindings offer almost no support in controlling the ski, so the single pole is used as a third leg, helping in both balance and steering. It can also be used as a weapon in hunting. Of note are the old bows of the region that are still used in festivals. Unlike the short and powerful recurve bows made famous by the mounted warriors of the steppes, the bows in the Altai are long and straight when unstrung, almost identical in size and length to the *tiaks* used for skiing.

Since the skins attached to the ski bottoms are never removed, the skis are slower gliding then our modern skis. Combined with the lack of control offered by the bindings, skiers tend to go straight, and can drag a heel off the ski to slow down if needed. Due to the complete lack of steering ability and ski control provided by the bindings, for much of the first trip I assumed that turning these skis was completely out of the question. One day, when skiing with a young Kazakh, I was stunned to see him execute a hard left turn to avoid some fast approaching trees. Since then I have found that accomplished skiers can turn quite well, but do so not for the sake of turning (as we in the west do) but to avoid objects, stop, or to change direction. Essentially, the Altai skier turns off the skis from the foot platform back to the tail. First he must tilt the ski on edge, a delicate maneuver requiring the heel to slide off the center of the ski, allowing the foot to lever the ski over on its edge. Once tilted, the skier can drive both skis around while balancing on his skis and *tiak*. There is a lot of steering with the knees as well as his feet, but it is the tilted ski that allows the foot to get any purchase to drive the ski around. I have practiced this maneuver many times – with limited success and spectacular falls – and will vouch that turning requires a great deal of balance, skill, and practice.

Skiers will ski very steep terrain and have claimed that while in the pursuit of an animal they sometimes jumped off rocks as high as several meters. I was dubious of this claim until my third trip, when I skied with three young men near Hkom who were keen to jump off rocks for fun, much like their young male counterparts in the west.

Good skiers will also ski down through forest, turning where need be and stopping with a more abrupt turn. Again, having skied these skis quite a bit, I can testify to the difficulty involved in successfully accomplishing any maneuver on Altai skis.

Qoyan skis downhill near Kanas Lake (by Dave Waag)

With the modernization and influx of ideas and material goods, there is an inevitable decrease in the amount of traditional skiing in the Altai. Along with the modernization, the outlawing of hunting and a general lack of snow in recent years has also contributed to the decline. In spite of this there are still many areas where skiing is widespread. A recent series of traditional ski races organized and promoted by the Chinese ski historian Shan Zhaojian has actually increased skier interest in a few areas, and this last trip in 2008-9 I found a number of young skiers (one as young as 11) practicing specifically for the races. This changes the nature of skiing in the Altai, from a tool used for hunting and travel, to a sport, much like skiing is in the rest of the world. It does increase the interest in local skiing though, and this can only be a good thing.

On my last trip in January of 2009, snow was again in short supply. As on my previous trips, in many areas there was not enough snow to safely ski. The difference from my other visits was the interest in racing, with young men actively training for the several races to be held in the region. Skiing is becoming popular again with young men for the purpose of racing, and though this seems to be leading Altai skiing in a new direction, in some ways even this is in keeping with tradition. I would often be told that skis were strictly a tool to be used in the winter, but when inquiring with a father about why his son skied, the answer was invariably “for fun”. Skiing well on Altai skis is a hard earned skill, and much like archery, young men in all traditional societies would be encouraged to start learning an important skill through play, so that when the time came they would be well versed in that skill.

On my last trip I was staying with some Kazakhs about 10 kilometers out of Hkom. They were a well to do family and had a lot of animals and good land to feed them. When I asked them about local skiers they said they had not seen any in the area for a while, perhaps due to the recent series of low snow years. Later that day I went for a ski by myself, thinking sadly about the apparent decline of skiing in the Altai. As my skis wandered down through the woods and along a small stream not more than a kilometer from the house, I intersected recent ski tracks and followed them as the paralleled the stream. Eventually the tracks crossed on a fallen log and disappeared into the deep forest on the opposite bank. I skied back to the house where I was staying, knowing that in the vast areas of unroaded and rarely traveled mountains, at least for now, the tradition of Altai skiing lives on.

In Altay Prefecture, there are some sparsely-populated areas where no mordern transportantion was developed and hence the tradition of ancient skiing still exist.

Vocabulary:

boghur - [elk]

chana - [horse drawn sled]

Skis - *changa* [Kazakh], *kul tsana* - [Mongol], *hock* - [Tuwa]

Ski Pole - *tiak* - [Kazakh], *gush* - [Tuwa]

Ski Sled from animal skin – *suderga* - [Tuwa], *tuloop* - [Kazakh]

Ski Bindings – *jundeems* - [Kazakh]

COMPARISONS BETWEEN ANCIENT KALVTRÄSK SKI AND CURRENT ALTAI SKI CONSTRUCTION

The skis we found in the Altai varied a bit in length and width in different regions, but the design is fairly uniform. The main features of the Altai ski are a raised foot platform with a center ridge extending to both tip and tail. The tip tapers in a reverse sidecut – Altai skiers say this is to make the ski easier to turn - and the ski is close to straight from the foot platform to the tail. All skis have 4 holes drilled vertically through the ski to hold the binding. What's remarkable about this design is its similarity to one of the oldest bog skis found in Scandinavia. The Kalvträsk Ski, (picture) found in northern Sweden incorporates many of the same design features found in the "modern" Altai skis; a raised ridge fore and aft of a foot plate and the nearly identical 4 hole binding pattern. The Kalvträsk Ski, dug out of a peat bog by a forestry inspector in 1924, has been carbon dated to about 5000 years ago.

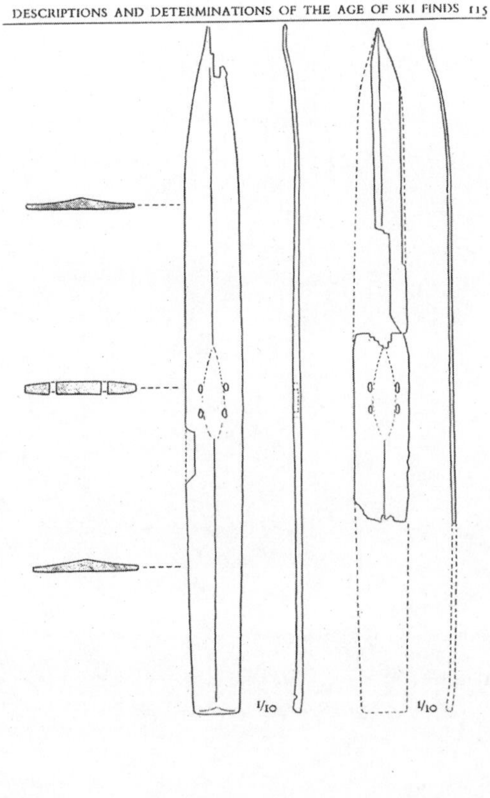

(Nils Larsen, U.S. ski cultural researcher, excellent skier, is interested in the cultural of ancient skiing in the Altay. Between March, 2005 and January, 2009.he has traveled to Chonghuer, Kanas, Hemu, Altay city 5 times to do research in the area He has completed a DVD named 〈The Timeless Skiers of Altay〉 and wrote the text for it (now the text note has been translated into Chinese.)

A Warmhearted Letter from Li Zhenwu, an Elderly Chinese American

Dear Mr. Shan,

I am very glad to hear that your Xinjiang Skiing Archaeological Study Report will be published in December. Now, I have translated some key points of a document ever issued by the United States Professional Ski Coach Association into English for your reference:

First, the history of skiing lasted for more than 5000 years.

Second, ski was once the name of snow shoe in Norway. Ski was primarily used to keep feet from being stuck in deep snow instead of being used fro skiing.

Third, Swedish archaeologists found that the earliest western ski board was known as Hofing ski in 1921. It is estimated Hofing ski had a history of 4500 years. Hofing ski is preserved in Sweden Stockholm Ski Museum currently.

Fourth, a carved stone was found in Gjessing which is located in the north of the Norway. The stone described a person standing on a ski. It is estimated that it had a history of at least 4500 years. Similar stones over the same period were also found in Scandinavia and Russia.

Fifth, a ski board of about 2500 BC is kept in a museum in Stockholm, the capital of Norway.

Sixth, the first ski race which was recorded in history was the race between Norway's King HaralD the Hard and the skier Heming Aslakson in Norway in 1060.

It shall be noted that other relatively recent information is not related with your research. The materials provided are selected from the book called Skiing Right (Published in 1983) by Horst Abraham from American Professional Skiing Coach Association.

Regards
Yours sincerely,
Li Zhenwu

(Note: Mr. Li Zhenwu is an expert in skiing, with the qualification of popular ski instructor in the United States and Canada.)

Photo taken in Beijing:Shan Zhaojian (right) with Li Zhenwu (middle) and Tian Younian(left), Secretary-General of the Chinese Ski Association

Presiding Words for the Press Conference "Altay of Xinjiang, China is the Original Place of Skiing", in Beijing

By Liu Xinli, Deputy Secretary of Municipal Party Committee of Altay City

On December 15th, 2006

Our respectable leaders,

Distinguished guests,

Dear friends from the media,

Ladies and Gentlemen,

Good afternoon!

On this day, we gather in the beautiful capital of Beijing and welcome the grand opening of the Press Conference "Altay of Xinjiang, China, the original place for Human Skiing". First of all, on behalf of CPC Altay Committee and the People's Government of Altay, and in my own name, I would like to extend my warmest welcome to all of you. I would also like to express my cordial gratitude to National Tourism Administration, Xinjiang Uygur Autonomous Region Tourism Department, major media offices and tourism enterprises in Beijing, China Skiing Association, Xinjiang Uygur Autonomous Region Museum, Northwest University and Xinjiang Academy of Social Science. This press conference will not be possible without the vigorous support from the administration level, the widespread attention from media and tourism sector, as well as the great efforts made by academic circle.

Next, I would like to introduce our distinguished guests who are present at today's press conference. Leaders and experts seated at the rostrum include:

Mr. Gu Chaoxi, Deputy Director of National Tourism Administration;

Mr. Wang Yitao, Director of Winter Sports Administrative Center of General Administration of Sport of China and Chairman of China Skiing Association;

Mr. Muzhapaer Mijiti, Director of Xinjiang Uygur Autonomous Region Tourism Department;

Mr. Zhu Kexiao, Vice-principal of Northwest University;

Mr. Azhati Tuersun, Deputy Director of Xinjiang Uygur Autonomous Region Sport Bureau;

Mr. Yang Yuzhu, Deputy Secretary of Altay Prefectural Party Committee;

Mr. Li Xinmin, Secretary of Altay Municipal Party Committee;

Mr. Shan Zhaojian, technical consultant of the Chinese Skiing Association;

Mr. Wang Bo, Researcher of Xinjiang Uyghur Autonomous Region Museum;

Professor Wang Jianxin, Cultural Relics and Archeology Research Center of Northwest University;

Mr. Liu Guofang, Editor-in-chief of *Westfield Research* of Xinjiang Academy of Social Science; and

Mr. Lü Enguo, Researcher of Xinjiang Cultural Relic & Archeology Institution.

Also, it is our great honor that dear friends from Beijing Tourism Bureau, Beijing Financial Street Office, major media offices, tourism agencies and enterprises in Beijing are with us today.

Now I would like to invite Mr. Li Xinmin, Secretary of Altay Municipal Party Committee of the CPC to make a speech.

Let's welcome Mr. Shan Zhaojian, the technical consultant of Chinese Skiing Association, to give us a special speech.

Let's welcome Mr. Wang Bo, the Researcher of Xinjiang Uyghur Autonomous Region Museum, to give us a special speech.

Let's welcome Professor Wang Jianxin, from Cultural Relics and Archeology Research Center of Northwest University, to give us a special speech.

Let's welcome Mr. Liu Guofang, Editor-in-chief of Westfield Research of Xinjiang Academy of Social Science, to give us a special speech.

Now let's invite Mr. Shan Zhaojian, the technical consultant of Chinese Skiing Association, to read the *Altay Declaration* on that "Altay, Xinjiang, China is the original place of human skiing".

Let's invite Mr. Wang Yitao, Director of Winter Sports Administrative Center of General Administration of Sport of China and Chairman of China Skiing Association, to make a speech.

Let's invite Mr. Zhu Kexiao, Vice-principal of Northwest University, to make a speech.

Let's invite Mr. Muzhapaer Mijiti, Director of Xinjiang Uygur Autonomous Region Tourism Department, to make a speech.

Right now, let's welcome with warm applause Mr. Gu Chaoxi, Deputy Director of National Tourism Administration, to make a speech.

Next, our distinguished experts are here at this press conference ready to answer questions from media friends. Everyone is invited to get up and ask questions.

(Questions and answers at the press conference)

Due to limited time, our questions and answers session is over for now. Any further inquiry, please contact the sponsors after this press conference.

Last but not least, the People's Government of Altay City presents Altay age-old fur skiing board to China Skiing Association and China Olympic Museum.

(Presentation ceremony of Altay age-old fur skiing board)

Our respectable leaders,

Our distinguished guests,

With joint efforts and active participation from all parties, this press conference has achieved a complete success. On behalf of Altay Municipal Party Committee and the People's Government of Altay City, I would like to express my heartfelt thanks and best wishes to all of you once again!

The Press Conference

A Speech Delivered at the Press Conference "Altay of Xinjiang, China is the Original Place of Skiing" in Beijing

By Li Xinmin, Secretary of Altay Municipal Committee of Communist Party of China

Dec.15, 2006

Distinguished leaders, guests and friends,

Ladies and gentlemen,

Today we meet here at the Great Hall of the People to hold the press conference for "Altay, Xinjiang Uyghur Autonomous Region of China is the original place of human skiing". First of all, please allow me to express, on behalf of Altay Municipal Committee of Communist Party of China, Altay Municipal Government and more than 200,000 people of various ethnic groups, our warmest welcome to all leaders and guests present at the conference! We would like to take this opportunity to extend our thanks to all experts and scholars who have been dedicated to the study of Altay ice-snow culture and "Altay is the world's original place of human skiing"!

Situated at the northwestern frontier of China, Altay City covers an area of

11,500Km^2, bordering on Mongolia in the northeast and Kazakhstan and Russia in the northwest. Here live over 200,000 of 24 ethnic groups, including Han, Kazak, Uyghur, Mongolian peoples. The city serves as the center for politics, economy and culture in Altay region. The city is also known as "golden mountains and silvery water", "home to ice and snow culture", and "pearl on the grassland", being selected China's Top Tourism City in 2005. Altay city has convenient transportation, with national highways No.216 and 217 and provincial highway No.320 running through the city, and is 670kms away from Urumqi (flying distance is only 450kms). Altay Airport has 17 daily flights with the annual passengers of more than 200,000.

Near the mountain and by the river, Altay city is a garden-like city with distinctive features. Unique geographic advantages make attractive mountainous scenery, icy rivers and snowy hills, lakes and hot springs. Being a rare "wet island" in the inland of the North Temperate Zone, it is agreeable to live in the summer with an average temperature of about 20℃, making an ideal summer resort. Winter here is longer with abundant and quality snow, having blessed tourism advantages. The city has a long history of winter sports and has developed some top athletes, including the winners of national skiing championship and national skating championship. It has good foundation of rich ice-snow culture. According to the investigation by some experts, skiing in Altay began as early as 10,000 years ago. Over recent years, taking the advantage of the country's Great Western Development campaign, Altay Municipal Committee of Communist Party of China and Altay Municipal Government have vigorously implemented the strategy for conversion of resources into advantages, sticking to a development path of "developing the city through husbandry industry, strengthening the city with manufacturing industry and reviving the city by developing tourism". Especially, tourism is among first priorities as the mainstay of tertiary sector. According to the positioning of "building the city into a tourism and leisure city", we have explored unique tourism resources, and focused our efforts to develop tourism projects featuring folk customs and winter tourism. In doing so, our capability to receiving tourists has been improved, development of tourism commodities has progressed substantially and the atmosphere of developing tourism across the city is increasingly strong. At present, we have 13 national-level A scenic spots. Such tourism brands as "Kazak folk culture Demonstration Place", "part of on-the-grassland silk road" and "Ehe River rare stone place of origin" have become widely known nationwide. Altay has developed from a small frontier city in the past into a forward position of opening-up. With the accelerating of the country's great west development strategy, Altay city is growing as a charming city with great potential in Xinjiang Uygur Autonomous Region".

Big idea makes big tourism, and big vigor drives great development. Altay people have aimed at promising winter tourism. In 1999, the city has successfully held "China Xinjiang Altay International Winter Tourism Festival", filling the gap of Xinjiang in this aspect. Since 2003, large-scaled and high-level "ice-snow landscape sightseeing" has been given three times in a row, accelerating the conversion of winter tourism advantages into economic advantages, and achieving economic and social benefits. During the "ice-snow landscape sightseeing" last year, about 320,000 visitors came to the city, an increase by 119% over the same period of the previous year.

On 16, Jan., based on the adequate research and discussion, 8 scholars including Shan Zhaojian, Wang Bo have claimed that Altay, Xinjiang of China is the world's original place of human skiing and that it is the contribution of Altay to human skiing history. Today, Altay Municipal Government, together with China Skiing Association, Xinjiang Uygur Autonomous Region Museum, and Northwestern University, reveals the achievement publicly through this press conference, aiming to make more people know Altay winter tourism resources and attract more tourists to Altay and other parts of Xinjiang. We hope our efforts will drive the tourism industry in Altay region and even Xinjiang region. Using this press conference as an opportunity, we are trying to create Altay into an important winter tourism resort in Xinjiang and even across the country.

All leaders, guests and friends, winter Altay has imposing snowy landscape, magic ice-snow arts, various winter sports and rich folk customs. Over 200,000 Altay citizens will offer unparalleled hospitality and quality service to all friends and guests from any parts of the world. Let's join hands to create a bright future.

At last, we wish all officilas, guests and friends present the best of health and luck.

(Note: This article was included in *Materials Related to Press Conference for Altay, Xinjiang Uyghur Autonomous Region of China is the original place of human Skiing*)

Some experts of Altay Declaration with officials from Altay government in front of the Great Hall of the People, China.

Beautiful Altay city

A Speech on the Press Conference "Altay of Xinjiang, China is the Original Place of Skiing" in Beijing

By Wang Yitao, director of Winter Sports Management Center of General Administration of Sports of China and Chairman of Chinese Skiing Association

Dec.15, 2006.

Distinguished leaders and experts, ladies and gentlemen,

Good afternoon!

Please allow me firstly, on behalf of the Winter Sports Management Center of China General Administration of Sports and China Association of Skiing, to express my heartfelt congratulations on the opening of the press conference "Altay of Xinjiang, China is the original place for Human Skiing" Driven by skiing tides of the world, we have seen a booming development of skiing sports in the country in recent years. Carrying out and promoting a constant, healthy and rapid-growing skiing sports will play an important role for strengthening people's physique and pushing national bodybuilding activity. Meanwhile, as a tourist product, skiing is deeply loved. With the help from tourism, skiing develops swiftly and has become a breakthrough point for founding a harmonious society. The opening of the conference is a common important thing for China's skiing and tourism industries. The scientific affirmation for human skiing origins makes a much longer skiing history of mankind. It's an important breakthrough in academic circle, which will inevitably accelerate skiing career of our country and make people have a good understanding for the area. In addition, it is good for a further excavation and promoting the ancient and splendid culture of China.

Here, on behalf of the Winter Sports Management Center of China General Administration and China Skiing Association, I want to extend my thanks to the Municipal Party Committee of Altay and the People's Government of Altay for their vigorous support in the past years. And my thanks also go to Xinjiang Uygur Autonomous Region Museum and Northwest University for their sparing no effort to support. I appreciate the hard work of the experts, scholars and all the participants from tourism and sports departments of Altay and the like, who participated in the work such as Shan Zhaojian, Wang Bo, Wang Jianxin and Liu Guofang and so on. Without your hard work and contributions, the bumper results today would not be possible. The declaration of "Altay of Xinjiang, China is the original place for Human Skiing" faces mankind as well as the world. Let's work hard hand in hand, according to scientific verification, make the theory known home and abroad. We also hope the important archeology discovery could play its active role for the modern skiing sports in our country.

(Note: the article was originally collected in the *Materials for the Press conference of Altay of Xinjiang, China is the Origin Place of Skiing*)

Wang Yitao (middle) with two local residents during an inspection tour in Altay Prefecture

Tourism and Exploration Route Map for the Altay Skiing Rock Paintings of Xinjiang, China

By Shan Zhaojian, chief of the Expert Group of Altay Declaration, Ma Rui, section chief of the Promotion Department of Tourism Bureau of Xinjiang, Wang Bo, researcher of the Museum of Xinjing Uyghur Autonomous Region

(From left: Shan Zhaojian, Wang Bo and Ma Rui)

1. Preface

Preface 1: the origin of human skiing

Chinese skiing experts and archaeology experts gathered in Altay City and published *Altay Declaration* on January 16, 2006 indicating that Altay region in Xinjiang China is the earliest the original place for human skiing, moreover, a press conference was held on December 15 in the same year in the Great Hall of the People in Beijing. With dozens of years' investigation studied by the domestic skiing and archaeology experts, the fact that people in Altay began to ski at least ten thousand years ago was confirmed and it was several thousand years earlier than the recognized origin time of human skiing (4,500-5,000 years ago) nowadays.

Preface 2: Classification of skiing sports

● In accordance with the historical time and development period: skiing can be classified as primitive skiing, historical skiing and modern skiing.

● In accordance with skiing function: skiing can be classified as practical skiing, competitive skiing, mass tourism and leisure skiing and utilitarian skiing

● In accordance with the morphological characteristics of human actions and the corresponding utensils used in skiing: skiing can be classified as alpine skiing, cross-country skiing, two items of skiing in winter (cross-country skiing+ shooting) and other several big items, together with dozens of small items, which are the major items in the competition of modern Winter Olympic Games.

Preface 3: Human skiing starts with practical cross-country skiing

Human skiing starts with primitive cross-country skiing. Facing the vast and sparse snowfield, the generation of skiing was promoted by people in the ancient times with view to exist, hunt for food, walk and migrate. People in that time had to use the skis and SNOW SHOE to come across snowfield at fast speed, climb mountain slope and conquer down-slop…to chase the animals without sinking their legs in the snow… these actions were just the characteristics of cross-country skiing.

Preface 4: definition of skiing

Since its birth, skiing develops to the modern type after undergoing a-long-time temporal and spatial variation. Although it has expanded into several classifications, its basic actions are identical indeed and the basic elements will not change in essence.

The definition of cross-country skiing (including alpine skiing, two items of skiing in winter) which is the main skiing item is: people are in their basic standing posture, stepping on the skis with each foot respectively, holding two skiing sticks with both hands(only one ski pole was used in ancient skiing) to slide to move on the snow surface. Here "standing", "skis" "snow surface" and "slide" are the basic elements.

Preface 5: difference between primitive and ancient skiing, modern skiing

The primitive and ancient skiing cannot be assumed with the modern skiing mode. Since the limits of human civilization, development period, evolution extent, laboring tools, materials sources and other factors, it was impossible for the skis in that time to act as the modern ones. The initial "skiing" problem to be solved at that time was to make both feet not settle in the deep snow, thus, branches and barks were probably used to tie to the foot bottom to realize the function of "snow treading" which is used nowadays. People in ancient times improved skiing utensils gradually during the practice process, from walking in the snow developed to sliding and learnt to use snow stick gradually.

It is recorded that since 10 to 20 thousand years ago, there had been human beings who set out from Altay and then went across Bering Strait and finally reached Americas. They passed the SNOW SHOE on to next generations and never use ski board because SNOW SHOE was more convenient and applicable than the ski board.

There is still no exact final conclusion about process of its evolvement when Altay region in Xinjiang followed to use the fur skis still used today, but this kind of skis appeared at least in BC 8th century in Altay region upon the continuous judgment of rocking painting and archaeology.

Preface 6: introduction of painted rock painting and engraved rock painting

Painted rock painting is a kind of drawing that mountainous residents in the ancient times created on rock or rock face with color and it is different from engraved rock painting in site selection, application of tools, content creation and many other aspects. Since most painted pictographs painted with brownish-red pigments in Altay regions were created in shed, therefore, it is also called shed rock painting. Painted pictographs are seldom found is Altay Mountain, thus, they are very precious and own a very high research value. Painted pictographs are mainly located in Xinjiang in the northern grassland belt of China while Altay region owns the most in Xinjiang. The important painted pictographs are located in Dundebulake of Altay City, Tangbale of Fuyun County and Halonggou and Duogate of Habahe County.

Engraved rock painting is the drawing engraved and created on the rock or rock face and it is a kind of vivid artistic work of the residents in ancient times as well as the important event-recording method of human activities, recording the long history of the grassland residents, social formation of ancestors, religious belief and living customs, etc. The appearance time of engraved rock paint was later than that of painted rock painting. The shade of color indicates the long (light color) or short (deep color) history of it.

There are hundreds of engraved pictographs in Altay region and they are not registered yet and belong to the series of Asian and European grassland mountain engraved rock painting, owning the style and characteristics of engraved pictographs in Altay region and a great significance in studying the production and life style of the people in ancient times. Most engraved pictographs are located in the bare rock of sunny slope of ravine.

Preface 7: discrimination basis of skiing rock painting

The ancient rock painting works can be dated back to as early as ten thousand years ago and several thousand years earlier at least. Since the limit of thinking, skills and the tools of the cavers at that time, it can be imaged how difficult it was to make the works on the rough rocks, in addition, the weathering of such a long time, the smearing and destroy of descendents all contribute to the phenomenon of incomplete content of rock painting, blurring, fracture and being covered. Therefore, it is not easy to identify the property, content and time limit of pictographs and careful and comprehensive investigation is required. The following aspects can be the basis to identify whether a rock painting belongs to the skiing rock painting:

① Whether body posture of character is in accordance with the skiing form;

② Whether there is attachment or extensive substances under the feet and do not forget that the “skis” used by people in the ancient time is totally different from that used nowadays; the tools used for skiing by humans were primarily designed not to make the skier stunk in deep snow so that skiers can WALK smoothly, this kind of tool is called SNOW SHOE in Norwegian.

③ Whether the feelings of character is dynamic;

④ Whether the skiing character owns a closed connection with hunting factors;

⑤ Whether people utilize snow stick (rod) but it shall be clear that people skiing in the early stage may not know how to use snow stick (rod).

Preface 8 discovery and quantitative analysis of skiing rock painting in Dundebulake in Altay City

In March 2005, the character painted in Group 3 of No. 1 rock shed in Dundebulake Handegate Township in Altay City was identified as "skiing rock painting" by skiing experts, which became the key historical evident of *Altay Declaration*.

The age of this rock painting is identified to be ten thousand years ago by several authorized experts when combining with conventional determination of world archeology field.

2. Tourism and exploration route map for Altay ancient skiing rock painting (version 2009)

On January 16, 2006, the *Alaty Declaration* which determines the earliest origin area of human skiing was published officially and it was decided to regard January 16 of each year as the anniversary of origin area of human skiing at the same time. The world unique farmers and herder's old fur skis competition and other series of celebration activities will be held then with the characteristics of unique, colorful, and bustling.

After the publication of *Altay Declaration*, the Chinese experts do not cease conducting investigation and research further and terrain and amount of rock painting increased and expanded gradually.

In order to facilitate the readers and researches in skiing field of both at home and abroad to go to the site of skiing rock painting, and to experience and study the ancient skiing culture personally, the tourism and exploration route map for ancient skiing rock painting in Altay region is described as follows:

(1) Handegate Township in Altay City

1) Skiing rock painting A-characters in Group 3 of No. 1 rock shed in Guodebulake of Handegate Township in Altay.

A

The age of rock painting is determined to be at least ten thousand years ago at least when combining with the conventional determination in the world archaeology field by several authorized archaeology experts.

The rock shed paintings in Dundebulake is in the ravine of upper-stream of Dundebulake River which is situated in the northeast and 4 kilometers from Handegate Mongolia autonomous township in Altay City. There are 4 rock sheds in which the pictographs are found here, including No. 1 and 2 rock sheds which are situated in the eastern part of Dundebulake Valley while No. 3 and 4 rock sheds in the western part of the river with scattered distribution and not very far each other. The rock shed is formed by the erosion of rain water and wind erosion, being relatively small and shallow. Its three walls and top surface all represent uneven arc surface, being extremely irregular. In addition, it shall be the temporary shelter for the hunters in ancient times.

From the content, the four rock shed paintings mainly represent the hunting scenes and hunting by encircling an area as the main content.

Skiing hunting painting A is situated in No. 1 rock shed, the entrance of which is

3.5 meter wide, 0.8 meter high and 1.7 meter deep. There are rock painting patterns on its three walls and top surface. All the patterns are clear with complicated arrangement except that the western wall owns relatively little patterns being blurring. From the general perspective, the theme illustrated in the paintings is mainly hunting. There are animals and characters painted in the rock shed and the animals are mustangs and bison, what is worth mentioning is the bison closed to the entrance of rock shed, its body is obviously larger than that of other animals, with two horns forward, thick neck, long-snout and short leg. The mustangs in the paintings are in running shape with bristle erecting or in walking shape. In addition, there are also human face stria, short streak with closed arrangement, three streaks (some seems like fingerprint) and some simple symbol patterns. There are four groups of character pictures in the rock shed.

2) Skiing rock painting A is the character picture of the third group and it is situated on the eastern wall and under the second group. It seems that there are 10 characters in this group and 6 characters are vivid with similar images. The people's heads are divided into round heads and out-of-round heads which seem like the image of some animals. The upper body of human is wide and large, the legs are thin and their backs are creep, which seem to carry something as well as wearing the large winter clothes which is blown by the current when sliding. The shape of human head shall be the disguised hunting, which means that people act as animals to confuse them. The disguised headdress is a bit like the shape of sleep and deer horns.

Experts believe that the character postures of the pictographs in this group are in standing type with extensive substances under the feet while the upper body, together with the keen, is bending forward with significant dynamics, in addition, it is in accordance with the posture requirements of the skiers. There are several treading skis in the pictographs, and some (such as the second character from the left) are holding single skiing stick with vivid character movement patterns. The gesture of skiers in rock painting owns some astonishing similarities with that of the farmers and herders nowadays in Altay region. What this group of characters intend to represent is group skiing in the type of Chinese character of one, in addition, it is also possible to represent a pattern that one smoothly slides towards the faraway place from your eyes.

The color shade of pictographs in the rock shed of Dundebulake alters and it is divided into brownish-red and deep brownish-red. The pigment is probably hematite (hematitum) which owns very sound chemical stability, thus, it can be preserved for such a long time. The animals in the eastern wall and the characters in the third group are all in deep brownish-red color while the brownish-red color is utilized in the hunter with bow on the front wall of No. 1 group. There are also some differences in the artistic style among different pictures, which shows the difference in creation time. It can be generally confirmed that the character picture in the third group of No. 1 rock shed belongs to the works in the preliminary time and the painting time shall be earlier than ten thousand years.

That is to say, the residents in Altay region had created skis as early as ten thousand years ago and entered skiing hunting economic times. It shall be a revolution of production tools as well as economic revolutions in the late stage of Paleolithic times.

Skiing rock painting C located in Dundebulak of Altay Municipality–characters in the fourth group in No. 1 rock shed in Guodebulake.

The characters in the fourth group of Dundebulak pictographs are situated in the lower part of the front wall, behind the animals such as bison and horses. The pictures are relatively blurring and four people can be seen clearly. The upper body of one on the left is relatively clear with a long stick in his right hand, representing a throwing position. The body of the second person (from left to right) is relatively wide and large and seems wearing fur coats. It seems that third person is also painted with large costumes. In addition, the second as well as third people are stepping on a long strip skis at the same time. The head of the person on the right seems behaving with disguising position with long legs, stepping on the skis, and he holds a long stick in his hand.

C

Skiing rock painting E–Five Finger Spring in Handegate Township of Altay, extracted from *Silk Road Sports Catalogue* edited by Li Jinmei and Li Zhongshen.

3) Rock painting E and F are the in the similar type, they were collected into *Silk Road Sports Catalogue* in 2008 and called as "Riding Wood Sliding Figure–1" and "Riding Wood Sliding Figure–2) in Five Figure Spring rock painting in Altay Xinjiang. (See Figure 42 and 43 on Page 36 in the book Silk Road Sports Catalogue edited by Li Jinmei and Li Zhongshen, published by Gansu Education Press House in April 2008). There are 5 people in Rock painting E lined in one row (the first person on the right only owns head) with obvious extensive substances under the feet. There are 2 groups in Rock Painting F, 8 people in the first group lined in one row while 2 people in the second group. All the 10 people are in sliding position, and 9 people are painted with brownish-red pigments, in addition, animal picture exists below characters and it seems an arrow staying at the left side.

E

Skiing rock painting F–Five Finger Sprin in Handegate Township of Altay Municipality, extracted from *Silk Road Sprots Catalogue* edited by Li Jinmei and Li Zhongshen. (More details in Skiing rock painting E).

4) Skiing rock painting G–Five Finger Spring in Handegate Township, offered by relics member Ou Jisheng.

It was found in a stone scoop of a huge roach in Five Finger Spring that there is a rock painting only with 1 character. The color is medium brownish-red. The character steps on a long strip board with two flat arms while the back of the picture is painted with black color marked with 1971 and it seems that there is the signature of the painter.

F

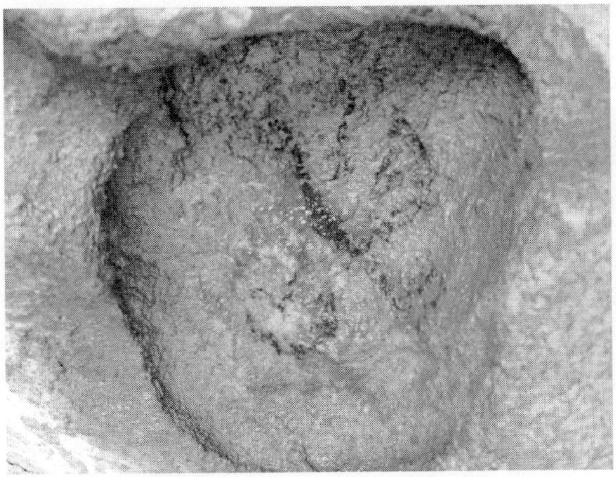

G

(2) Chonghuer Township in Buerjin County in Altay Prefecture

Skiing hunting rock painting B–found in Taheertubieke in Chonghuer Township of Hanerjin County and preserved in the Museum of Buerjin County There are many reports on the internet and newspaper about the news of discovery of "skiing" rock painting in the rock plot dot of Taheertubieke in Chonghuer Township in Buerjin County and this is another important discovery about "skiing" rock painting following "skiing hunting picture" A rock painting in the rock shed of Dundebukela in Altay City in 2005. Therefore, it drew the attention of scholars who study the skiing origin. Under the guidance of Shan Zhaojian, leader of the Expert Group of Altay Declaration and technical advisor of Chinese Skiing Association on January 15, 2009, Wang Bo, the researcher of the museum of Altay in Xinjiang, Lü Enguo from Xinjiang Institute of Cultural Relics and Archeology, Wang Bo, the research fellow of Autonomous Region Museum, Wu Dongjun, from Cultural Relics Bureau in Altay region, A'li from Buerjin County and other experts conducted investigation on this rock painting with the company of township government leaders. The journalist Zhou Lei from Urumqi Evening News also participated in this activity. "Skier, Wolf and Sheep Picture" was discovered in late 2006 by the local herderman Nuerbieke •Zuke from Chonghuer Township.

B

The stone engraving rock painting is in triangle shape with black color. In addition, it is a hill-stone with one side preserving smooth nature surface of the rock while the rest two sides are the uneven dissection surface. From the preservation evidence of dissection surface, the dissection time can not be too much longer and owns some aged appearance upon a long time of exposing, moreover, it grows with yellow cave followers. The stone is not that big which is 87 cm long and 32 cm high. The skier is situated at the left side of the picture with a height and width both of 13 cm: round head, bending body, both legs parting on a parallel form and each feet stepping on one skis. The two arms are extending forward with one skiing rod in each hand. The skis are relatively long and wide and it is similar with the fur skis used by the local residents of Mongolia and Kazakh nationality upon the comparison. Why there were a pair of ski sticks and a snow wheel needs further investigation.

In the front of skier, sheep and wolf are engraved on the right side of the picture. There are two wolfs and two sheep respectively and all are ranged from top to bottom in a contact position, which is very interesting. From the shape of sheep horn, the two sheep shall be northern goats: the body of the upper one is relatively large and stays in fast-stop position; while the lower one owns a relatively small body, stays in a standing position and feels frightened. The shape of wolf is not that clear since it is pressed by the carve flowers but the general body can be seen: the wolf in the upper is in standing position with relatively thin body, bending, long tail and relatively short ears. The proboscis extends forward and is closed to the sheep horn; the wolf in the lower is also in standing position with relatively large body, bending and long tail. Moreover, its ears are long as well as sharp, the proboscis is short but can nearly reach the sheep horn as well.

From the analysis by the experts, the skier, wolf and sheep in the rock painting were engraved the in the same period. When comparing with the engraving technology and artistic style of other pictographs in Altay Mountain, it is recognized that it belongs to the rock painting of nine and eight century.

(3) Altay region

Skiing hunting rock painting D–from *Altay Mountain Rock Painting* edited by Bao Xingjun.

Rock painting D is typical pictographs depicting the skiers' hunting with their body standing, obvious extensive substances under the feet and an arrow holding in hand to shoot to an animal. In addition, this rock painting is collected to *Catalogue of Rocking Painting in Altay Mountains* painted and edited by Bao Xingjun (refer to Page 78 in the book published by Xinjiang Peoples Publishing House in May 2005).

D

(4) Hahae County in Altay region

Skiing rock painting H–Halonggou in Saerbulake Township of Habahe County. Rock painting H is the single monomer individual rock painting in deep brownish-red color. In addition, it is painted at the right side of a huge rock shallow and short rock shed. The body posture is standings on a bending base with two arms sagging naturally and hands holding a rod in declined direction. There is an extensive substance under the feet with obvious sliding trend.

H

3. Pictographs of human figures with Snowshoes

A Snowshoe is footwear for walking over the snow, round or oval. It can not be used for skiing. Snowshoes work by distributing the weight of the person over a larger area so that the person's feet do not sink completely into the snow. Under different circumstances like various landforms and forests, snowshoes evolved into ski board in some places like Altay region. Snowshoes can also coexist with skis in places like Greater Khingan Prefecture in the east of Inner Mongolia. In some places like the district of Indians of South America, people only use snowshoes.

During the investigation in Altay, it is said that Altay people used snowshoes at one time but there have been no real snowshoes or historical records about snowshoes found in Altay region. But we can find its traces in some pictographs found in Altay.

Snowshoes Pictographs collected in the Museum of Altay Prefecture

Snowshoes Pictographs collected in Buerjin County Museum

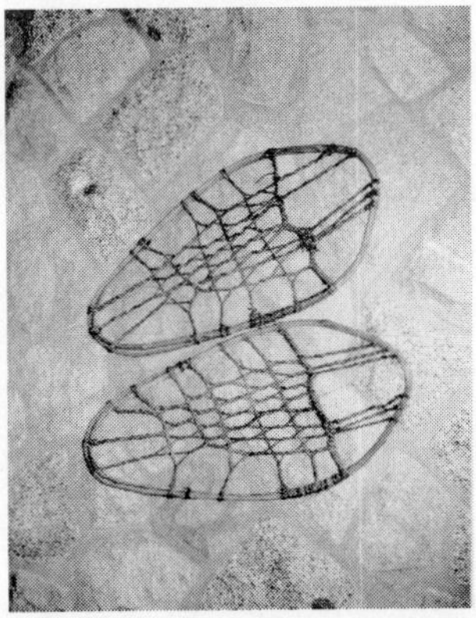

Common and easily-equipped Snowshoes

Snowshoes of Elliptic type used by Evenki in Greater Higgnan Mountains

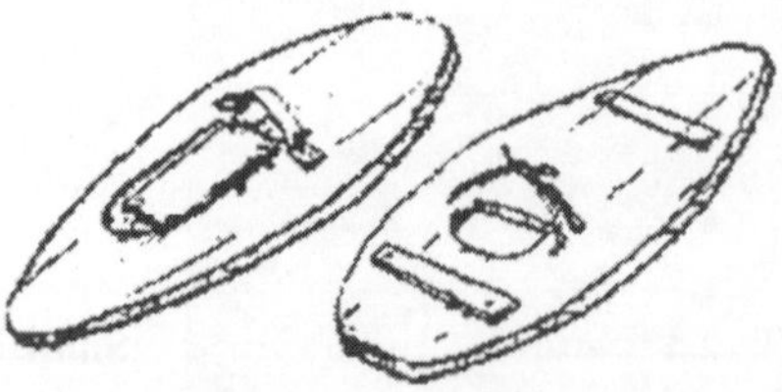

Wooden Snow Shoes popular in Americas when the first generation of people from central Asia cross the Bering land bridge and migrated to North America

Following pictures show Altay people with horns on their feet. These horns are generally regarded as one kind of ski equipments and maybe a combination of the functions of Skis and Snowshoes.

(Above-showed pictures and photos are selected from "Pictographs Catalog of Altay Mountain" authored by Bao Xingjun and 5000 JAHRE SKI by Prof. Dr. Anton Obholzer)

Other historical materials showed that there were double-layered Snow Shoes (upper layer) and Skis (sub-layer). Therefore we can say that Snow Shoes and skis are "genetically connected".

National and international referees, Guo Dandan, the first champion of world skiing and staff from the Altay city of Xinjiang pose for a group photo after visiting the rock paintings shed.

Mr. Shan Zhaojian,the editor-in-chief of the book is skiing in a Birch woods

The Distribution of the Fur Ski in Altay Prefecture of Xinjiang, China

By Shan Zhaojian, the technical consultant from Chinese Ski Association, Guo Zhipeng secretary of the Winter Sports Association of Xinjiang, and Shi Zhiqiang, director of the Tourism Administration of Altay Prefecture of Xinjiang

(From left to right: Shan Zhaojian, Guo Zhipeng and Shi Zhiqiang)

The fur ski represents the living proof that skiing originates from Altay Prefecture of Xinjiang. Many specific reasons contributed to its long use from one generation to the next. As indicated by archaeologists, there were traces found indicating people lived in Altay region as early as 10 to 30 thousand years ago (see Relevant Evidence of Early Human Activities in Altay by Liu Guofang). Skis were the primary tool the ancient Altai people relied on to hunt for sustenance and to travel elsewhere (see Research on Altay Being the Origin of Skiing by Wang Bo & Several Viewpoints on Guodebulak Rock Drawings in Altay City of Xinjiang by Wang Jianxin).

An elderly skier of Mubalake in 2005

Shan Zhaojian, the skiing expert, points out that Altay Prefecture embraces all the basic conditions for the origin of skiing (see Altay Embraces All the Basic Conditions for the Origin of Skiing, by Shan Zhaojian).

In the long history of the development of human society, skiing tools have evolved and the fur ski has been accepted as the most developed and practicle ancient ski for all-purpose travel on snow. These skis consist of a fur covered board and a single wooden ski pole, both handmade. Such kinds of skis have similar specifications:

Through preliminary survey, the fur ski is widely used by the Altai people along the southern Altay Mountains and Irtysh River watershed, especially in Kanas, Hkom and White Haba, its distribution is the most pronounced. It general distribution includes Handegate Village, Lasite Village, Qiemuerdike Village, Alahaqie Village and Saerhusong Village in Altay; Chonghuer Village, Kanas Village, Hemu Village and Tiereketi Village in Hanerjin County, and some villages in Habahe County, Qinghe County, Fuhai County and Huyun County.

The herdsman in Lasite Village used the fur ski as the major means of transportation

According to historical records and field study, we found some quasi-fur-skis made in Altay prefecture. Being of little use, they are exhibited in local museums and are seldom kept by locals.

Besides Altay prefecture, the fur skis were also found in other places such as the Great Khingan Mountains of eastern Inner Mongolia, Hei Longjiang province and north of Jilin Province in Northeastern China and Yili Kazak Autonomous Prefecture. The fur ski of the Great Khingan Mountains of the eastern Inner Mongolia is shorter than that of Altay Prefecture by 1 to 1.2m.or so and wider by 0.2m.or so. Though it resembles the modern skiing board, it is very different from a modern cross-country or alpine ski.

The ski board is usually wrapped in deerskin. The ski pole is very short (about 1m) and could be used in skiing in Mountains with little snow or dense forests. Other reasons also explain why it is short: the local residents' living standard and they raise and train red deer instead of horses which are mainly used for agricultural-production. We can only find the ancient skis wrapped with red deer fur in four ethnic museums in Inner Mongolia. There are no such skis still found among the people.

As investigated, the ancient fur skis once were used in such countries near Altay as Kazakhstan, Russia and The State of Mongolia, but currently only the Altay people still use it, even holding some sports games and races with ancient fur skis every year.

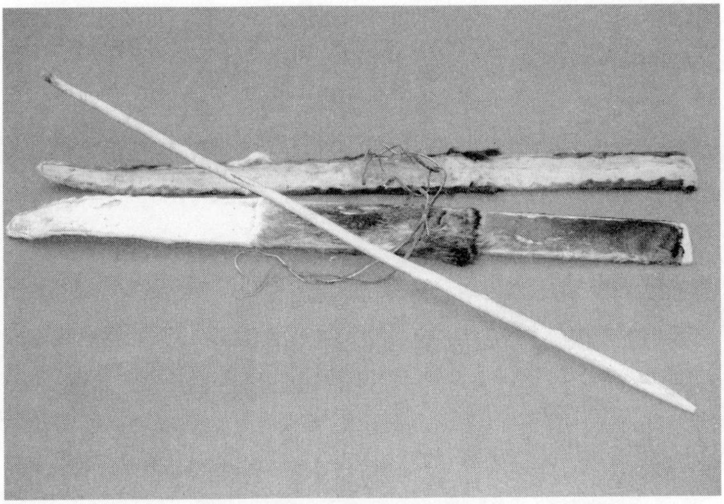

Ancient skis found in Altay

Deerskin Fur skis found in the Great Khingan Mountains of the eastern Inner Mongolia

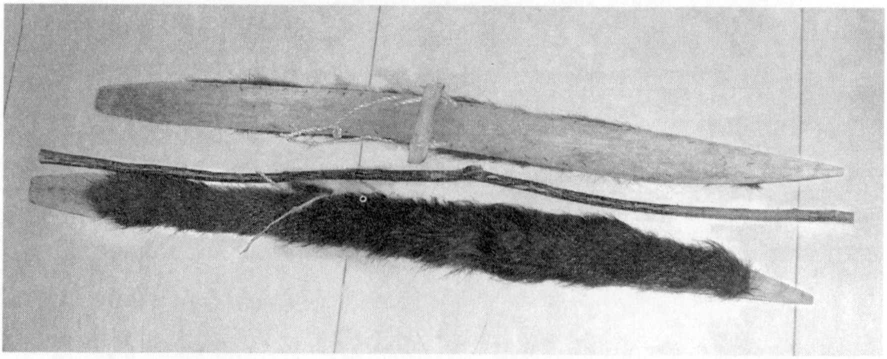

Mr. Paul from France posing with his wild pig-fur skis and a single ski pole collected in Heilongjiang Province

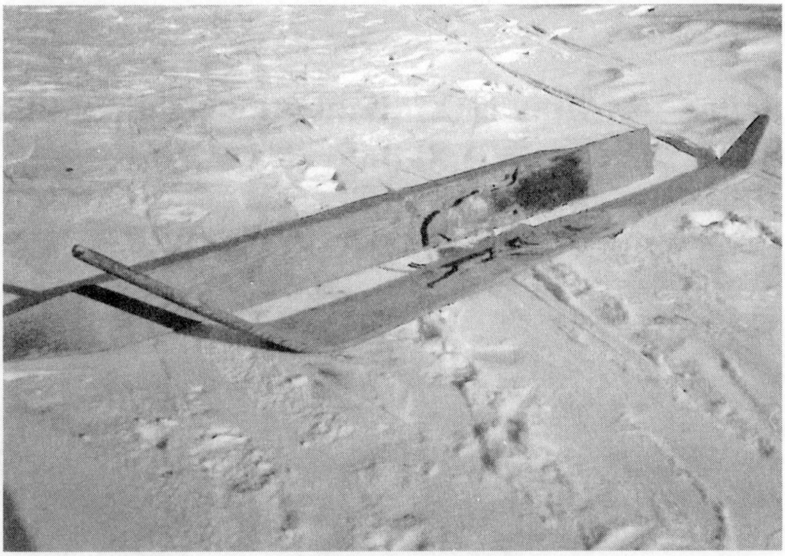

Wild boar fur skis found in Jilin province

Mr Shan Zhaojian in Altay Mountains (taken by Kang Jian and received the silver medal in the "photography competition" of the national sports industry)

The Song ——Altay of Xinjiang, the Original Place of Skiing

Lyrics: Shan Zhaojian (left) and Jia Youbao(middle) Composed by: Mulati•Lalielihan (right)

Snow flying zealously, how profound Mountain Altay is,
Since the merging of the earth, the mountains and rivers here are the most magnificent,
With long time journey, here accumulated the world's wonder,
Recalling the origin place of skiing, here is the cradle!
Skiing and hunting, our forefathers beard hardships and difficulties,
Experiencing winds and rains, how many youths of grassland are forged,
Colorful mountains and rivers, carving diverse traces,
Hometown of skiing, land of human civilization!
Widely read mighty and prestige with tones for thousand years,
Describing legend with years of pictographs,
The ancient fur skiing bearing you,
Lifting up *Altay Declaration* to transcend centuries

Heaven and earth in Mountain Altay
Human being skiing paradise is lifted by us!

Note: this recitation poem is added with "Altay" in each line on the basis of the lyrics "*Altay, the original place of Skiing*", and one Chinese character is added in the second and fourteenth line respectively to focus on Altay! The recitation poem reserves no copyright.(note: the song is not subject to copyright restrictions, so anyone who likes it can make changes in terms of the lyrics.

Altay prefecture, the cradle for skiing

Singing the song —Altay of Xinjiang, the Original Place of Skiing

Inheriting Ancient Skiing Culture and Promoting Skiing Tourism Development

By Ma Yuanchang, the first sponsor, board director of Beijing Snow Travel Sports Equipment Co., Ltd

With the successful launch of *Declaration of Altai* which claimed that Altay is the origin of skiing in the world, the ancient skiing has been explored and inherited.

In order to inherit, promote and develop the ancient ski culture in Altay and boost the dissemination of the doctrine "Altay is the origin of skiing in the world", Altay government decided to hold Ancient Fur Skis Race on January 16 each year since 2006. Now, the race has been held for 3 years, sponsored by Beijing BSP Co., Ltd..

The race is significant. Without doubt, it will promote the development of the ski tourism industry in this region, Xinjiang and even China, as well improve the economy and people's living standards.

We are willing to continue to make contributions to advocating ski cultural spirit, disseminating the doctrine— "Altay is the origin of skiing in the world", promoting the development of ski tourism industry and related industries in Altay.

The Festival: Ancient Fur Ski Contest.

The Comparison between a Pair of Altay Ancient Fur Skis and Modern Fur Skis

By Zhou Lei, tourism and photograph edition journalist in the supplement of Urumqi Evening Paper

Although skis have changed from simple handcrafts to modern high-tech products over ten thousand years, its production principle almost still remains the same. It's surprising that the ancient people could invent such "high-tech" skis. Those entire just make us eager to wonder how many secrets of skiing are behind those ancient colorful pictographs of skiing.

Nowadays people have discovered Altay Ancient Fur Skis though pictures pained on the rocks in Dundebulake. Although this discovery processed such a long time -over ten thousand years, the ancient skiing dose not only fade away but also is shining all over our daily lives: colorful pictographs caved by ancient people in the autonomous Mongolian town of Handegate in Altay City which is the witness of over ten thousand years history of skiing, classic production principles which as if lead us to the time machine, fur skis which dispose in modern drinking stories attracting tourists, local handcrafts of skiing enjoyed by people, and the most unique shock between the birth of a pair of Altay Ancient fur ski and modern fur ski……

1. Birth of a fur ski

On Jan 17th 2008, the second day of ancient skiing fest, journalist went to the Handegate village of the autonomous Mongolian town of Handegate in Altay City to find out the birth process of fur ski.

On that day you could not see any villagers since the small village was covered by white snow except one Mongolian family is busying with their work where Karman (a 50-year old man) who lives alone with his three children is in charge the whole family: eldest son Batyn Dorzh who is 21 years old and helping with some farm work, a 20 years old daughter who has studied in a college in Mongolia, little son who is 18 years old and studying in high school. His family lives mainly on farming. Karman can receive about more than ten thousand yuan annual income coming from his 13 acres of land, eight cows, six sheep, and a horse. Thus he felt stable and satisfied.

Karman looked at his oldest son doing some preparation as well as recalling himself: "I began to use fur ski to go skiing at 13, then at 15 started to learn make fur skiing from his father and at 20 made his first fur skiing all by himself. He felt delighted with his son.

Until now, Karman has made more than thirty fur skis which include two sent to his two sons when they are 15, since then he made fur skis for two sons every year, the rest skis sent to his Mongolian relatives who has sons but do not know how to make skis.

Just like his father Batyn Dorzh began to learn at 15 and then made his first ski at 21. Because this is his first ski, he felt quite nervous. Karman invited 76-year-old Bartking who is a professional craftsman to direct, also Batyn Dorzh's 25-year-old friend Cowa and his relatives all came to cheer him up.

Karman told reporter that local people called fur skis as "Kana". Usually skis are made of pine woods and the best materials should be white pine or red pine. However nowadays birch or poplar has taken place because of lacking of birch. The fur skis which are made of white pine are light, solid, shape retention, and long time utility, on the other hand the poplar ones are easy broken and short time utility.

For the manufacture of fur ski, we generally only need four tools: axe, plane,

Haqier (a warping tool made of pure wood), Aoyile (looks like a small Mattock).

Batyn Dorzh placed a selected pine lumber blank on a long wooden stool one day in advance and planed it into a plank of 200 centimeters in length, 12 centimeters in width and 3 centimeters in thickness, then continued to plane the front end by a tool called "Aoyile" in Mongolian language until the blank become a block with a narrow front end and a back width coinciding to the board body.

Altai herdsmen are softening the wood to make the curved part of the front of the ski by pouring boiled water on the wood

At 11:00 am, it was snowing then, a bonfire in Nepali Karman's courtyard. Batyn Dorzh has placed a pot in the fire and then put the front end of the finished ski blank into the hot water when the water was to be boiling. When the ski blank became hot and moist, Batyn Dorzh took it out and placed on the long stool and jacketed the front end with a self-made warping tool Haqier using two hands. The Haqier constantly warped the front end. This process generally must be repeated more than 20 times and the ski p blank is not completed until the front end and the bland body inclined at an obtuse angle of 150.

Then, fur must be attached to the completed ski blank. Batyn Dorzh said that the covering fur should be better about 150 centimeters for a200- centimeter-long ski blank. The fur generally is lead leg fur of a grown-up horse, for such fur is of regular loop which will make the ski be in regular loop when it advancing and be in backward loop when regressing or uprising.

Batyn Dorzh placed selected dry furs of approximately 40 centimeters long and approximately 20 centimeter wide on the ground and drenched it with hot water to make the withered fur inflate. After about 20 minutes, Batyn Dorzh opened an eyelet in the front end of the inflated furs with a knife, and opened an eyelet every 5 centimeters in the both sides of the fur, then put the fur on a pre-made apophysis on the front end of the blank through the eyelet in the upper end of the fur and dragged the fur downwards to stretch it fully, then laced a hide rope by a fast knot, like tying shoe lace, in the eyelet in the end of the fur, then slopped the rope into the eyelets in the both sides of the fur, finally laced a hide rope by a fast knot. In this way, the embryonic form of the fur ski was basically finished.

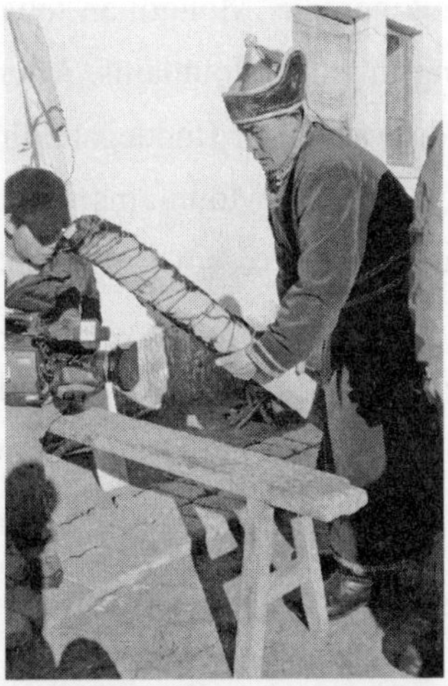

Furs are tied or wrapped on the skis like lacing up shoes

Karman told the reporter that it generally took the handicraftsmen in the village two days to make a pine lumber blank covered with furs, and 10 days to dry the fur ski thoroughly, so it took about 15 day to finish a fur skis. A formed ski has a curving front end and is 2.5 centimeters in sickness, thin in edges and thick in middle. The planning surface appears diamond. It weights about 3 kilograms, is lighter than that before airing by approximately 7 kilograms.

In the past, the manufacture of ancient fur skis was of great haphazardry. Now according the requests in the *Current standards for the ancient fur skis and its*

Necessary appliance announced by Altay City government, the manufacture must abide by the standards, and specially, the ancient fur skis competition will have stricter requirements for the skis.

2. The modern continuation of fur skiing

Handegate people have made top three during last three ancient skiing competitions. Mongolian of Handegate Mongolia town belongs to Wu Lianghai tribute which is a very brave nation, so does Kemu Kasi Mongolia town and Tuwu people in Bihaba Village of Tily Lyke town.

The pictographs in the autonomous Mongolian town of Handegate in Altay City are the fist skiing rock painting in Altai Mountains. After that another over 3000-year old skiing rock painting was discovered in Handegate, thus our experts has confirmed and drawn a conclusion: Ancient Altay Mountains is the place of origin skiing. Our reporter came to the Handegate town to discover the continuation and development of ancient fur skis.

After the match, reporter went to Hanedter Mongolian town which is under the jurisdiction of Altay City and only one mountain far away from Kanas Mongolian nationality townships.

Snow scenery in Handegate Village of Altay prefecture

Our car stopped by Hendnter Mongolian government, the largest five-star hotel Wuzhiquan is at the opposite side of the road. There are a large and small fur skis hang on the wall of the hall which was posted one day after Altay Declaration issued in order to promote local culture and add features to attract travelers. In summer of 2007, their branch hotel sold three fur skis at a price of 1200 yuan each one. This year hotel plans to not only start to make exhibition wall of ancient fur skis but also make some 50cm length gift fur skis. They want to lead all the local handicraftsmen to become rich by adding the number of disposed fur skis.

Burkeqk of the culture station of Hendergater Mongolian town told reporter that there are seven villages including 4000 people and nearly 1000 families in town, also 70% of them have fur skis especially Mongolian and Kazakh families have at least one. However, only 20% nearly 100 people know how to make a fur ski. There are only two handicraftsman over 80 years old in town, 87 years old in Hendergate village and 83 years old Bapan of Tiemu village who has made fur skis as many as the number of his age. He made at least one ski everyone for his family and relatives as a precious gift.

3. Modern competition of Altay’s ancient fur skiing

To inherit and develop Altay's ancient ski culture and to commemorate the establishment of the concept that "the Altay area is the place of origin of skiing", Altay municipal government decided to designate the issuance day of the *Altay Declaration*, that is, each January 16, as the day to commemorate Altay's establishment of the place of origin of skiing. On January 16 every year, an ancient ski competition is hold in Altay city. This day is very important for Altay in winter. The honest Mongolian and Kazakh youth and local herdsmen judge the heroism basing on the skiing which has been handed down for generations. Dressing the traditional "fur ski" and armed with wooden ski pole, they carry out intense contention to demonstrate the 10,000-year-old fur ski and develop the unique skiing means in the world.

The fourth ancient "Walker Cup" ski competition was hold in 2009. This competition has not been owned by Altay city, and it had expanded to the entire Altay area, which just coincides to the original intention of the ancient ski origin of Altay area.

The festival-like skiing competition in Xinjiang

In the competition of 2008, the nine participating teams from the Altay area were composed of 87 young people of Mongolian and Kazakh nation, and they participate in individual item of 11.6 kilometers challenge tournaments, 10-kilogram-loaded relay race of 4×2.5 kilometers, and the Handegate Mongolian Town of Altay City completed a sweep of the first three places finally. They have gotten the awards three times in succession.

The ancient ski of the entire Altay area, as it were, has been precisely driven by Altay City. At the call of nationwide fitness programs, the Tuwa villager of Mongolian national minority of Hemuhanasi in Kanasi scenic area surpassed the early starters, and they completed a sweep of six of the ten top places in the 2009's sports event. We were joyful to see that the herdsmen of the entire Altay have been promoting the ancient ski positively. However, today's ancient ski, which has already lost the primitive significance of hunting, is transforming to a sport and one of unique winter tourist resources of the Altay area.

Braveness, the player went forth to the battle with single layer.

When people arrive at the Altay in the winter for the first time, it was thought that the cold climate and snow and ice here might dispel all the plan to walk out, and however, in warm sunlight and the thick snow, they has witnessed the cheerful and passionate ski competitions of the local Mongolia and Kazakh clansmen. The ski competition here, as ancient fur ski competition among the local herdsmen, may not be comparable to the formal competitions in big metropolis. We seem suddenly to return to the antiquity 10,000 year before when we saw that they can race like a bomb wearing cotton-wadded shoes and fur ski.

All the participants get together for a group photo

At 12:00 am, the ancient ski competition started. 70 local herdsmen of Altay attended the competition. They came from Mongolian national minority town of Hemuhanasi in Kanasi scenic area, and the teams from Habacun village team of Teireleike town and the Mongolia team of Qinghe town came to cheer the participation. The Mongolian and the Kazakh players from Handegate Mongolian town, Lasite town, Kuerte town nearby the Altay city were all female of 15 year-old middle-school students to over 40 year-old middle-aged persons. All of them wore the single layers. At that time, an old Kazakstan man Mubalake over 80 years old could perform with fur skis.

Skiing contest resembling the ancient skiing

Win, getting victory by skill and speed

The reporter did not know the so-cold ski tracks, instead of true tracks, were the snowy area which had not overstepped before he stood nearby the rolling tracks. The fur ski slid and moved on it without sag. The whole journey was two circles and the original distance was11.6 kilometers, which was happen to commemorate the special day of January 16 which was of great significance for Altay.

The competition started. The players sweated all over. However, none of them relaxed their step in spite of breathlessness after one round. The reporter discovered that each player wore black cotton rubber shoes as if unified "snow shoes". Because it was the ancient ski competition, it was not similar to modern ski competition. In the 11.6 kilometers' journey, the up-and-down hills and flat land were in the same proportion. The fur ski was in regular loop and in a high speed when it advancing and it was in backward loop and had an effect when regressing. The regular and backward loop had shown the charm of the ancient skis.

Cheering up for the champion

Difficulty, relay race with a heavy load in the snow

It is reported that the skis was named as "wooden horse" in the Tang Dynasty in our country, and skiing was thereby called as "riding wooden horse" as recorded in literary inscription: the residents living in the Altai hunted riding wooden horses, "they are fund of hunting beasts riding a wooden horse, up and down in north slope as flying"; "on the snowy field, they always rode the wooden horse and hunted in the snow."

This article vividly described the scenario of hunting with skis and towing a full load of preys. In commemoration of the source region of skiing, the Altay snow field reappeared the triumphant return of hunting, 16 players was divided into 4 teams, 4 people per team, to have the relay race. The players were armed with skis, wooden ski pole in hand and drawing 10 kilograms of "preys" which increased the difficulty of the skiing.

With the issues of an order, the race was not as lively as individual ski competition, and the speed of the four players was obviously restricted. They bended their bodies and looked hard when they raised their legs; furthermore, for it was relay race, when four players simultaneously rushed out and tried to surpass other players with the burden of "preys", their wooden club ski poles and the "preys" knocked together in the competition for ski tracks and then separated friendlily. Anyway, this was only a commemorative activity to promote "source region of skiing".

In Altay City, the ancient ski has prevailed. Led by Altay City, each parts of Altay have attached importance to the excavation and promotion works of ancient skiing one after another. In 2008, pictographs on skiing and hunting were found in Buerjin Chonghuer Town which was the mere skiing and hunting paintings among the discovered paintings and were determined pictographs of the Sai 3000 years ago by the experts. The hunters in the rock painting were pursuing two north ibexes, carrying long bows and arrows and ancient skis under their feet. Under the inspiration of this rock painting, planned by Director Kang Jian of Kanasi scenic area management meeting and supported by the Kanasi scenic area, the First Hemu Cup ancient skiing and hunting competition was hold in the second session of Kanasi Snow and Ice Photography Festival in New Year's Day of 2009. The competition, with a journey of 6.28 kilometers, was singed for the commemoration of the establishment day of the Hemuhanasi Mongolia ethnic town in June 28, 1984. The archery was added in the competition. The player shot an arrow when he passed the fixed archery field, then continued to ski again, which also replay the scene of hunters' skiing and hunting at that time and also becomes a fixed sports event now.

The Kanasi scenic area has launched wild ski invitational tournament since March 6, 2009. At the sports event, the ancient skiing team and the modern skiing player flied from the elevation of nearly 3000 meters. This event has become another local tourism luminescent spot in winter, has unearthed Altay's unique character of wild snow.

Hunting with skis and towing a full load of preys

Promoted by the ancient ski day after day, the development of ski industry in Altay area is like a raging fire. The ancient ski inherits and develops the public enthusiasm of the modern ski, makes the ancient ski culture prosperous all over the Altay area.

4. Ancient fur ski VS modern ski

The reporter was amazed at the wisdom of the inventor of the fur ski at the sight of the ancient skis used by the Altay persons for the first time. There is no sigh of metal with the exception of the "hobnail" and the thin iron sheet for the maintenance of the broken ski on the modern fur ski. Adopting the deal as the core, the ski's slipping surface is coated by a block of calf fur which is nailed on the board with hobnails. And in ancient ages, the joints were sewed together by hide ropes. Several hide ropes combined with the ski has substituted the function of fixer; the ski pole is a long stick; the snow shoes are on the slider feet.

The local resident, stroking the horse fur, explained that the fur ski was in regular loop when advancing and it was in backward loop when regressing or uprising. For the regular and backward loop, the ski will not slide backward when uprising, and it has the speed-raising function when down grading.

The ski should certainly be equipped with a matching ancient ski pole which is, in fact, a piece of wooden pole over two-meter high. Current ski poles are doubled and very short. The beautiful scene of ancient skis: sliding on snow as rowing on the water surface and a long ski pole swing around very quickly.

The long skiing pole is used in heavy snow

The fixed device of an ancient ski is not as complex as a modern one, and it is only the four eyelets 1 centimeter in diameter in the middle of the ski board for the hide ropes to bind snow shoes. The ropes go through the vertical notches in the bottom of the board, lie flush with the surface of the board, and will not bring any resistance to the movement of the ski.

This kind of Skiboard lacks radians and flexibility

In modern ski skiing, the length of ski is proportional to the size of the feet and stature. There is a formula for the people who want to buy skis. After calculation, the length of the position of shoulder or ears is dainty. The lengths of the Altay ancient skis are generally between 180-210 centimeters, and some even longer. It is difficult to image how to control the ski which is taller than your stature and ride it in the snow.

Both the length and the shape of the ski are surprising. The current popular ski is the big-head ski with narrow end and wide head, and the difference between the width of the head and the end is not remarkable. Measuring the ancient ski, we can find that it is of narrow head and wide end, and the back of the ski is 10~14 centimeters and the head is 8 ~12 centimeters.

The ancient fur skis are regarded as the heritage of Altay people of Xinjiang

Shan Zhaojian, the technical advisor of China Ski Association, hit the limitation of the ski with simple words: no curvature on the both sides of ski board and the bottom, even the head and the end are slightly upturned, so there is no flexibility in the ski. However, on this ancient ski board, we saw the ancient people's wisdom of the Altay Mountains. It is astounding that they had grasped skiing skills 10000 years before and gradually evolved the ancient ski into modern one in present day……

5. Unique weather conditions of Altay Prefecture

Although the skiing match was in mid-January, many of the audience and contestants did not wear a hat and gloves, and the reporters also felt comfortable in covering the event. Some reporters were convinced that there was some profound knowledge on skiing-related activities. They said that the Altay prefecture is located in the south of the Altay Mountains, so the cold north wind can be blocked; the Arqisi River also plays a very important role in passing down the skiing culture of local people. The mainstream climate is less and small wind, the temperature range between day and night is wide; although it snows frequently, it's sunny in most of the time; it makes people feel very comfortable.

the landscape of Altay Mountains

the rising sun in the Altay Mountains

(Note: Zhou Lei, female, a report of Urumqi evening newspaper of Xinjiang. She reported "Altay city of Xinjiang in China is the place of original human skiing" both by photos and papers. She described the production process, effect, character and usage of Altay's ancient fur ski by active words. Especially, she recorded the determination and mettle of Altay peoples to descent their ancestors' skiing culture and compared ancient ski equipment with modern ski equipment through interesting activities.)

Acknowledgements

I would like to acknowledge the following organizations and individuals for their contributions of time, energy and support toward the writing/completion of Altay Declaration:

Organizations:

Altay Municipal Committee of the Communist Party of China and the Altay Municipal Government

Altay Tourism Administration of Xinjiang Uygur Autonomous Region

Museum of the Xinjiang Uygur Autonomous Region

China Northwest University

Institute of Archaeology of the Xinjiang Uygur Autonomous Region

The China West Magazine of the Xinjiang Academy of Social Sciences

The Urumqi Evening News Magazine

Publicity Department of the Altay Municipal Party Committee of the Xinjiang Uygur Autonomous Region

Altay Broadcast, Film and TV Bureau of the Xinjiang Uygur Autonomous Region.

Altay Culture and Sports Bureau of Xinjiang Uygur Autonomous Region

Altay Mongolian-Handegate Mongolian village of Xinjiang Uygur Autonomous Region

Altay Laster village of the Xinjiang Uygur Autonomous Region.

Buerjin County Hanasi-Hemuhanasimengguzu Autonomous village of Xinjiang Autonomous Region

Beijing Bingxueyou Sports Equipment Co., Ltd

Altay Administration of Cultural Relics of the Xinjiang Autonomous Region.

Individuals

(In accordance with the rank of Departments and posts on Jan 16th when Altay Declaration was drafted, with names arranged by the numbers of strokres)

The people's government of Habahe County of Xinjiang Uygur Autonomous Regin

The people's government of Jimunai County of Xinjiang Uygur Autonomous Regin

The people's government of Buerjinxian

Ma Hati, Secretaryof Altay Tourism Administration

Ma Yuanchang, President of Beijing Bingxueyou Sports Equipment Co., Ltd.

Wang Bo, researcher of Museum of the Xinjiang Uygur Autonomous Region and a member of experts group for Altay Declaration

Wang Jianxin, professor from the Culture Heritage Protection and Archaeological Research Center of Northwest University and a member of the Experts Group for the Altay Declaration

Baheti•Bulanbai, Deputy Secretary of Altay Municipal Committee of the Communist Party of Xinjiang

Wang Yitao, director of Winter Sports Management Center of the General Administration of Sports of China and President of the Chinese Ski Association

Wang Qin, female, Deputy Director of the Altay Broadcast, Film and TV Bureau of the Xinjiang Uygur Autonomous Region.

Ye Lin, Associate Commissioner of the administrative office of Altay Prefecture of the Xinjiang Uygur Autonomous Region

Shi Zhiqiang, Head of the International Communications Office of the Altay Municipal Committee of Communist Party of the Xinjiang Uygur Autonomous Region

Ni Yongmei, Secretary of the Art Troupe of Altay Municipality of the Xinjiang Uygur Autonomous Region.

Liu Guofang, Chief Editor of The China West Magazine of Xinjiang Academy of Social Sciences and member of the Expert Group of the Altay Declaration.

Liu Xinli, Deputy Secretary of the Altay Municipal Committee of Communist Party of the Xinjiang Uygur Autonomous Region.

Liu Yongnian, the first President of the Chinese Ski Association and member of the Expert Group of the Altay Declaration.

Lü Enguo, researcher of the Institute of Archaeology of Xinjiang Uygur Autonomous Region and member of the Expert Group of the Altay Declaration.

Kulinazi•Humaerhan, Minister of the Propaganda Department of the CPC Central Committee of the Xinjiang Uygur Autonomous Region

Li Xinmin, Secretary of the Altay Municipal Committee of Communist Party of the Xinjiang Uygur Autonomous Region.

Li Yuxin, female, associate professor of Beijing University

Li Hui, Professional technician of the Altay Culture and Sports Bureau of the Xinjiang Uygur Autonomous Region.

Li Zhenwu, an American Chinese

Chen Hongjiang, Director of the Tourism Administration of Altay

Prefecture of the Xinjiang Uygur Autonomous Region

Zhang Yongping, Vice Minister of the Propaganda Department of the CPC Central Committee of the Xinjiang Uygur Autonomous Region.

Zhang Liang, Supervisor of the Audio Department of the Chinese

Association

Ayiken Jasan, translator and assistant of Nils Larsen in Altay.

Nuerbieke•Zuke, farmer and herdsman in the Altay Chonghuer Village of Buerjin County of the Xinjiang Uygur Autonomous Region.

Su Huirong, Former member of the Standing Committee of Altay Municipal Government, former minister of the Propaganda Department of the CPC Central Committee of the Xinjiang

Jin Ersi, Director of the Altay Culture and Sports Bureau of the Xinjiang Uygur Autonomous Region.

Ou Jisheng, farmer and herdsman in the Altay Hadegate village of the Xinjiang Uygur Autonomous Region.

Shan Zhaojian, technical consultant of the Chinese Ski Association and leader of the Expert Group of the Altay Declaration.

Zhou Lei, female, the reporter of photo and tourism features of the supplement department of the Urumqi Evening News Magazine.

Zheng Jie, specialist of the Altay Administration of Cultural Relics of the Xinjiang Autonomous Region and member of the Expert Group of the Altay Declaration.

Hademu•Rehemubai, Deputy Secretary and Mayor of the Altay Municipal Committee of Communist Party of China of the Xinjiang Uygur Autonomous Region.

Xu Peilan, female, Director of the Altay Tourism Administration of the Xinjiang Uygur Autonomous Region and Chief of the Administration Reception Office.

Xu Shiqiang, deputy director of Tourism Bureau of Altay prefecture of Xinjiang

Nie Jingchuan, member of the Council of Shanghai Great World Guinness.

Lu Lipeng, Deputy Director of the Department of Archaeology of the Museum of the Xinjiang Uygur Autonomous Region and member of the Expert Group of the Altay Declaration.

Cai Shuhong, Director of Altay Broadcast, Film and TV Bureau of the Xinjiang Uygur Autonomous Region.

Jian Tingwei, member and Deputy Mayor of Altay Municipal Standing Committee of Communist Party of China

This publication would not have been possible without the support of following government departments and individuals which deserve our highest and sincere appreciation:

The Tourism Administration of Xinjiang Uygur Autonomous Region

Altay Municipal Government of Xinjiang Uygur Autonomous Region

The Scenic-Spot Management Committee of Altay prefecture of Xinjiang Autonomous Region

The Tourism Administration of Habahe County of Xinjiang Autonomous Region

Our special thanks to:

Mr. Han Zhaohua, President of M Waily International Canada Ltd.

M Waily International Canada Ltd. is the sole distributor in China for SMI Snow Machines Incorporated (USA), PRINOTH (Italy) and POLARIS Snowmobile (USA), and has maintained years of cooperation with Ecosign Mountain Resort Planners Ltd.(Canada).

M Waily International Canada Ltd. has taken nearly 60% share of the snowmakers market in China with its excellent products and perfect after-sale service. It played an active part in such sporting events as the 3rd Asian Winter Games, the 6th Asian Winter Games and the 24th World University Games 2009. It is highly praised and recognized by the relevant departments for its achievements in each event.

Mr. Ruan Biao, President of Beijing Guosuodao & Ski Equipment Co., Ltd

Beijing Guosuodao & Ski Equipment Co., Ltd is specialized in the design and construction of ropeway and one of the early ropeway companies of the emerging ski industry of China. It has contributed a lot in promoting the ski industry of China and gained widespread recognition among domestic and overseas consumers for its various designs it has provided.

Mr. Fabio, President of Beijing Wuyi Mountain Culture Communication Co., Ltd. (Italy)

Beijing Wuyi Mountain Culture Communication Co.,Ltd (Italy), has specialized in ski industry and ski-related communication and promotion for outdoor and mountain cultural activities. With its rich experienced performance on the international stage, the company aims to engage in disseminating skiing and mountain culture, mainly operates in such interrelated fields as skiing, outdoor sports, mountaineering and rock climbing and provides equipment, industry consulting, design, organizing and other professional products and services.

Mr. Li Jianhong, Presidents of the Silk Road Ski Resort of Urumqi, Xinjiang

The Silk Road Ski Resort of Urumqi in Xinjiang is 38 kilometers away from Urumqi Municipality and is among the first batch of SSS Ski Resorts It is located at an altitude of 1,800 m to 2,280 m and has many public and competitive ski trails, three sky rails and two blankets of " Magic Carpets", many chairlifts and 6,000m^2 eco-restaurant and starred hotels. It has many associated services and is one of the high-end skiing and tourist holiday resort, with a dense atmospheric mix of ethnic culture and ski culture.

Mr. Liu Xiaoshan, President of Beijing Qiaoshan Group

Beijing Qiaoshan Group mainly operates in finance, real estate and industrial investment, etc. It has become involved in China's ski and tourist industry and owns ski resorts including Jilin Beida Lake Skiing Site, the Montlink Ski Resort in Hebei Province and Taibai Mountains in Shaanxi Province and controls all the chain businesses of the Snowfavor Ski Equipment Company in China.

Mr. Ma Yuanchang, president of Beijing Bingxueyou Sports Equipment Co., Ltd.

Beijing Bingxueyou Sports Equipment Co., Ltd. is the sole agent of international ski equipments and sponsor for the Chinese National Team and local ski team and guaranteed the needs of ski equipments for Chinese athletes in world sporting events. Its ski equipment has helped some Chinese athletes win the title of Winter Olympic Champions and dozens of medals.

Beijing Bingxueyou Sports Equipment Co., Ltd. is the first in supporting the Altay Ancient Ski Race in Xinjiang and has contributed a lot in preserving and promoting the Altay ancient ski culture.

Erwin Stricker, president of SWISSREANT A SPORT INTERNATIONAL

Mr. Erwin Stricker, Federation of International Ski (FIS) consultant for China and owner of RentaSport an FIS delegate for China. He has won the championship for more than 40 times and is the only contestant on the top-ten list of all individual competitions in Alpine skiing events. He is committed to the research of Chinese ancient skiing culture and the development of the modern skiing industry of China. Because of his bold and uninhibited character, he is nicknamed "Cavallo Pazzo". He was also in the spotlight at the times when he was badly injured in many competitions.

After retirement from sports, he acted as the representative and senior consultant of FIS and promoted the establishment of the International Skier Foundation. With his very extensive know-how and creative ideas, a lot of ski equipment was improved in actual use. He is dedicated to promoting the ski sports in China and now serves as the president of ESE which engages in trade and leasing of ski equipments and consultancy of ski sports, etc. He provided the editors with important materials collected from other countries.

Nils Larsen, U.S. ski cultural researcher

As a researcher of ski culture and history, Mr. Larsen takes a great interest in ancient ski culture in the Altay and also excels in skiing. From March, 2005 to January, 2009, he had been to Altay Prefecture for five times, where he visited such places as Chonghuer, Kanas, Hemu and Altay city. Based on his solid and rigorous style of work, he has completed a DVD named<The Timeless Skiers of Altay> and wrote the text for it (now the text note has been translated into Chinese). Together with Chinese experts, he contributed a lot to the research and dissemination of the Altay ancient ski culture.

Mr. Nils Larsen(front left) and Mr. Shan Zhaojian with modern skiers in Altay

图书在版编目(CIP)数据

人类滑雪起源地：中国·新疆·阿勒泰：中文、英文/单兆鉴，王博主编. -北京：人民体育出版社，2011.1
ISBN 978-7-5009-3982-5

Ⅰ.①人… Ⅱ.①单… ②王… Ⅲ.①滑雪-体育运动史-研究-汉、英 Ⅳ.G863.109

中国版本图书馆 CIP 数据核字(2010)第 223443 号

*

人民体育出版社 新疆人民出版社出版发行
三河紫恒印装有限公司印刷
新 华 书 店 经 销

*

787×960 16 开本 24.5 印张 437 千字
2011 年 1 月第 1 版 2011 年 1 月第 1 次印刷
印数:5,000 册

*

ISBN 978-7-5009-3982-5
定价:80.00 元

社址：北京市东城区体育馆路 8 号（天坛公园东门）
电话：67151482（发行部） 邮编：100061
传真：67151483 邮购：67118491